선 각

선 각

정 호 훈 역주

혜안

조선후기 목민서의 번역·발간에 붙여

뜻을 같이하는 사람들이 모여 조선후기 목민서를 강독하며 함께 공부한 지 오랜 시간이 흘렀다. 본격적으로 번역에 착수한 지도 많은 시간이 지났는데, 이제야 비로소 어느 정도 정돈하여 8종의 목민서 번역본을 간행한다.

목민서는 조선후기 연구자들에게는 매우 친숙한 자료이다. 조선후기 연구자들은 목민서의 안내를 받으며 조선시대 지방사회에 접근하는 경우가 많다. 목민서는 조선후기 지방사회의 실상을 드러내고, 국가와 관인층의 지방통치 방식을 보여주며, 당대 지식인들의 문제의식과 대응 노력을 담고 있다.

조선후기의 가장 대표적인 목민서가 바로 다산 정약용이 저술한 『목민심서』이다. 한국인이 무척 아끼고 사랑하는 고전 가운데 하나인 이 책은 조선후기 목민서 저술의 전통으로부터 만들어졌던 바, 이러한 사실은 이후 다수의 목민서가 발굴되어 소개되면서 알려지게 되었다. 목민서는 『목민심서』가 그렇듯이 '지방관을 위한 지방통치 지침서'이다. 수령을 행위 주체로 설정하여 지방사회라는 정치 공간에서 어떻게 하여야 나라가 부여한 임무를 제대로 수행하고 민을 보살피는 통치를 할 수 있을지 구체적인 방법을 제시한 책이다.

조선시대 누군가가 목민서를 저술하면 사람들은 이를 베껴서 간직하기도 하고 지방관으로 나가는 자제에게 주기도 하고, 베끼는 도중에 자신이 지방관을 하면서 얻은 지식을 보태기도 하였다. 때로는 여러 종의 목민서를 연달아 필사하여 한 책으로 꾸미기도 하고, 여러 종의 목민서를 토대로 체제를 새롭게 하여 새로운 책을 만들기도 하였다. 오늘날 규장각, 국립중앙도서관, 장서각, 연세대학교 도서관, 고려대학교 도서관 등에는 많은 목민서가 소장되어 있는데, 대부분 필사본으로서 베끼면서 덧붙이고 구성을 바꾸고 종합본을 만드는 등 목민서 유통의 역사를 그대로 담고 있다.

조선후기에 '어떤 목민서들이 만들어졌는가?', '이들 목민서는 지방관에게 어떤 통치술을 제안하였는가?', '이들 목민서는 지방통치를 어떤 방향으로 개선하려고 하였는가?', '어떤 내용의 목민서가 가장 많이 유통되었는가?', '왜 이 시기에 목민서가 많이 나타났는가?' 등등의 질문에 대답하기 위해서는 우선 다양한 목민서의 여러 판본들을 계통별로 정리하여 볼 필요가 있다.

조선후기의 목민서를 수집하여 계통적으로 정리하여 보려는 시도는 오래 전부터였다. 일제 치하 나이토 요시노스케(內藤吉之助)는 여러 종류의 목민서를 수집하여 중복된 내용은 빼고 편명을 새로 붙이는 등 재편집하여 일종의 새로운 종합본인 『조선민정자료 목민편』을 간행하였다. 이 책은 지금도 많은 연구자들이 편리하게 이용하는 자료이지만, 여러 자료를 재편집하여 간행함으로써 목민서 원본의 모습을 상실하였으며, 다양한 판본의 존재를 짐작하기 어렵게 만들었다.

목민서를 조선후기 지방사회의 실상을 이해하기 위한 안내서로만이 아니라 당대인들이 자신들의 사회문제에 개입하기 위한 지적인 노력, '지방통치의 이념 및 실천에 관한 지식 학술 체계(가칭 목민학)'의 산물로서 바라보기 위해서는 목민서가 저술되고, 덧붙여지고, 재구성되어 유통되며, 사회적 영향력을 행사하던 본 모습 그대로를 최대한 드러내어 살필 필요가 있다.

이 같은 문제의식으로 우리는 규장각, 국립중앙도서관, 장서각, 연세대학교 도서관, 고려대학교 도서관 등에 소장되어 있는 목민서를 수집하여 이를 계통화하였다. 이러한 계통화의 결과 다음과 같은 결론을 얻었다.

첫째, 18세기 전반에 『목민고』류에 포함되는 목민서들이 저술되었다. 18세기 중반이 되면 6~8편의 목민서를 같이 필사하여 한 질로 만든 종합본 '목민고'류가 나왔다. 18세기 말 이후에 '목민고'류의 영향 아래 내용은 '목민고'류 그대로이되 항목을 재구성한 책, 내용을 보충하고 체계를 재구성하여 새롭게 만든 책, 영향은 받았으나 독립적인 저술로 볼 수 있는 책들이 나왔다.

둘째, 18세기 말경에는 조선 목민서의 한 계통을 형성하는 『선각』이

8

편집되었다. 이후 『선각』은 다양한 필사본, 새로운 내용 첨가본, 재구성본 등이 나옴으로써 현존 목민서 가운데 가장 많은 이본이 존재하는 '선각'류를 이룬다.

셋째, 18세기 전반~19세기 전반 '목민고'류나 '선각'류에 속하지 않은 다양한 단독 저술이 동시에 이루어졌다. 18세기 중반의 안정복의 『임관정요』, 18세기 말 홍양호의 『목민대방』, 19세기 전반의 필자를 알 수 없는 『사정고』, 정약용의 『목민심서』, 또 필자 불명의 『거관대요』 등이 그것이다.

목민서의 효시가 되는 문헌은 이미 15, 16세기에 출현하였지만 어느 정도의 체제를 갖춘 목민서는 18세기 전반에 출현하였으며, '선각'류와 '목민고'류라는 두 계통의 목민서의 다양한 이본에 개인 저술의 개성적인 목민서들이 가세함으로써 18~19세기 조선 목민학의 세계는 풍성해졌다.

우리는 목민서의 이와 같은 계통과 각 계통의 다양한 이본의 존재, 기존의 목민서 번역 현황을 감안하여 다음 9종의 목민서를 번역 대상으로 선정하였다.

『선각(先覺)』(규장각 소장) : 주봉길(朱逢吉)의 『목민심감』과 이원익(李元翼, 1547~1634)의 편지글을 기반으로 편집하였다.
『칠사문답(七事問答)』(규장각 소장) : 『선각』 이본의 하나이다. 「칠사문답」

을 맨 앞에 수록하였다.

『임관정요(臨官政要)』(순암전서본) : 안정복(1712~1791)이 46세(1757) 때에 완성하였다.

『목민고(牧民攷)A』(장서각 소장) : 이광좌(李光佐, 1674~1740), 한덕일(韓德一), 조현명(趙顯命, 1690~1752) 등 소론 계통의 인물이 쓴 목민서를 종합한 책이다.

『목민대방(牧民大方)』(규장각 소장) : 홍양호(洪良浩, 1724~1802)가 67세(1791) 때인 평안도 관찰사 시절 저술하였다.

『목민고(牧民攷)B』(규장각 소장) : 『목민고A』를 바탕으로 새로운 내용을 첨가하여 항목을 새롭게 구성하였다. 윤증(尹拯, 1629~1714)의 편지글을 대거 수록하고 있는 것으로 보아 역시 소론 계통의 목민서로 생각된다.

『거관대요(居官大要)』(규장각 소장) : 19세기 전반의 저술로서, 각 분야에 걸쳐 지방통치 지침을 요령 있게 정리하였다.

『목강(牧綱)』(고려대학교 도서관 소장) : 19세기 전반의 저술로서 재판에 관한 부분이 상세하다.

『사정고(四政考)』(국립중앙도서관 소장) : 19세기 전반의 저술로서, 조세 행정과 진휼이 중심을 이룬다.

번역을 마친 후, 우리는 『칠사문답』을 제외한 8종만 6책으로 묶어 출판하기로 하였다. 『칠사문답』이 『선각』과 내용상 많이 겹치기에, 굳이 독자적인 책으로 낼 필요가 없다는 판단에서였다. 대신 『칠사문답』과 『선각』과의 연관성은 『선각』의 해제에서 다루어 그 의미를 드러내기로 했다. 또, 장서각 소장본인 『목민고 A』는 『목민고』로, 규장각 소장 자료인 『목민고 B』는 『신편 목민고』로 이름을 새로 정했다. 그리하여 출판되는 6책은 『목민고』· 『목민대방』, 『임관정요』, 『신편 목민고』, 『선각』, 『거관대요』·『목강』, 『사정고』로 제목이 정해졌다.

이 목민서들이 번역·발간됨으로써 조선후기의 지방사회 연구와 조선시대 학문의 한 갈래로서 '목민학' 연구가 활성화될 것을 기대한다. 나아가서 목민서 또는 목민학의 전통을 상실한 오늘날, 지방자치와 지방화 시대를 맞이하여 다시 한번 현재의 맥락에서 새롭게 목민학의 전통이 부활하기를 꿈꾼다.

각 연구자마다 자신의 공부의 역사를 담고 있는 자료가 있다. 우리 팀에게는 목민서가 그런 책이다. 필자는 연세대학교 학부 시절 김용섭 선생님의 강의 시간에 홍양호의 『목민대방』을 처음 읽었다. 이후, 연세대학교 대학원에서 오일주, 방기중, 백승철, 최원규 선배님, 윤정애 학형 등과 함께 목민서를 강독했으며, 시간이 조금 흐른 뒤 다시 왕현종, 정호훈,

원재린 등 후배들과 더불어 공부를 이어 나갔다. 그러다가 2005년, 연구책임자 백승철, 전임연구원 김선경, 김용흠, 정호훈, 원재린, 공동연구원 구덕회 선생님 등으로 번역과제 팀을 꾸려 학술진흥재단의 지원을 받을 수 있었다. 이때, 정두영·김정신 박사생이 보조 연구원으로 참여하였다.

번역은 전 연구원이 매주 한번 모여 강독하는 방식으로 진행했으며 이를 마무리하는 데 꼬박 1년이 걸렸다. 연구원별로 특정 서책을 분담하여 번역하는 것을 원칙으로 하되, 의심스러운 부분은 강독회에서 하나하나 검토하며 마무리하였다. 이번에 책을 출간하면서 번역의 최종 책임은 개별 서책을 담당한 번역자에게 있으므로, 책마다 번역자를 달리하여 명기했다.

그동안 목민서에 애정을 갖고 출판을 약속해주시고 또 우리 팀의 더딘 작업을 기다려주신 도서출판 혜안의 오일주 사장님께 깊은 감사를 드린다. 그리고 출판 지원을 해주신 연세대학교 원주캠퍼스 근대한국학연구소에도 감사를 드린다.

2012년 2월 1일
연구팀을 대표하여 김선경 씀

목 차

14

선각(先覺) 하(下) 157

범 례

1 번역 대본은 국립중앙도서관 소장본(한古朝31-529)을 이용했다. 본문에서 이를 표기할 때는 '국립본'이라 했다.

2 이본(異本)으로는 국립중앙도서관에서 소장 중인 『순리보감(循吏寶鑑)』(한古朝31-55, 古 6025-6), 『백리장정(百里章程)』(한古朝31-452), 규장각에서 소장하고 있는 『선각록(先覺錄)』 (古5129-16), 『수치정요(修治精要)』(古5820-2), 『거관요람(居官要覽)』(奎12299), 『이치정람(吏 治精覽)』(규5954), 『정요(政要)』(古082.2-J462) 등이 있다. 이번 번역에서는 이들 여러 자료를 참고하며 번역 대본과의 동이점을 적시하고, 빠져 있는 내용은 보완하였다. 본문과 역주에서 여러 자료를 표기할 때는 각기 『순리보감』, 『백리장정』, 『선각록』, 『수치정요』, 『거관요람』, 『이치정람』, 『정요』라 했다.

3 『선각』은 명대에 만들어진 『목민심감(牧民心鑑)』의 항목을 활용하여 만들어졌다. 그러므로 번역에서는 『선각』과 『목민심감』을 비교하여, 그 항목이 일치하는지, 『선각』이 『목민심감』 의 내용을 그대로 전재했는지 아니면 요약해서 실었는지, 그리고 새로운 내용으로 구성되어 있는지의 여부에 대해 주를 달아 밝혔다.

4 『선각』의 여러 항목에서 『목민심감』의 내용을 인용하거나 요약한 부분, 그리고 조선 사정에 맞추어 서술한 내용은 줄을 바꾸어 서로 구분했다.

5 오리(梧里) 이원익(李元翼)의 편지 글을 첨부한 항목의 경우, 여기에 실린 글과 이원익의 문집 『오리집(梧里集)』에 실린 내용이 일치하는지의 여부로 주를 달아 밝혔다. 이원익의 글이라고 인용되어 있는 것이 실상 『오리집』에 없을 때에는 '『오리집』에 실리지 않음'을 밝혔다.

6 『선각』 60항목의 번역에는 김성준의 『목민심감연구(牧民心鑑研究)』(고대민족문화연구소출 판부, 1990)의 번역문을 참고했다. 김성준의 번역은 규장각본과 대만(臺灣) 노고출판사(老古 出版社)본의 원문을 대교하여 오류를 크게 시정한 까닭에 역자가 번역할 때 많은 도움을 얻을 수 있었다.

7 번역 구절의 의미를 명확히 할 필요가 있으면 번역어의 원문을 [ ]로 병기하였다.

8 역주에 참고한 자료는 일일이 밝히지 않고 권말의 참고문헌으로 제시했다.

『선각(先覺)』 해제

1. 조선후기 '선각'류 목민서의 출현

18, 19세기 조선 사회에는 많은 목민서가 만들어져 활용되었다. 『목민고 (牧民攷)』, 『거관대요(居官大要)』, 『선각(先覺)』, 『목민대방(牧民大方)』, 『임관정 요(臨官政要)』, 『목민심서(牧民心書)』, 『목강(牧綱)』 등은 그 중요한 책들이 다. 이들 목민서는 수령이 지방을 통치함에 참고하기 위하여 만든 지침서로 대체로 '수령칠사(守令七事)'로 규정된 수령의 고유 업무를 기반으로 수령이 지방을 다스림에 갖추어야 할 공직자로서의 마음가짐, 행정기술과 방침 등을 담고 있다. 이들 책이 등장한 시기는 일률적이지 않다. 편자 혹은 저자의 이름이 알려져 있는 경우도 있고 누가 만들었는지 확인할 수 없는 자료도 있다. 『목민대방』, 『임관정요』, 『목민심서』 등은 각기 홍양호, 안정 복, 정약용이 지었지만, 나머지 목민서는 편·저자를 알 수 없다.

조선후기의 목민서는 앞선 시기 조선 정부와 관료·학자들의 여러 경험, 여러 성과를 바탕으로 만들어지고 활용되었다. 이 시기 목민서가 만들어지 고 유통되는 양상을 온전히 이해하기 위해서는 조선초기 이래 목민서가 활용되는 추이를 먼저 살필 필요가 있다.

조선에서 목민서가 모습을 드러낸 것은 왕조 초기부터였다. 이것은 수령의 역할이 강조되어 수령의 업무로서 '수령칠사(守令七事)'가『경국대전』에 법적으로 규정되는 상황과 맞물려 나타나는 현상이었다.[1] 하지만 이 시기 조선에서 간행되고 유통되었던 목민서는 중국에서 만들어져 통용되던 것을 들여와 재간행하는 경우가 대부분이었다. 중국에서는 일찍부터 관잠류(官箴類)·목민서(牧民書)가 만들어져 지방관의 행정 수행에 필요한 이념과 지침들이 이미 많이 축적되어 있었거니와, 조선에서는 이를 본격 수용, 조선의 사회 운영에 활용하고자 했던 것이다.[2]

기록상으로 혹은 실물로 확인할 수 있는 자료로는 우선, 원대 학자 장양호(張養浩 : 1269~1329)가 작성한『목민충고(牧民忠告)』를 들 수 있다. 이 책은 이미 1368년(공민왕 17) 진양 목사 민선(閔璿)이 간행하여 고려 사회에 소개된 바 있었는데, 1398년(태조 7)에 밀양부에서 이신(李愼)이 간행하여 활용하였다. 하지만 이 책이 조선 사회에서 얼마나 널리 유통되었는지는 미지수다. 이후 이 책은 1578년(선조 11) 밀양 부사 김극일(金克一)이 1398년 간본을 저본으로 하여 다시 간행하기도 했는데, 김극일의 발문에 의하면『목민충고』는 꽤 오래 전에 산일(散佚)된 상태였다고 한다.[3]

---

1) 『경국대전』, 이전(吏典), 고과(考課), "매해 연말, 관찰사는 수령칠사의 실적을 구비하여 계문한다. 칠사는 '농사가 잘 됨[農桑盛]', '호구가 늘어남[戶口增]', '학교가 진흥됨[學校興]', '군정이 정비됨[軍政修]', '부역이 균등함[賦役均]', '사송이 간명함[詞訟簡]', '간교하고 교활한 일들이 멈춤[奸猾息]'이다(每歲季, 觀察使具守令七事實跡啓聞. 七事, 農桑盛, 戶口增, 學校興, 軍政修, 賦役均, 詞訟簡, 奸猾息)." 한편, 고려 때에는 수령의 임무를 다섯 가지로 규정하였으며 이를 흔히 '수령오사(守令五事)'라 불렀다. 조선에 들어와 '수령칠사'가 나타나는데, 이 용어가 구체적으로 등장한 시기는 명확하지 않다. 정약용은 세조대 인물 서거정이 남긴 기록에 '수령오사'라는 표현이 나오는 것으로 보아 '수령칠사'는 성종 이후에 개정한 것이라고 보았다[『여유당전서』(제5집 정법집(政法集) 권16), 「목민심서(牧民心書)」 권1, 사조(辭朝)].
2) 이하 조선초기 목민서 간행에 관해서는 정호훈, 「15~6세기 목민서의 전개와 목민학」,『한국사상사학』36, 2010 참조.

다음으로 들 수 있는 책은 명대 관료 주봉길(朱逢吉)이 지은 『목민심감(牧民心鑑)』이다.4) 이 책은 『목민충고』보다 여러 면에서 더욱 풍부한 내용을 갖추고 있었다.5) 수령이 그 직무를 수행하기 위해서는 도덕성을 갖추어야 한다는 점을 강조하는 가운데 지방 행정에 구체적으로 적용할 수 있는 행정 지침 등을 세세하게 제시하고 있어, 명대 수령론의 한 전범을 보여준다.

이 책이 한반도에 언제 유입되었는지는 명확하지 않으나, 이미 1411년(태종 11)에 지평(砥平)의 감무(監務) 김희(金熙)가 현학(縣學)에서 목판으로 간행하여 보급하였던 사실을 확인할 수 있다. '백성과 가까이 하는[近民]' 사람이라면 마땅히 이 책을 강독해야 한다는 것이 김희의 판단이었다.6)

다른 자료로는 『사사십해(四事十害)』가 있다. 이는 1459년(세조 4), 정척(鄭陟)의 요청으로 간행된 책인데,7) 송나라 유학자 진덕수(眞德秀 : 1178~1235)가 지방관으로 재직하면서 지었던 글들을 저본으로 했다.8)

---

3) 김선경, 「조선후기 목민학의 계보와 ≪목민심서≫」, 『조선시대사학보』 52, 2010, 161~162쪽 참조. 『목민충고』는 현재 한국에서는 그 존재를 확인할 수 없고, 일본에 남아 있다고 한다. 『목민충고』에 대한 일본에서의 연구는 小川和也, 『牧民の思想』, 東京 : 平凡社, 2008을 참조할 수 있다.

4) 『목민심감』에 대한 연구로는 김성준, 『牧民心鑑硏究』, 고려대학교출판부, 1990이 대표적이다. 이 책에서는 「조선 수령칠사와 목민심감」, 「목민심감과 거관요람의 비교 연구」란 이름의 두 편의 연구 논문을 싣고 이어 『목민심감』을 번역하였다. 책의 말미에는 『목민심감』을 영인하여 수록했다(1412년 간행한 규장각소장본). 『목민심감』 연구에 크게 활용할 수 있는 연구 성과이다.

5) 『牧民心鑑』, 牧民心鑑序, "元故西臺中丞濟南張文忠公, 嘗爲牧民忠告等書, 以行於世, 君子偉之. 吾友前湖廣憲僉橋李朱君, 復爲牧民心鑑一編, 所以春官守, 厚民生, 固邦本, 崇敎化, 正己而率物, 右德而緩刑者, 益加詳矣. 蓋其言簡而要, 曲而逶, 其事固切於今, 而其道可幾於古, 而信爲有民社者之鑑也."

6) 『牧民心鑑』 刊記, "郭正郎存中, 以牧民心鑑一本, 囑余錄梓, 以傳諸後. 余始讀之, 眞近民者之所當講也."

7) 『국조보감(國朝寶鑑)』 권11, 세조조이(世祖朝二), 세조 4년 1월.

8) 진덕수(眞德秀)가 담주(潭州)와 천주(泉州)의 지사로 재직하면서 동료들에게 고유

22

책 제목 '사사십해'에서 '사사'는 수령이 갖추어야 할 네 가지 도덕성을,[9] '십해'는 수령의 정치에서 제거해야할 열 가지 폐단을 말한다.[10] 본래 진덕수의 저술인『정경(政經)』에 실려 있었던 글 가운데 일부를 추려서 이 같이 한편의 책자로 엮은 것으로 보인다.

『부현관잠(府縣官箴)』 또한 이 시기 목민서로서 읽혔다. 원나라의 관료 유의(劉意)가 편찬한 이 책은 진덕수가 동료들에게 이른 '사사십해'에 시사(時事)를 부록하고 여기에 왕매(王邁)의 「사사잠(四事箴)」까지 더하여 담았다.『사사십해』를 조금 더 확장하여 만든 자료라 할 수 있다. 1459년(세조 5) 정척이 교정하여 읽기 쉽게 만든 뒤, 인쇄하여 중외에 반포하도록 요청하였다.[11] 정부에서 이 책의 인쇄를 허락했다는 기록이 없고 또 간행한 실물도 확인되지 않아 간행 여부를 확정할 수는 없지만,『목민심감』과는 또 다른 형태의 책자를 조선의 관료들이 알고 활용하려고 했었던 점을 알 수 있다.[12]

이와 같이 조선초기에는 중국에서 만들어졌던 목민서들이 유입되어 읽히고 또 간행되어 유포되었다. 이들 책은 비록 조선의 사정을 담고 있지는 않았지만, 관료로서 살아감에 갖추어야 할 도덕성이 무엇이고

(告諭)했던 「담주유동관자목(潭洲諭同官咨目)」과 「유주현관료(諭州縣官僚)」에 비슷한 내용이 실려 있다.

9) 네 가지 도덕성은 '律己以廉', '撫民以仁', '存心以公', '涖事以勤'으로 제시되었다.

10) 수령 정치에서 제거해야할 열 가지 해악은 '斷獄不公', '聽訟不審', '淹延囚繫', '慘酷用刑', '重疊催稅', '科罰取財', '汎濫追呼', '招引告訐', '縱吏下鄕', '低價買物'로 거론되었다.

11)『세조실록』권16, 5년 4월 20일(辛未).

12) 조선 사회에서『사사십해(四事十害)』,『부현관잠(府縣官箴)』등은 그다지 많이 활용되지 않았던 것으로 보인다. 이는 진덕수의 사상을 받아들일 여건이 아직 조선에서 충분히 조성되지 않았기 때문이었을 것이다. 3장에서 서술하겠지만, 16세기 후반에『정경(政經)』이 주목되는 것과 비교된다.

정치에서 유의해야 할 원칙이 무엇인지를 제시하고 있었기 때문에 관료 혹은 수령들이 국정을 수행함에 도움을 받을 수 있었다.

이들 여러 책 가운데 이 시기 조선 사회에 영향을 크게 미쳤던 것은 『목민심감』이었던 것으로 보인다. 성종대의 기록에 따른다면, 수령으로 나가는 사람들이 승정원에서 『경국대전』과 함께 이 책을 강론(講論)하는 것이 관례를 이루고 있었다.13) 1476년(성종 7), 『목민심감』을 강론하지 못한다는 이유로 개천군사(价川郡事) 최함(崔涵)의 임용을 불허했던 사실이 있었음을 확인할 수 있다.14) 한편, 『목민심감』은 명종대에 제주에서 간행되기도 했다.15) 적어도 16세기 중엽까지는 이 책에 대한 수요가 여전히 있었음을 엿볼 수 있는 대목이다.

15세기에 출현, 간행되었던 여러 목민서 가운데 『목민심감』이 조선 사회에서 인정받아 통용될 수 있었던 것은 이 책이 목민서로 활용하기에 적절한 구성, 내용을 갖추고 있었기 때문일 것이다. 우선 들 수 있는 것이 담고 있는 자료의 풍부함이다.

『목민심감』은 120여 항목에 걸쳐 수령이 그 직무를 수행하기 위해서는

---

13) 『성종실록』권11, 2년 7월 2일(癸酉), "승정원에서 아뢰길, '구례에 새로 제수된 수령과 만호는 목민심감과 경국대전을 시강합니다. 만약 당상관이 이 직책에 제수된다면 이들 또한 강론해야 합니까?' 전하기를 '유식자가 반드시 강할 필요는 없다. 그러나 문신으로서 경술에는 밝지만 이치에 통달하지 못하고 당상관으로서 일에 익숙하지 않으면서도 갑자기 된 사람이 있는데, 이들은 모두 강론해야 한다. 관찰사 절도사를 지낸 사람이라면 강론하지 말라.'(承政院啓曰, 舊例, 新除授守令萬戶試講牧民心鑑經國大典. 若有堂上官除此職者, 亦當講乎. 傳曰, 有識者不必講也. 然文臣有明經術 而不達吏治者, 堂上有不更事驟達者, 若此者皆當講. 如曾經觀察使節度使者, 勿講)"
14) 『성종실록』권73, 7년 11월 28일(戊辰). 실록에서는, 최함이 임지가 멀어 부임을 피하기 위해 일부러 『목민심감』을 모른 채하는 것으로 의심하는 사람들이 있었음을 기사 말미에 부기했다.
15) 김성준, 앞의 책, 1990, 31쪽.

도덕성을 갖추어야 한다는 점을 강조하는 가운데 지방 행정에 구체적으로 적용할 수 있는 행정 지침 등을 세세하게 제시하고 있다. 수령이 업무 지침서로 활용하기에 여러 모로 편리한 점이 있었다.

그러나 이 책은 중국의 지방 행정 사정을 근거로 만들어진 것이었기에 조선에 그대로 적용할 수 없는 내용 또한 많았다. 말하자면 이 책은 조선에서 널리 보급되기에는 많은 한계를 자체 지니고 있었다. 성종대 이후,『목민심감』에 관한 자료 혹은 기록이 거의 나타나지 않은 것은 이러한 사정과 연관이 있다고 볼 수 있다. 17세기 말쯤, 명재(明齋) 윤증(尹拯)이 그의 아들 윤행교(尹行敎)에게 수령의 임무에 대해 충고하며 이 책이 매우 중요한 내용을 담고 있으므로 등사해 두었다가 늘 펼쳐보라고 부탁하는 모습을 볼 수도 있지만,[16] 『목민심감』이 조선에서 얼마나 많은 영향력을 발휘했는지는 쉽게 판단되지 않는다.

이와 같이 목민서가 필요한 상황에서 중국으로부터 많은 목민서가 조선에 도입되었으나, 이들 책에는 조선의 현실과 부합하지 않는 요소가 많았다. 자연, 그 보급과 활용에 제한이 생겼다. 그러므로 조선의 현실을 보다 적실하게 반영한 책이 필요했다. 조선 사람이 직접 지은 책이 등장하는 것은 자연스런 일이었다.

조선 사람이 지은 목민서는, 그 수준이 그다지 높지는 않지만, 16세기 후반에 처음으로 등장한 것으로 보인다. 현재 확인되기로는 유희춘이 지은『치현수지(治縣須知)』가 가장 이른 시기에 만들어진 책이다. 물론 이 무렵 수령의 사법 행정 지침서인『청송제강(聽訟提綱)』,『사송유초(詞訟

---

16)『명재유고(明齋遺稿)』권28,「여자행교 납월삼일(與子行敎 臘月三日)」, "『목민심감』이란 책은 보기에 매우 좋고 매우 중요한 내용을 담고 있기에 보낸다. 정성들여 등사하여 늘 펼쳐보는 것이 좋을 것이다.(牧民心鑑一冊, 極好看, 極有要語, 故送去. 精謄而常覽, 可也)"

類抄)』등이 편집되어 유통되고 있었지만[17] 이 책들은 수령의 행정·군정·사법 업무를 두루 포괄하는 목민서는 아니었다.

모두 8조항으로 구성된 『치현수지』는 수령에게 필요한 도덕 규범의 의미를 '율신(律身)'이란 조항으로 첫머리에 두어 수령직을 수행함에 무엇보다 필요한 것이 수령의 도덕성임을 천명하고, 나아가 임지에 도임(到任) 후 해야 할 일, 이서배(吏胥輩)를 다스리는 일, 소송을 처리하는 일, 빈객(賓客)을 대우하는 일 등등 수령 업무에 필요한 주요 사항을 간략하면서도 꼼꼼히 정리하여, 바람직한 수령의 상(像)을 갖추는데 필요한 요점을 제시하고자 하였다. 이 과정에서 수령은 공론(公論)의 소재를 확인하고 공론 주도자들의 도움을 받아 업무를 보아야 한다는 사실 또한 강조하였다.

이 같은 구성으로 보아 『치현수지』는 어떤 면에서는 『목민심감』의 주요 내용을 조선 사회에 적용한 것이라 하겠지만, 조선의 수령제 운영과 연관하여 본다면 종래에는 찾을 수 없던 면모를 새로이 구체화한 것이었다. 여기서 제시하는 새로운 모습은 주자학적 도덕성을 갖춘 실무 능력이 탁월한 수령상(守令像)이었다. 그러나 이 저술은 개인 저술에 멈춰 널리 알려지지는 않았다.

수령의 지방 통치와 연관된 17세기 조선 사람의 관심은 이 시기 조선이 처했던 상황과 맞물려 지대하게 나타났지만, 이와 연관한 목민 자료는 그다지 구체적으로 만들어지지 않았다. 이원익이 조카와 장손에게 편지를 통하여 필요한 사항을 언급한 내용 정도를 확인할 수 있다.[18]

---

17) 『청송제강(聽訟提綱)』, 『사송유초(詞訟類抄)』에 대해서는 정긍식·임상혁 편저, 『16세기 사송법서 집성』, 한국법제연구원, 1999에 실린 「해제와 연구」참조.
18) 이에 대해서는 『오리집보유(梧里集補遺)』, 「서증이생덕기지임(書贈李甥德沂之任)」과 『오리집보유(梧里集補遺)』, 「서여손수약부연풍현무진(書與孫守約赴延豐縣戊辰)」두 자료를 참고할 수 있다.

18세기에 들어오면서 목민서는 여러 사람에 의해 다양한 계통으로 만들어져 유통되었다.[19] 『선각』은 그러한 목민서 중의 하나였다. '선각(先覺)'이란 남보다 먼저 세상의 이치 혹은 도를 깨친 사람을 의미한다. 자연, 이 인물은 뒤에 오는 사람의 스승이 될 수 있었다. 『맹자』에 실린 이윤(伊尹)의 말이 그 연원이다. 이윤은 탕임금에게 선각자임을 자임하며 다음과 같이 말했다고 한다. "하늘이 이 백성[사람]을 냄에 먼저 안 사람으로 하여금 늦게 아는 사람을 깨우치며, 먼저 깨달은 자[先覺]로 하여금 뒤늦게 깨닫는 자를 깨우치게 하였습니다. 나는 하늘이 낸 백성 중에 선각자로, 내 장차 이 도(道)로써 이 백성들을 깨우쳐야 할 것이니, 내가 이들을 깨우치지 아니하고 그 누가 하겠습니까?"[『맹자』, 「만장(萬章)」]

책의 이름을 이 같이 지은 까닭은 지은이에게 한 시대의 문화를 앞장서서 개척하고 이끌어 간다는 계몽적 자신감이 충만해 있었기 때문일 것이다. 이 책의 구성과 내용은 소론계 인물의 생각이 많이 포함된 『목민고』 및 '목민고'류 목민서,[20] 안정복이 지은 『임관정요』[21] 등의 여러 목민서들과는 성격을 달리하는 그만의 특장을 가지고 있었다. 『선각』은 조선후기 다양하게 만들어지고 유통되던 목민서의 한 갈래를 보여 준다고 할 수 있다.

이 책은 필사본으로 된 많은 이본이 존재한다. 그만큼 이 책이 널리 유통되며 활용되었다는 증좌이다. 실제 일제 때 『조선민정자료(朝鮮民政資料)』를 편집한 나이토 요시노스케(內藤吉之助)도 그가 가장 많이 접한 목민서

---

19) 18세기에 등장한 여러 목민서에 대해서는 심재우, 「조선후기 牧民書의 편찬과 守令의 행정운영」, 『奎章閣』 21, 1998 ; 김선경, 앞의 글, 2010 참조.

20) 18세기 소론계 인물들이 만들었던 『목민고』는 여러 이본이 있었다. 이에 대해서는 김용흠, 「18세기 목민서와 지방통치」, 『한국사상사학』 35, 2010 ; 김용흠, 「『목민고』 해제」, 『목민고·목민대방』, 혜안, 2012 참조.

21) 『임관정요』에 대해서는 원재린, 「『임관정요』 해제」, 『임관정요』, 혜안, 2012 참조.

가 『선각』 계통의 책이었다고 발언하기도 했다.22) 각 필사본은 체재 구성
및 싣고 있는 내용 등에서 조금씩 차이를 보이며, 또한 책의 이름도 한결같지
않아 『선각(先覺)』, 『선각록(先覺錄)』, 『순리보감(循吏寶鑑)』, 『백리장정(百
里章程)』, 『수치정요(修治精要)』, 『거관요람(居官要覽)』, 『거관촬요(居官撮
要)』 『칠사문답(七事問答)』, 『정요(政要)』, 『이치정람(吏治精覽)』 등 다양하게
지어졌다. 이것은 저본이 되는 한 책이 출현한 뒤, 이 책을 등사하고 또
필요에 따라 내용을 첨가하는 과정이 이어지면서 책의 이름이 달라지고
구성상의 변화가 생기면서 나타난 현상으로 보인다. 그렇다할지라도 내용상
한결같이 '선각'을 강조하는 점에서 이들 여러 이본은 묶어서 '선각'류 목민서
라 해도 좋을 듯하다. 여기서 말하는 '선각'은 『목민심감』의 항목을 활용,
수령 업무의 핵심을 3자어(字語)로 추려서 정리한 내용을 갖추고 있다.

'선각'류 목민서는 언제 출현했을까? 현재의 자료로는 이를 명확하게
밝히는 것이 쉽지 않다. 다만, 연대 확인이 가능한 내용이 수록된 국립중앙
도서관본(이하 국립본)의 서문과 본문 내용에 따른다면 이 책의 등장 시기는
1794년(정조 18) 무렵으로 추측된다. 서문에서 '갑인년(甲寅年) 9월 9일'에
썼다는 기록, 그리고 본문에서 『흠휼전칙(欽恤典則)』 기사를 원용하고 있는
점에 비추어 본 판단이다. 『흠휼전칙』이 만들어진 때가 1778년(정조 2)이고,
그 이후로 조선 역사의 편년에 나타나는 갑인년이 1794년과 1854년 두
해였으므로, 1794년 아니면 1854년에 만들어졌다고 보아야 할 것이다.
그런데 본문에서 다루는 내용으로 본다면 1794년이 사실에 가까울 듯하다.
서문이 이때 작성되었다고 해서 『선각』 또한 같은 시간에 만들어졌다고
반드시 단정할 수는 없지만, 일단은 이때에 이 책이 그 틀을 갖추었다고
보아 무방할 것이다.

---

22) 內藤吉之助, 『朝鮮民政資料－牧民篇』, 1942.

2. '선각'류 목민서의 이본과 이본별 체재 구성

'선각'류 목민서의 이본은 국립중앙도서관, 규장각 등 여러 곳에 소장되어 있다. 모두 필사본인 이 책들은 제목, 체재, 싣고 있는 내용 등에서 조금씩 차이가 난다. 이본 가운데 일곱 종을 선정, 각 책의 소장 상황, 구성과 체재를 살피면 아래 표와 같다.

〈표 1〉 '선각'류 목민서의 이본과 특징

책명	소장사항	구성	특기사항
선각 (先覺)[23]	국립중앙 도서관 (한古朝 31-529)	상권 　先覺序 　先覺目錄 　先覺 : 60항목 하권 　추록 : 糶糴·田政·軍政·文狀·免 稅·量田·寺奴·治盜·戶籍·總論 　첨록 : 各種定例·守令七事問答· 七事提要·七事綱領大志·物目名	-상·하권으로 구별했음 -'선각목록'에는 '物目名'이 있 으나 본문에는 빠짐 -'선각'의 항목은 모두 60조항 -어떤 항목에는 이원익의 편지 내용을 덧붙임 -'첨록'은 목록에 이렇게 표현되 어 있으나 본문에는 '첨록'의 표기없이 '각종정례'이하 수록 -七事綱領大志가 끝난 빈 공간 에 본문과 다른 필체로 '河東造 菓法'에 관해 간략히 써두었음 -先覺序에 '甲寅九月九日題'라 고 표기.
선각록 (先覺錄)	규장각 (古5129-16)	상권 　先覺序 　先覺 : 60항목 하권 　추록 : 糶糴·田政·軍政·文狀·免 稅·量田·寺奴·治盜·戶籍·總論 　첨록 : 各種定例·守令七事問答· 七事提要·七事綱領大志·物名·營 鎭類·節下類·衙門類·某官類	-상·하권으로 구별했음 -여러 항목에 이원익의 편지 내 용을 덧붙임 -일제 때 內藤吉之助가 편찬한 『朝鮮民政資料』에「先覺」이란 이름으로 수록했으나 物名 이 하 여러 항목을 뺌 -선각서에 '甲寅九月九日題'라 는 표기 없음.

---

23) 국립중앙도서관에는 이 책과 내용은 비슷하나 제목이 다른 이본이 더 소장되어

수치정요(修治精要)	규장각(古5820-2)	先覺序 目錄 先覺 : 60항목 추록 120조 : 糶糴·田政·軍政·文狀·免稅·量田·寺奴·治盜·戶籍·總論 첨록 : 各種定例·守令七事問答·七事提要·七事綱領大志·物目名	-책 표지의 제목은 '修治精要'이지만 內題는 '先覺'이라 했음 -상·하 구별 없음 -여러 항목에 이원익의 편지 내용을 덧붙임 -物目名은 목록에만 실려 있음 -선각서에 '甲寅九月九日題'라는 표기 없음.
거관요람(居官要覽)	규장각(奎12299)	栗谷先生戒甥書 57항목 糶糴·田政·軍政·文狀·免稅·量田·寺奴·治盜·戶籍·總論	-'선각'의 내용을 '栗谷先生戒甥書'로 봄 -'선각'의 항목은 57조항임. -乙巳小春二十三日花開洞留客謄書라고 추록의 끝머리에 표기 -이원익의 편지글을 덧붙이지 않음
정요(政要)	규장각(古82.2-J462)	目錄 七事 除拜日 이하 70항목 糶糴(20조)·田政(10조)·軍政(16조)·文狀(28조)·免稅(6조)·量田(8조)·寺奴(2조)·治盜(3조)·戶籍(2조)·摠論(11조) 御史覆啓草(갑술년 抄) 居鎭六事	-70항목을 서술하며, '선각'이라 이름 붙여 묶지 않음 -이원익의 편지글을 본문 뒤에 실었지만 '梧里曰'이라 표기하지 않음 -19세기 초반 이후에 필사됨 -御史覆啓草는 이면승이 작성한 것을 甲戌七月에 抄錄
칠사문답(七事問答)	규장각(奎7565)	七事問答 先覺目錄 先覺 : 度己分 외 48조 梧里李相國戒其甥李德泝書41條目	-'선각' 항목을 먼저 쓰고, 이원익 편지를 별도로 모아 기재함 -이원익의 편지 41조마다 頭註로 『선각』 항목과의 관련성을 표기해 두었음.

있다. 『순리보감(循吏寶鑑)』(한古朝31-55, 古6025-6), 『백리장정(百里章程)』(한 古朝31-452)이 그것이다. 이들 세 책은 「선각서」에 '甲寅九月九日題'라는 표기가 빠져 있고, '물명(物名)' 이하 여러 내용이 실려 있다. 한편 『순리보감』(한古朝31-55)과 『백리장정』의 말미에는 '판미리(板尾里)' 이임(里任) 박석환(朴碩煥)이 계묘(癸卯) 년에 작성한 청원서와 이에 대한 제사(題辭)가 등사되어 있다. 글씨체는 본문과 동일하다. 계묘(癸卯)년은 책의 내용과 연관해서 본다면 1783년이나 1843년으로 보는 것이 타당한데, 국립본 『선각』에 대한 이해에 맞추어 1843년으로 추정했다.

		追錄 糶糴(20조)·田政(10조)·軍政(16 조)·文狀(28조)	-현 소장본은 본문의 이면지에 '憲宗大王'이라 쓴 내용이 있는 것으로 보아 철종 이후의 필사 본으로 보임
이치정 람(吏治 精覽)	규장각 (奎5954)	七事綱領大志 三戒 七事問答 度己分 외 48조 文狀(28조)·免稅 嚴案(尹始永)跋辭	-48항목을 서술하여 '선각'이라 이름 붙여 묶지 않음 -이원익의 편지글을 덧붙이지 않음 -嚴案은 19세기 말 함흥부 안핵 사 尹始永이 올린 글.

　이들 일곱 필사본은 내용으로 보아 '선각'을 공통적으로 담고는 있지만, 책별로 그 구성과 체재에서 차이가 많이 난다. 필사된 시기와 주체가 각기 달랐기 때문이다. 『선각』의 이본은 형태상 「선각」, 「추록」, 「첨록」의 세 편목을 갖춘 계통과 그렇지 않은 경우로 나눌 수 있다. 『선각』, 『선각록』, 『수치정요(선각)』 등 3책(이하 A군의 책)이 전자에, 『거관요람』, 『정요』, 『칠사문답』, 『이치정람』 4책(이하 B군의 책)은 후자에 해당한다. 앞의 3책은 선각류 중에서 가장 완비된 내용을 갖추고 있다고도 할 수 있을 터인데, 이 책들은 또 책 이름으로 '선각'을 내건 특징을 보인다.

　「선각」, 「추록」, 「첨록」의 세 편목을 갖춘 A군의 책은 대체로 대동소이한 구성, 특징을 보인다. 이 가운데 책의 편집과 관련하여 필사자의 의견이 가장 뚜렷하게 드러나 있는 것은 국립중앙도서관 소장본(이하 국립본)으로 판단된다. 이 책에는 서문에 이 책을 만든 년기(年紀) 갑인년(甲寅年)이 적혀 있다. 또 책의 말미에 책을 만든 의도를 두고 "다른 사람의 아름다운 정치는 듣는 대로 기록하고 자신이 행하여 얻은 것은 이 책의 말미에 기록했으니, 그것은 첫째, 뜻을 계속 이어가겠다는 의미이고, 둘째, 집안에 전하는 교훈으로 삼고자 하는 것"이라고 정리하여 책의 처음과 끝을 일관하는 구성을 보여준다. 이 내용은 다른 이본들에서는 찾아볼 수 없다.

내용이 가장 풍부한 것은 『선각록』이다.24) 이 책은 「선각서(先覺序)」와 「선각」, 「추록」의 조적(糶糴)·전정(田政)·군정(軍政)·문장(文狀)·면세(免稅)·양전(量田)·시노(寺奴)·치도(治盜)·호적(戶籍)·총론(總論), 그리고 「첨록」의 각종정례(各種定例)·수령칠사문답(守令七事問答)·칠사제요(七事提要)·칠사강령대지(七事綱領大志)·물명(物名) 등을 싣고 있다. 이에 비해, 국립본은 물명(物名), 규장각의 『수치정요(선각)』는 각종정례·물명이 빠져 있다.

한편, 이들 책에 실려 있는 「선각」의 항목은 모두 60조항이다. 책마다 각 항목은 부분적으로 몇 글자에서 차이는 나타나나, 항목의 이름 그리고 항목이 담고 있는 내용은 동일하다. 또 이들 책에는 수령의 업무와 관련한 이원익(李元翼 : 1547~1634)의 발언을 해당 항목별로 싣고 있다. 「선각서(先覺序)」에서는 이원익이 그 생질 이덕기에게 보낸 편지라고 했으나, 이원익의 문집에서 확인하자면 이 발언은 이원익이 그의 생질 이덕기(李德沂)에게 보낸 편지, 그리고 손자 이수약(李守約)에게 보낸 편지에서 나온 것임을 알 수 있다.

『거관요람』을 비롯한 B군의 책은 앞의 3책에 비해 오탈자가 많이 나타나고, 체재 또한 크게 흐트러진 모습을 보여준다. 이들 중에서 「선각서」, 「선각」, 「추록」, 「첨록」의 기본 형식을 고루 갖춘 책은 없으며 '수령칠사' 관련 내용이 책의 첫머리에 나오기도 한다. B군의 책들은 모두 '선각서'를 싣지 않았으며, '선각' 항목도 『거관요람』은 57조항, 『정요』는 70조항, 『칠사문답』·『이치정람』은 48조항 등 일률적이지 않다. 이원익의 편지 또한 『칠사문답』을 제외한 다른 책에서는 실려 있지 않다. 『거관요람』의 경우에는 이원익의 편지도 싣지 않았거니와, 『선각』과 관련된 57항목을 율곡(栗谷) 이이(李珥 : 1536~1584)가 그의 생질에게 내린 경계의 편지라고도 하였다.

24) 국립중앙도서관에 소장된 『순리보감』 또한 『선각록』만큼 내용이 풍부하다.

이것은 이원익이 생질 이덕기에게 써준 편지를 혼동한 인식인 듯하다. 이 표현이 의도적이었는지 아니면 단순한 오류인지는 명확하지 않다. B군의 책에는 A군의 「추록」,「첨록」에 수록된 내용도 비교적 간략하게 정리되어 있다.

한편, 이들 B군의 책 가운데 일부는 필사 시기를 뚜렷이 확인할 수 있는 자료를 싣고 있어 유통 시간을 파악하는 데 도움을 받을 수 있다. 『정요』에는 19세기 초에 호남어사를 지낸 이면승(李勉昇 : 1766~1835)의 장계(狀啓)가 초록되어 있고, 『이치정람』에는 고종대 인물 윤시영(尹始永 : 1855~?)의 글이 실려 있다. 19세기에 이들 자료가 이용되었음을 볼 수 있다.

〈표 2〉 각 책별 '선각' 관련 항목 비교

책명	선각의 항목	비고
『선각』 『선각록』 『수치정요(선각)』	立志節 愼登堂 正禮義 克偏見 重言語 戒家人 訓子弟 愼門禁 嚴市直 薄自奉 厚親戚 立規程 勤日記 責實效 勉精思 察事情 愼發落 明賞罰 密關防 絶奸弊 精法律 詳案牘 驗公器 嚴巡警 嚴祀典 厚風俗 立敎條 重農事 崇學校 恤民艱 戢强惡 旌善行 抑邪術 察初情 和聽納 詳推讞 審輕重 存公平 戒延蔓 謹刑具 愼鞭扑 早疎決 親視獄 重視屍 緩親訟 原賦役 平需求 善收納 量期限 善事上 善馭下 審任使 睦隣屬 重眞賢 立遠圖 嚴皂隷 斥譏間 絶饋遺 禮新官 審禁令	○항목수 60조 (이하의 비교는 이 항목 60조를 기준으로 함. 아래 각 책의 비고에서 '신규'는 여기에 없던 항목이 새로 생기고, '누락'은 제외됨을 의미함)
『거관요람』	立志節 克偏見 愼登堂 正禮義 重言語 戒家人 訓子弟 愼門禁 嚴市直 薄自奉 厚親戚 立規程 勤日記 身先勞 究根本 責實效 勉精思 察事情 愼發落 明賞罰 密關防 絶奸弊 精法律 詳案牘 驗公器 嚴巡警 嚴祀典 厚風俗 立敎條 重農事 崇學校 恤民艱 戢强惡 旌善行 抑邪術 察初情 和聽納 詳推讞 審輕重 存公平 戒延蔓 謹刑具 愼鞭朴 早疎決 親視獄 重屍事 緩親訟 原賦役 平需具 善收納 量期限 善事上 善馭下 審任使 睦隣屬 重眞賢 立遠圖	○항목수 : 57조 ○신규 : 身先勞·究根本 ○누락 : 嚴皂隷·斥譏間·絶饋遺·禮新官·審禁令 ○변화 : 重屍視→重屍事

이본	항목	비고
『정요』	除拜日　歷辭役　除拜初　發程初　到仕日　到任初 延命行　度己分　立志節　愼登見　正禮義　克偏見 重言語　戒家人　訓子弟　愼門禁　嚴市直　薄自奉 厚親族　立規程　勤日記　究根本　責實效　勉精思 察事情　愼發落　明賞罰　明點考　密關防　絶奸弊 精法律　詳案牘　驗公器　嚴巡警　祀祈典　厚風俗 立教條　重農事　崇學校　恤民艱　戢强惡　旌善行 抑邪術　察初情　和聽納　詳推讞　審輕重　存公平 戒延蔓　謹刑具　愼鞭扑　早疏決　親視獄　重視屍 緩親訟　原賦役　平需求　善收納　量期限　善事上 善馭下　審任使　睦隣屬　重眞賢　立遠圖　嚴皂隷 斥讒間　絶饋遺　禮新官　審禁令	○항목수 : 70조 ○신규 : 除拜日· 歷辭役·除拜初· 發程初·到仕日· 到任初·延命行· 度己分·身先勞· 明點考 ○身先勞는 『거 관요람』에 있었 지만 여기서 누락
『칠사문답』	度己分　立志節　克偏見　愼登臺　正禮義　重言語 戒家人　訓子弟　愼門禁　嚴市直　薄自奉　厚親族 立規程　勤日記　身先勞　究根本　貴實效　勉精思 察事情　愼發落　明賞罰　密關防　絶奸弊　精法律 詳案牘　驗公器　嚴巡警　祀祈典　厚風俗　立教條 重農事　崇學校　恤民艱　戢强惡　旌善行　抑邪術 察初情　和聽納　詳推讞　審輕重　存公平　戒延蔓 謹刑具　愼鞭扑　早疏決　親視獄　重屍視　緩親訟 原賦役　平需求　善收納　量期限　善事上　善馭下 審任使　睦隣屬　重眞賢　立遠圖	○항목수 : 58조 ○항목 이름의 변 화 : (『칠사문답』 -『목민심감』) (愼登臺-愼登堂) (勉精思-務精思) (貴實效-責實效) ○신규 : 度己分· 身先勞·究根本 ○누락 : 嚴皂隷· 斥讒間·絶饋遺· 禮新官·審禁令
『이치정람』	度己分　立志節　克偏見　愼登臺　正禮義　重言語 戒家人　訓子弟　愼門禁　嚴市直　薄自奉　厚親族 立規程　勤日記　身先勞　究根本　貴實效　勉精思 察事情　愼發落　明賞罰　密關防　絶奸弊　精法律 詳案牘　驗公器　嚴巡警　嚴祀典　厚風俗　立教條 重農事　崇學校　恤民艱　戢强惡　旌善行　抑邪術 察初情　和聽納　詳推讞　審輕重　存公平　戒延蔓 謹刑具　愼鞭朴　早疏決　親視獄　重視屍　緩親訟 原賦役　平需求　善收納　量期限　善事上　善馭下 審任使　睦隣屬　重眞賢　立遠圖	○항목수 : 58조 ○『칠사문답』과 항목이 같음

　여러 이본의 성격을 무엇보다 잘 보여주는 것은 '선각'과 관련된 내용이다. 각 이본마다 수록 항목의 수에 차이가 나고 수록된 내용 또한 조금씩

34

다른데, 이 역시 A군의 책(『선각』, 『선각록』, 『수치정요(선각)』)과 B군의 책(『거관요람』, 『정요』, 『칠사문답』, 『이치정람』)으로 나누어 그 특징을 살필 수 있다.

우선, A군의 책의 경우에는 모두 60항목이 실려 있으나, B군의 책에는 57항목, 70항목, 48항목 등 항목 수가 제 각각이다. 『거관요람』의 경우 57항목이 실려 있다. 『선각』에 비해 세 조항이 덜 실려 있는 셈인데, 실제 두 책 사이에는 모두 일곱 항목의 차이가 난다. 『거관요람』에는 『선각』에 없는 두 항목이 더 실려 있는 한편으로(身先勞·究根本), 『선각』에 실려 있는 다섯 항목이 누락되었기 때문이다(嚴皂隷·斥讒間·絶饋遺·禮新官·審禁令).

『정요』의 「선각」은 가장 많은 변화를 보인다. 수록된 항목은 모두 70개로, '선각'류 서책 가운데 그 수가 가장 많다. '신선로(身先勞)'를 제외한 『거관요람』의 항목이 모두 실리고 여기에 '제배일(除拜日)' '역사역(歷辭役)' '제배초(除拜初)' '발정초(發程初)' '도사일(到仕日)', '도임초(到任初)' '연명행(延命行)' '탁기분(度己分)' '명점고(明點考)' 등 9항목이 추가되었다. 이중 '탁기분(度己分)'을 제외한 추가 8항목은 '선각'류의 이본들에서는 찾아볼 수 없다. 그런데 이들 항목은 실제 『선각』의 '첨록'에 있는 총론(總論) 가운데 일부를 가져와 만든 것이었다. 아마도, 이 항목들은 이 책의 필사자가 원 대본을 필사할 때 새롭게 만들어 늘린 것으로 보인다.

『칠사문답』·『이치정람』의 항목은 가장 소략하다. 48항목만 실려 있다. 이 가운데 이들 책에만 나타나는 새로운 내용의 항목은 없다. 『거관요람』의 항목을 추린 것으로 보인다.

한편, A군의 책과 B군의 책 사이에 나타나는 또 다른 차이는 특정 항목의 수록 여부이다. '탁기분(度己分)' '신선로(身先勞)' '구근본(究根本)'이 그 항목인데, 전자에는 이 내용이 전혀 나타나지 않는다.

　이와 같이 '선각'류에는 규장각에 소장된 『선각록』에서부터 『거관요람』, 『이치정람』에 이르기까지 다양한 이본이 존재한다. 이들 서책은 대체로 18세기 말에 나타나 19세기 말엽까지 필사되고 유통되었던 것으로 보인다. 뒷 시기에 필사된 경우에는 앞선 시기 대본의 내용을 중시하면서도 취사선택하거나 혹은 새로운 내용의 자료를 덧붙이기도 하였다. 이 가운데 어떤 것이 초기의 원본에 가장 가까울까?

　현재로서는, 유보할 점도 많이 있지만, 국립중앙도서관 소장본 『선각』이 형태상 원형에 가까운 것으로 판단된다. 그것은 이 책의 서문에 이 책을 만든 년기(年紀)가 적혀 있는 점, 책의 서문에 "나의 자손들은 항상 깊이 새겨 집안의 법도로 삼기를 바란다"고 하고, 또 책의 말미에 이 책을 만든 의도를 두고 "다른 사람의 아름다운 정치는 듣는 대로 기록하고 자신이 행하여 얻은 것은 이 책의 말미에 기록했으니, 그것은 첫째 뜻을 계속 이어가겠다는 의미이고 둘째 집안에 전하는 교훈으로 삼고자 하는 것"이라고 정리하여 책의 처음과 끝을 일관하는 구성을 갖추고 있는 점 등의 사실로 판단할 수 있다. 이 책에는, 다른 이본들에서는 찾아볼 수 없는, 책 편찬의 의도가 가장 뚜렷이 드러나 있다.

　이 책의 필자가 누구인가 하는 점도 중요한 문제이다. 현재로서는 책 자체의 내용에서, 그리고 다른 자료에서 이를 확인하는 것은 어렵다. 다만, A군의 책과 『칠사문답』에서 이원익이 생질 이덕기와 손자 이수약에게 준 편지를 수록한 점과 연관하여, 이 책의 필자가 이원익과 학문적·정치적으로 연관되지 않은가 유추해 볼 수 있다. 한편, 「선각」의 항목 57조항을 모두 이이의 글이라고 본 『거관요람』에서는 필사자가 이 책과 이이와의 관련성을 중시했었다는 점을 느낄 수 있다. 이는 사실에 맞지 않은 큰 오류인데, 이 오류가 필사자의 잘못된 판단에서 왔는지 아니면 의도된

36

결과인지는 알 수 없다.

3. 번역본『선각』의 구성과 내용

번역은 국립중앙도서관 소장본(『선각』)을 대본으로 하고 여타 이본들을
활용하여 진행했다. 국립중앙도서관 소장본을 대본으로 삼은 것은 앞서
본대로 이 책이『선각』의 원 형태에 가장 가까운 것으로 판단되기 때문이다.
『선각』은 상·하 두 권으로 구성되어 있다. 상권은 '선각'이란 제목 하에
모두 60항목에 걸쳐 수령에게 요구되는 지적 능력과 도덕적 태도, 업무를
효율적으로 수행하는 방법과 그 논리 등을 간략하게 다루고 있다.(<표
2> 참조) '선각'이란 책의 이름이 여기서 왔음을 알 수 있다. 별도의 편목을
설정하여 여러 항목을 설명하지 않고 일률적으로 배치하였으며, 한결같이
3자구(字句)를 사용, 주제를 이끌었다.

하권에서는 「추록(追錄)」, 「첨록(添錄)」이라는 이름으로 군정, 전정, 환곡
등 지방 행정의 실제 업무를 수행함에 필요한 사항, 수령칠사에 대한
문답식 해설을 기록하였다. 「추록」과 「첨록」은 그 의미상 '추가로 보완한
기록', '다시 덧붙인 기록'의 뜻을 지니고 있는데, 필자의 서문에서는 「추록」
에 관한 기록만 나온다. 서문을 쓸 무렵, 「첨록」은 없었던 것이 아닌가
하고 생각할 수 있으나, 책머리에 있는 목록에는 「추록」과 「첨록」이 동시에
실려 있는 것으로 보아서는 반드시 그렇지만도 않은 것 같다. 「첨록」은
「추록」과는 달리 필자의 생각이 전혀 들어가 있지 않는, 채집하여 수록한
자료이기 때문에 서문에서 언급하지 않았을 수 있다.

「추록」에는 120조항에 걸쳐 지방 행정의 구체적인 내용을 실었다. 조적
(糶糴 : 20조), 전정(田政 : 10조), 군정(軍政 : 16조), 문장(文狀 : 28조), 면세

(免稅 : 6조), 양전(量田 : 8조), 시노(寺奴 : 2조), 치도(治盜 : 3조), 호적(戶籍 : 2조), 총론(總論 : 25조)으로 구성되어 있다. 여기에 실린 글 가운데 일부는 『목민고(牧民考)』 등 이 책보다 조금 앞선 시기에 유통되었던 목민서에서도 확인할 수 있다. 이 사실은 『선각』이 『목민심감』뿐만 아니라 이전의 여러 목민서들 또한 참고하여 구체화된 것임을 알려준다.

「첨록」은 각종정례(各種定例), 수령칠사문답(守令七事問答), 칠사제요(七事提要), 칠사강령대지(七事綱領大志) 등을 실었다. 수령칠사가 강조되어 있는 것을 유의하게 된다. 수령칠사문답, 칠사제요, 칠사강령대지 3편은 각기 독립된 글인데, 다루는 내용 또한 일치하지 않는다. 수령칠사문답에서 수령칠사에 관한 내용을 문답 형식으로 풀고, 칠사제요에서 칠사에서 핵심이 되는 내용을 추린 뒤, 칠사강령대지에서는 이를 다시 짧게 정리하였다. 이 가운데 수령칠사문답과 칠사강령대지는 이 책의 편자가 직접 썼고 칠사제요(七事提要)는 다른 사람이 쓴 글을 옮긴 것으로 판단된다. 칠사제요는 수령의 업무가 갖는 정치적 의미를 매우 체계적으로 다루고 있다. 이 글에서 수준 높은 한편의 논설을 보는 느낌을 받게 된다.

한편, 목차에서는 「첨록」의 내용으로 각종정례(各種定例) 등과 함께 '물목명(物目名)'을 제시하고 있으나 본문에는 빠져 있다. 본래 이 부분이 있었지만 낙장(落張)이 생겼거나 아니면 처음 수록하려고 했다가 제외했을 수 있다.

이와 같이 구성된 『선각』은 외견상 전혀 다른 두 종류의 책을 하나로 묶어 만들었다는 느낌이 든다. 상권이 원론의 성격을 가진다면, 하권은 실무행정 지침과 같다. 그러나 두 내용 모두 수령의 직분을 제대로 수행하기 위해서는 반드시 갖추어야 할 사항이었기에, 이 책의 편찬자는 어느 것 하나 소홀히 하지 않고 다루었다. 요컨대 『선각』은 여러 이질적인 자료를 활용하고 종합하며 만들어졌다고 할 수 있는데, 이들 자료의 성격이『선각』의 특질을 규정한다.『선각』에 담겨 있는 여러 자료의 특징을 구체적으로 살펴보자.

상권은 최소한 세 가지 이상의 자료를 참조했다. 제일 먼저 거론할 수 있는 것은『목민심감(牧民心鑑)』이다.『선각』에 실린 60항목은 대부분『목민심감』의 제목과 내용에서 왔다. 그렇다고 하여『목민심감』의 원문을『선각』에 그대로 옮긴 것은 아니다.『선각』의 필자는『목민심감』에서 필요한 항목만 임의로 추렸으며, 항목이 담고 있는 내용도 원문을 요약하거나 아니면 원문과는 다른 색채로 새롭게 재구성하였다. 후자의 경우,『목민심감』의 원의만 살려 일부를 구성하고 나머지는 새로운 내용을 첨가했거나 아니면 제목만 같을 뿐 내용을 완전히 달리하여 항목을 구성한 형태로 나눌 수 있다. 이때 새로이 들어간 내용은『목민심감』과는 무관하게 조선의 현실을 직접 반영하고 있다.

『목민심감』과『선각』을 비교해보면 양자의 체재와 내용이 크게 변화했음을 알 수 있다.『목민심감』은 '근시(謹始)' 등 12개 편목을 정해 체재를 구성하고 각 영역별로 모두 104항목을 분속(分屬)했는데, 체재는 <표 3>과 같다.

『선각』은『목민심감』과 달리 영역별 판목을 없애고『목민심감』 항목의 순서에 따라 서술하되, 항목의 수를 줄였다.『목민심감』에 비하면 그 수가 절반밖에 되지 않는다. 한편,『목민심감』에는 없는 항목도 새로 만들었다.

이와 같이『목민심감』의 구성과 내용을 참조하면서도 그대로 따르지 않은 점은『목민심감』이 중국의 사정을 반영하고 있어 조선에 그대로 적용하는 것은 무리였기 때문이다. 편자는 이 자료를 참고하면서도 적절히 가감하여 조선에 적용하기에 적합한 것으로 만들었다.

<표 3> 『목민심감』의 체재와 『선각』

편 목	항 목
勤 始	**度己分** 立志節 克偏見 求法則
初 政	愼登堂 正禮義 重言語 **明戒約 詢舊事 誓神詞**
正 家	戒家人 訓子弟 **先孝養** 愼門禁 嚴市買 薄自奉 厚親族
莅 事	立規程 勤日記 身**先勞** 究**根本** 責實效 務精思 察事情 愼發落 明賞罰 密關防 絶奸弊 精法律 詳案牘 **覈錢穀** 驗公器 嚴巡警 嚴祀典
宣 化	厚風俗 立敎條 明國制 重農務 崇學校 恤貧困 戢强惡 旌善行 **禁遊惰** 抑邪術 **止浮言 表先哲**
聽 訟	**弛訟源** 察初情 和聽納 詳推讞 審重輕 **分故誤 別善惡** 存公平 戒延蔓 **止穢詈 恕愚戇** 謹刑具 愼鞭扑 早疎決 親視獄 重視屍 緩親訟
徵 料	原賦役 平需求 均力役 善收納 量限期 **戒多取**
營 繕	察緩急 審農時 立遠圖
事上	**恪守職 推誠心 加禮貌 奉條約 絶非謗 審悖理**
馭下	**處吏胥 戒里甲 愼耆老** 嚴隷卒 斥讒間 絶饋遺 杜干請 審任使 詳委任
交 人	**和同寅 睦隣屬 重眞賢 周患難 務誠信 尙謙和 戒謗術 絶邪類 引己咎**
備 荒	預堤防 誠祈禱 申實迹 陳民艱 請賑給
善 終	禮新官 告舊政 委行橐

*비고 : 1. 굵은 글씨의 이탤릭체 편목(***事上***, ***馭下***)은 『선각』에서 항목의 이름(善事上, 善馭下)으로 활용됨.

2. 굵은 글씨로 된 항목은 『선각』에서 누락되었음.

『선각』의 상권을 구성하는 또 다른 자료는 오리(梧里) 이원익(李元翼 : 1547~1634)의 편지였다. 서문에는 이 편지에 실린 내용이 이원익이 그의 생질 이덕기(李德沂)에게 써준 41개조라고 했지만, 실제로는 이원익이 이덕기에게 보낸 것과 1628[戊辰]년에 손자 이수약(李守約)에게 부친 편지 두 가지가 섞여 있다. 또 두 편지에 없는 내용도 있다. 이덕기는 이회(李澮)의 아들로 현감을 지냈던 인물이다. 그의 어머니는 이원익의 누이였다.[25]

---

25) 이덕기(李德沂, ?~?), 한산 이씨로 이색의 후손이며, 이회(李澮)의 아들이다. 강학년 (姜鶴年)의 장인이다. 『사마방목』, 『문과방목』에 이름이 등재되어 있지 않아 과거를 거쳤는지 여부는 불명확하다. 1604년(선조 37)에 목천현감(木川縣監)이 되었다. 이덕기에 관한 기록은 심희수(沈喜壽)의 문집인 『일송집(一松集)』 권8의 「수천군묘갈명(秀泉君墓碑銘)」에 자세하다. "공의 이름은 정은(貞恩)이다. 자는

이수약은 이원익의 장손으로, 1628년(인조 6)에 연풍현감(延豊縣監)으로
재직 중이었다.[26]

　이 편지는 16세기 말~17세기 초의 유능한 관료 이원익이 지방 행정에
대해 지니고 있던 생각이 무엇인지, 그리고 후대의 사람들이 그의 가르침을
어떻게 활용했던가를 파악함에 중요한 자료가 된다. 그런데『목민심감』의
각 항목에서 '이원익의 편지'라고 붙여둔 글은 이원익의 문집에 실려 있기도
하고 그렇지 않기도 하다. 이원익이 직접 쓴 편지가 아닌 경우는 내용상
18세기 이후의 지방 행정 상황을 많이 담고 있다. 이는 이원익의 이름을
빌려 편지의 내용으로 억지로 삽입한 것이라 하겠다.

　한편, 항목 중에는 이 시기 유통되던『목민고』의 자료를 활용하여 만든
것도 있다. 「중농사(重農事)」가 그것인데, 이 제목은『목민심감』의 '중농무
(重農務)'에 대응한다. 제목이 달라졌거니와, 본문의 내용도『목민심감』의
그것과는 무관하다. 그 대신 이 항목은『신편 목민고』[27]에 나오는 내용과
동일하다. 이와 같이 본다면,『선각』은 적어도『신편 목민고』가 나온 이후에
여러 형태의 자료를 모아서 만들어졌다고 보아야 할 것이다.

　　정중(正中)이며 호는 월호(月湖)이다. 또한 남곡·설창(嵐谷·雪窓)을 번갈아 사용했
　다. 곧 헌릉대왕의 후손이다. 아들이 셋 있으니, 큰 아들은 보천부정 억정, 둘째
　아들은 함천군 억재, 다음은 숭천부수 억령이다. 함천군이 낳은 아들은 현령
　원보, 영돈녕부사 원익이며, 딸은 이회에게 시집갔다.… 원익이 아들 의전을
　낳았으니 직장이며, 딸은 한성참군 이정혁에게 시집갔다. 이회는 아들 덕기를
　낳았으니 참봉이다.(公諱貞恩, 字正中, 號月湖, 又以嵐谷雪窓互稱之, 卽獻陵大王之
　孫 (중략) 有三子, 長曰甫川副正億正, 次咸川君億載, 次崇川副守億齡… 咸川生子元
　輔縣令, 元翼領敦寧府事, 女適李澮… 元翼生子義傳直長, 女適李廷赫漢城參軍, 李澮
　生子德沂參奉)"

26)『오리속집(梧里續集)』부록(附錄) 권2, 행장(行狀).
27) 원 제목은『목민고』이나 이보다 앞서 나온 같은 제목의 책과 구분하여 이렇게
　부른다. 소장처는 서울대학교 규장각한국학연구원(古5120-172).

하권에 실린 「추록(追錄)」과 「첨록(添錄)」은 그 편제에서 볼 수 있듯, 정리한 시기에서 차이가 나는 것으로 보인다.『선각』의 서문, 책 말미의 기록에 따르면 「추록」은 '선각'의 항목과 같이 정리했으며, 「첨록」은 이후에 정리되었다는 점을 확인할 수 있다. 서문에서는『목민심감』을 활용하여 항목을 만들었다는 점, 이원익의 편지 41조를 얻어 이를 각 항목에 분속시켰다는 점, 그리고 120조의 시폐(時弊)와 관련된 내용을 담았다는 점만 밝히고 있을 뿐, 「첨록」에 관한 내용은 없다. 반면, 「첨록」의 말미에는 "관장을 맡은 사람이 칠사(七事)를 모두 행한다면, 수령의 길과 치민(治民)의 방법을 여기에 더 이상 보탤게 없다. 이것이 바로 조정에서 훈계하는 까닭이다. 다만, 세 글자로 된 강령이라고 해서 범범하게 듣고 보아 넘겨서 그 할 수 있는 방도를 알지 못하면, 그 어찌 조정에서 훈계하는 의미를 체현했다고 할 수 있겠는가? 그러므로 혹자가 가상으로 질문하는 형식을 빌려[假設或者之問] 그 내용을 두루 갖추어 설명했다. 또 어떤 사람이 쓴 '칠사제요'란 글을 얻었는데 쓸만하기에 취해 실었다. 또 7대 강령의 대지를 풀어 이 책의 말미에 이어 썼으니, 마음 속 깊이 담아 두고 세세히 궁구할 수 있을 것이다"고 하여 수령칠사와 관련된 내용을 정리하는 이유를 적어 두었다. 서문에 싣지 못한 말을 여기에서 덧붙였다고 볼 수 있겠다.

4. 번역본『선각』의 특성

번역의 저본으로 삼은 국립중앙도서관 소장본『선각』은 '선각'류 목민서 가운데 저자의 의도를 알리는 내용이 풍부하게 수록되어 있고, 「선각서」, 「선각」, 「추록」, 「첨록」의 일관된 체계를 갖추고 있다. 18세기 후반에 나와 널리 유통된 '선각'류 목민서의 성격을 이해함에 이 책은 훌륭한 준거가

되리라 여겨진다. 이 책이 지니는 구성·내용상의 특성은 다음 몇 가지로
정리할 수 있다.

첫째, 이 책의 상권은 『목민심감』의 내용을 활용하고 편자의 생각을
보태어 재구성하였다. 『목민심감』의 전 체재와 내용을 그대로 받아들이지
는 않았지만, 매 항목마다 『목민심감』의 주제와 문제의식이 밑바닥에 깔려
있다. 이 사실은 『선각』이 조선 초부터 지방 수령들의 주요 참고서로
활용하고 있었던 『목민심감』의 전통을 적극적으로 잇고 있음을 말해준다.
조선의 현실에 맞지 않는 내용은 버리고 새로운 내용으로 채웠지만, 『선각』
은 『목민심감』의 한 변형태였다. 그런 점에서 『선각』은 『목민심감』이 진화
한 한 양태이기도 했다.

둘째, 이 책은 이원익의 편지 글과 『목민심감』의 주제를 상호 결합하여
내용을 구성하였다. 이것은 16세기 말~17세기 초 조선의 지방 행정 운용의
경험으로부터 체득한 사실을 『목민심감』과 같이 묶음으로서, 『목민심감』
의 주제를 현실적으로 구체화하고, 소소한 지방 행정의 지침을 이론적으로
한 단계 심화시키는 모습이라 할 수 있다. 조선 사회에서 16세기 말까지는
지방 수령이 지방관으로서 갖추어야 할 자세와 능력을 『목민심감』에 기초
하여 고민하고 준비하였다면, 이 책은 초보적이나마, 조선 행정가의 목소리
를 빌려 『목민심감』과는 별도로 지방관을 위한 자료를 만든 성과라 할
것이다. 『목민심감』을 버리지 않으면서도 거기에서 한 걸음 더 나아간
점, 여기에 이 책의 기본적인 특징이 있다고 할 수 있다.

셋째, 이 책의 하권은 전정, 군정, 환곡 등 18세기 지방 사회에서 실제로
실행되고 있었던 행정에 관한 구체적인 지침을 담고 있다. 내용이 그렇게
풍부하지는 않지만, 어쨌든 주요한 사항은 대부분 포괄하고 있다고 볼
수 있다. 이것은 상권에서 부족한 점을 보완하는 의미가 강하다 하겠는데,

이 내용이 결합됨으로써 실제 상권에서 제시된『목민심감』의 주제, 이원익 편지의 강조 사항이 살아나고 있다고 할 수 있다.

넷째, 이 책에서는 수령칠사(守令七事)를 강조하였다. 수령칠사에 관한 여러 편의 글이 책의 말미에 '첨록'의 형태로 첨부되긴 했지만 책의 편자가 수령칠사에 부여하는 의미는 매우 컸다. 수령칠사는 조선이 지방 수령들의 핵심 업무로 규정했던 일곱 가지 사항이었다.『선각』에서는 각 항목이 가지는 의미를 문답 형식으로 풀어, 독자들이 그 가진 내용을 자세하게 음미할 수 있도록 했다. 이 일곱 항목은 수령이 업무 과정에서 행사하는 구체적인 내용은 아니지만, 수령 정치의 원칙과 범위, 그리고 지향이 잘 드러나 있다. 수령칠사를『선각』의 주요 내용으로 끌어들이는 모습에서 이 책 편자는 행정상의 구체적인 방법보다는 정치의 대강을 중시하는 의식을 강하게 지니고 있었음을 알 수 있다. 이 점은『목민심감』의 항목을 원용하여 수령 정치의 지침을 설명하려는 의식과도 통하는 것이라 할 수 있다.

다섯째, 이 책은 18세기 목민서의 변화상을 잘 보여준다. 18세기 중·후반에 안정복의『임관정요』와 홍양호의『목민대방』등 개인 저술도 만들어지고 있었지만, 이 시기 목민서로 실제 편찬되어 널리 활용된 것은 '선각'류와 '목민고'류 두 계통의 목민서였다.

그런데 '선각'류와 '목민고'류 목민서는 체재가 다르고 강조하는 내용이 달랐다. 여러 다양한 자료를 묶은 '목민고'류는 형태상 조선에서 이루어지는 지방 행정의 실제를 충실히 반영하여, 수령의 임명에서부터 취임, 임무 완수 및 전보(轉補)에 이르기까지의 과정을 정리해 보여주는 특징을 보이며, 내용상으로는 수령이 현행 국법과 제반 규정을 적극 활용하여 수령에게 주어진 책무를 다 해야 함을 강조했다. 수령의 책임성, 지방 정치에 직접 활용할 수 있는 구체성, 세밀함이 돋보인다. 이 점은 이 책의 편찬에 직간접적으로 관련을 가졌던 한지(韓祉), 이광좌(李光佐), 조현명(趙顯命) 등 영조대 탕평파 인물들의 지향과도 연관이 있는 것으로 판단된다.[28]

　이에 반해, 『목민심감』이나 이원익의 편지, 수령칠사의 해설과 같은 자료를 정치의 원론으로 제시하고 이와 더불어 지방 정치의 운영과 관련한 구체적인 요점을 제시하는 '선각'류는 구체성보다는 원론적 성격이 두드러진다. 또한 이 책들은 현실을 반영하면서도 시간상 앞선 시기의 사유를 활용하는 점에서 시대를 거슬러 오르고 있다. 이런 점은 '선각'류가 보수적인 면모를 지니고 있는 것으로 판단하게 한다.

　두 계통의 목민서에서 드러나는 뚜렷한 차이는 민간의 여러 폐단을 해결하고자 하는 수령의 정치적 태도에서 확인할 수 있다. '목민고'류가 적극적이라면 '선각'류는 소극 보신적이었다. 이 점은 많은 사실에서 확인할 수 있는데 다음은 『목민고』와 『선각』에서 살필 수 있는 사례이다. 『목민고』에서는 수령이 부임 후 며칠 이내에 관내의 면(面), 주막(酒幕), 사찰(寺刹), 포호(浦戶)에 전령을 내려, 향소(鄕所)와 작청(作廳), 호강(豪强) 양반들이 이들에게 가하는 징색(徵索)과 침책(侵責) 등의 폐단을 빠짐없이 파악하고, 이를 개혁하는 것이 중요하다는 내용을 싣고 있다. 반면, 『선각』에서는 이를 혹자의 말로 소개한 뒤, 수령이 이 사실을 알고도 개혁하지 못하면 도리어 원망과 비웃음을 사게 되니 풍속을 살펴 조심스럽게 행할 것을 주문하고 있다.

　『선각』 편자의 소극적 태도는 은여결(隱餘結) 문제에 대한 접근 방식에서도 드러난다. 『선각』에서는 균역법을 실시한 이후 줄어든 은여결이 시간이

---

28) 『목민고』의 편찬과 관련 있는 인물들에 대해서는 김용흠, 앞의 글, 2010 참조.

흐른 뒤 고을마다 많이 생겨난 현상을 거론하며 은여결의 수가 적다면 모르는 척하라고 했다. 만약 은여결을 알아낸 뒤에 여기서 나오는 수입을 급재처(給災處)에 쓴다하더라도 그 사실이 발각되면 수령이 도배 또는 금고의 처분의 면하지 못하게 되므로 그대로 둬야 한다는 것이다. 『선각』의 편자는 '애초에 알지 못하고 듣지 못한 것이 더 낫다'는 생각으로 이 문제를 해결하고자 했다. 괜히 손대 동티를 내지 말자는 태도였다.

『목민고』와 『선각』의 개성은 다양한 면에서 검토할 수 있을 것이다. 개괄한다면 『목민고』가 수령의 능동적 정치와 그를 통한 폐단 제거에 보다 적극적인 태도를 보이는 반면, 『선각』은 규범적이며 현상 유지적인 수령의 모습을 제시한다. 두 책에서 나타나는 이러한 차이는 찬자들의 정치적 성향이 다른데서 오는 점을 고려할 수 있다. 동시에 이것은 두 책이 만들어지고 유통되는 정치적 시간적 배경이 달랐던 점과도 상관이 있을 것이다. '선각'류가 '목민고'류 보다 늦게 만들어졌다는 점과 연관 지어 살핀다면, 전자는 후자의 방식을 비판하고 그와는 다른 견지에서 지방 정치의 운영을 모색했던 어떤 흐름을 반영하고 있었던 것은 아닌가 생각하게 된다.

이상 살핀 대로 18세기 후반에 만들어지고 19세기에 널리 활용된 『선각』 과 '선각'류 목민서는 이 시기 지방 정치 일각의 움직임을 적극 반영하고 있었다. 이들 책이 담고 있는 내용을 다양한 측면에서 꼼꼼하게 살핀다면 18~19세기 조선 사회의 실상을 이해함에 큰 도움을 받을 수 있을 것이다.

선각 서문[先覺序]

　백리 지역을 맡아 이 백성을 기르는 자[任百里, 牧斯民者]는 곧 국가의 근심을 나눠가지는 책무[分憂之責]를 지니고 있다. 맡은 임무는 크고 책임은 무거우니, 그 어찌 늘 펴놓고 참고할 책이 없었겠는가?『목민심감(牧民心鑑)』이 그것이니, 이 책에는 옛날의 순리(循吏)와 양리(良吏)들이 백성을 다스렸던 방도가 매우 자세하다.『목민심감』의 110조는 곧 옛 양리 취이(檇李) 주군(朱君)[1]이 지은 것으로, 후대에 본받을 내용을 지니고 있다. 간혹 옛날과 지금 상황이 다른 곳이 있으므로 60조를 가려 뽑고, 여기에 근래의 풍속에 편하게 사용할 수 있는 내용을 덧붙여, 이름을『선각(先覺)』이라고 고쳐지었다. '선각'은 뒤에 깨닫는 사람[後覺]의 스승[2]이니, 곧 '지혜로운

---

1) 취이(檇李) 주군(朱君) : 명나라 사람이다. 이름은 봉길(逢吉)이다. 절강성(浙江省) 가흥부(嘉興府)에 있던 취이현(檇李縣)에서 태어났다. 벼슬은 영진지현(寧津知縣) 호광헌첨(湖廣憲僉) 등을 지냈다.

2) 이 구절은『맹자』,「만장(萬章)」편에 실려 있는 이윤(伊尹)이 탕(湯) 임금에게 했던 말에서 따왔다. 원문은 다음과 같다. "하늘이 이 백성[사람]을 냄에 먼저 안 사람으로 하여금 늦게 아는 사람을 깨우치며, 먼저 깨달은 자로 하여금 뒤에 깨닫는 자를 깨우치게 하였다. 나는 하늘이 낸 백성 중에 선각자이니, 내 장차 이 도(道)로써 이 백성들을 깨우쳐야 할 것이니, 내가 이들을 깨우치지 아니하고 그 누가 하겠는가?" 하였다.(天之生此民也, 使先知覺後知, 使先覺覺後覺也. 予天民之先覺者也, 予將以斯道, 覺斯民也, 非予覺之, 而誰也).

자는 과거를 스승으로 삼는다'3)는 의미이다.

또 오리(梧里) 이원익(李元翼)4) 상공(相公)이 그의 생질 이덕기(李德沂)5)에게 써서 준 41조6)를 얻었는데, 이는 옛 명재상의 말이거니와 백성을 다스리는 매우 긴요한 방도를 담고 있어, 뒤에 깨닫는 자의 스승이 되기에 충분하다. 이에 한 자도 깎거나 더하지 않고 내용에 따라 분류하여 덧붙이니, 참으로 완벽하여 목민(牧民)하는 사람들의 의식(儀式)에 더 더할 것이 없다고 할 수 있겠다.

그러나 나의 구구한 의견이 없을 수 없으니, 참람함과 망령됨[僭妄]을 헤아리지 않고, 현재의 폐단 가운데 구제할 수 있는 것과 매일 행할 수 있는 것 120조를 이 책의 말미에 삼가 추록(追錄)했다.

이들 내용에 대해 감히 잘할 수 있다고는 말할 수 없다. 다만 본받고자 할 뿐이다. 비록 문장력이 모자라서 사람들의 이목을 사로잡기에 부족하지만, 백리 지역을 맡아 백성들을 다스리는 자들이 이 내용을 진정으로

---

3) 국립본의 원문은 '智君師古之意也'이나 『선각록』에서는 "智者師古之意也'로 되어 있다. 문맥상 『선각록』의 내용이 적절하므로 이를 따라 번역했다.

4) 이원익(李元翼, 1547~1634). 본관은 전주(全州). 자는 공려(公勵), 호는 오리(梧里). 태종의 아들 익녕군 치(益寧君袳)의 4세손이며, 아버지는 함천정(咸川正) 억재(億載)이며, 어머니는 감찰 정치(鄭淄)의 딸이다. 1564년(명종 19) 사마시에 합격하고 1569년(선조 2) 별시 문과에 병과로 급제한 뒤 주요 관직을 두루 거쳤다. 광해군대 영의정으로 있으면서 전쟁 복구와 민생 안정책으로 김육(金堉)이 건의한 대동법(大同法)을 경기도에 한해 실시해 토지 1결(結)당 16두(斗)의 쌀을 공세(貢稅)로 바치도록 하였다. 저서로는 『오리집』·『속오리집』·『오리일기』 등이 있으며, 가사로 「고공답주인가(雇貢答主人歌)」가 있다.

5) 이덕기(李德沂) : 해제의 주 23) 참조.

6) 그의 생질 이덕기(李德沂)에서 준 편지의 41조 : 『오리집보유(梧里集補遺)』, 「서증이생덕기지임(書贈李甥德沂之任)」으로 실려 있다. 그런데, 『선각』에 수록된 이원익의 편지에는 손자 이수약(李守約)에게 준 편지(『오리집보유(梧里集補遺)』, 「서여손수약부연풍현무진(書與孫守約赴延豐縣戊辰)」)도 같이 섞여 있다.

마음 속에 새겨두고 세밀히 궁구하며 미루어 확대한다면, 백성들을 편안하
게 만들고 풍속을 변화시켜, 위로는 나라의 은혜에 보답하고 직분을 지키며
직무에 이바지하고 아래로는 자신의 몸과 목숨을 보존할 수 있을 것이다.
옛날의 순리와 양리들이 나라를 위하고 백성을 다스렸던 길은 오직 이와
같았다. 나의 자손들은 항상 깊이 새겨 집안의 법도로 삼기를!

갑인년(甲寅年)7) 9월 9일에 쓰다8)

---

7) 책의 본문 중에 『흠휼전칙(欽恤典則)』(1778, 정조 2)을 언급한 부분이 있고, 또
　홍양호의 『목민대방』(1791)을 인용한 문단이 나온다. 갑인년은 1778년 이후로
　볼 수 있는데, 1794년과 1854년 가운데 하나일 듯하다. 책의 전체 내용으로
　판단하면 1794년에 이 책이 필사되었다고 할 수 있다.
8) 이 표현은 『선각록』 등 다른 이본에는 보이지 않는다. 각 이본별 『선각』 서문의
　차이는 해제의 <표 1>을 참조.

선각(先覺) 상(上)

⚔ 뜻과 절개를 세움[立志節] ⚔

국은(國恩)을 받아 타인의 스승이 되니, 위에서 기대하는 바가 무겁고 아래에서는 여러 사람들이 우러러본다. 그가 남과 달라질 점은 오로지 뜻과 절개를 세움에 달려 있다.[1] 뜻이란 무엇인가? 청렴함[廉]·신중함[愼]·공정함[公]·근실함[勤], 이 네 가지일 뿐이다.[2]

이 네 가지의 뜻을 풀면 다음과 같다. 청렴함은 위엄(威嚴)을 낳으며 신중함은 신의를 낳으며 공정함은 명백함을 낳으며 근실함은 이득을 낳는다.[3] 관장이 된 자로서는 위의를 엄하게 한 뒤에라야 좋은 부하를 얻을 수 있고, 믿음성 있고 착실한 뒤에라야 백성에 임할 수 있으며, 공명한

---

1) 이 구절은 『목민심감』에는 "其異於人, 在乎立志"로 표기되어 있으나, 『선각』에는 "其異於人"이 빠져 있다. 『거관요람』, 『선각록』도 모두 이와 같다. 여기에서는 『목민심감』에 맞추어 해석했다.

2) 이 구절까지가 『목민심감』의 내용이다. 『목민심감』의 원문은 다음과 같다. "국은을 받아 타인의 스승이 되니, 위에서 기대하는 바가 무겁고 아래에서는 여러 사람들이 우러러본다. 그가 남과 달라질 점은 오로지 뜻과 절개를 세움에 달려 있다. 뜻이란 무엇인가? 청렴함[廉]·신중함[愼]·공정함[公]·근실함[勤], 이 네 가지이다. 청렴하면 마음이 맑고 욕심이 없어 사람들이 간여하지 못하고, 신중하면 사려가 정밀하고 분명하여 일이 잘못되지 않으며, 공정하면 사사로움이 없고 이치가 바르게 되며, 근실하면 정사가 이루어져 백성들이 편안해 진다. 이 네 가지 단서에 뜻을 두면 모든 일이 잘 될 것이다(夫受國恩爲人師帥, 上所倚重, 下所具瞻, 其異於人, 在乎立志. 志者何, 曰廉, 曰愼, 曰公, 曰勤. 廉則心淸欲寡, 人不能干, 愼則思慮精明, 事無實度, 公則無私而理直, 勤則政集而人安. 志此四端, 庶務擧矣)"

3) 『오리집보유(梧里集補遺)』, 「서증이생덕기지임(書贈李甥德沂之任)」, "공정함은 밝음을 낳고, 청렴함은 위엄을 낳는다(公生明, 廉生威)" '公生明, 廉生威'이 6 글자는 이 시기 수령들이 좌우명으로 삼는 경구였다. 다음은 그 한 사례이다. "公之爲守宰也, 章服不備, 鞍馬不飾, 官廚無欲淸者. 淡若寒士生活, 俸餘必籍, 一物不私. (중략) 尤盡心於獄訟, 嘗曰, 公生明廉生威, 是吾六字符也"(『黎湖先生文集』 卷27, 沔川郡守辛公墓誌銘).

54

뒤에야 간사한 행위를 규찰할 수 있다. '근'(勤 : 근실함)이란 한 글자는 머무르는 곳마다 써야한다. 이곳에서는 부지런하다가도 저곳에서 게을리 하거나 처음에 부지런하다가 끝에 가서 게을리하는 경우가 없어야, 모든 일을 이룰 수 있다.

✠ 집무실에 신중히 올라감[愼登堂] ✠

집무실에 처음 나아가는 때는 이서(吏胥)와 백성들이 지켜보기 시작하는 시간이다. 조금이라도 어긋나면 업신여김과 비웃음이 따르게 된다. 행동거지를 제대로 하고, 의관을 바르게 입으며, 궤탑(几榻)·필묵(筆墨)·기용(器用)과 같은 물건을 일일이 잘 살펴 법도를 잃는 일이 없도록 해야 한다.[4]

부임하는 날, 단령(團領)[5]을 착용하고 객관(客館)[6]에 부임하여 모든 장교

---

4) 이 구절까지가 『목민심감』의 내용이다. 『목민심감』의 원문은 다음과 같다.
"정사를 보는 초기는 이서와 백성들이 비로소 지켜보는 때이다. 조금이라도 실수하면 업신여김과 비웃음이 뒤따른다. 그러므로 행동거지나, 의관, 궤탑, 기용 등은 모두 일이 삼가 조심하여 실수가 없도록 해야 한다. 혹시 걷다가 발을 헛디뎌 넘어지거나 패간을 떨어뜨려 잊어버리고, 궤탑을 상하게 하고, 필묵을 더럽히고, 촛불을 꺼뜨려 등불을 켜는 일 등은 모두 길조가 아니다. 비록 그러한 일이 우연히 생긴다 하더라도 경계하고 삼가하여 먼저 점검하는 것이 좋다.(初政之初, 吏民觀瞻之始也. 一有失措, 侮唉隨之. 故若動止, 若衣冠, 若几榻, 若筆墨器用等物, 皆宜――謹細, 不使有失. 其或行步蹉跌, 珮簡墜遺, 几榻損折, 筆墨污涴, 燭滅燈然等事, 皆非吉兆. 雖出偶然, 不若戒謹而先點撿之爲可也)"
5) 단령(團領) : 옷깃을 둥글게 만든 관원의 공복(公服). 신라 이래 관복(官服)으로 사용했으며, 특히 조선에서는 공복(公服)·상복(喪服)·시복(時服)에 착용하여 관복 중 가장 중요한 자리를 차지하게 되었다. 품계에 따라 홍·청·녹·조(皂)·토황(土黃)·초록 등으로 구별하였으며, 품계가 없는 사람도 부서에 따른 색의 구별이 있었다.
6) 객관(客館) : 지방 군현에 있는 객사(客舍)를 말한다. 객사는 고려·조선 때, 궐패(闕牌)를 모셔두고 매월 정기적으로 전궐패례(殿闕牌禮)를 행하던 곳이며, 왕명을 받들고 내려오는 벼슬아치가 묵던 집이었다. 고을마다 두었다. 여기에 묵는 사람을 아객(衙客)이라 했다.

(將校)[7]와 향소(鄕所)[8]의 알현(謁見)을 받고, 각종 관속(官屬)[9]들을 차례차
례 일일이 확인한 뒤, 그들로 하여금 각자 맡은 공사(公事)를 보고하도록
한다.

❋ 예의를 바르게 함[正禮儀] ❋

집무실에 나간 초기, 요속(僚屬)[10]들이 참알(參謁)[11]하는데 그 중에는
신분이 귀한 자도 있고 천한 자도 있으니 반드시 그 상하의 등급을 분별하여
답례(答禮)해야 한다. 지나치게 공손해서도 아니 되고 또 거만해서도 아니
되며, 하나하나 물어서 분명하게 하고 사리에 맞게 행하는 것이 마땅하다.[12]

---

7) 장교(將校) : 조선시기 각 군영에 속했던 군관. 고려대에는 주현군(州縣軍)의 장교
   에 호장층(戶長層)이 맡는 별장과 기관층(記官層)이 맡는 교위(校尉)·대정(隊正)이
   있었다. 조선으로 오면 더 세분화되어 양반자손으로 구성되는 권무군관(權務軍
   官), 한산(閑散)출신의 별군관(別軍官) 외에 각종 도제조군관(都提調軍官)·지고관
   (知雇官)·기패관(旗牌官)·별무사(別武士)·교련관(敎鍊官)·별기위(別騎衛)·마의(馬
   醫)·출신군관(出身軍官)·가전별초(駕前別抄) 및 지방관청의 군에 종사하는 이속
   인 기관(記官) 등을 총칭하였다. 이들은 군사를 통솔하여 각 군영의 입직 및
   적간(摘奸)을 행하였고, 국왕 행행시 동원되었으며, 또는 지방관아나 수영(水營)
   등에 배속되었다.
8) 향소(鄕所) : 유향소(留鄕所)의 품관(品官)인 좌수 1인, 별감 2인의 3인을 말한다.
   이들을 삼향소(三鄕所)라고도 하였다. 향소는 본래 각 고을 수령의 자문기관으로
   서 수령을 보좌하고 풍속을 바로 잡고 향리(鄕吏)의 부정을 규찰하며, 국가의
   정령을 민간에 전달하고 민정(民情)을 대표하는 자치 기구를 의미했는데, 이에
   종사하는 좌수와 별감을 지칭하기도 했다. 본문의 향소는 후자에 해당한다.
9) 관속(官屬) : 각 관아의 아전과 하인.
10) 요속(僚屬) : 막료. 관장을 보좌하는 직에 있는 사람들.
11) 참알(參謁) : 관아의 관원이 그 책임자를 찾아뵙는 일.
12) 이 구절까지『목민심감』의 내용을 요약했다.『목민심감』의 원문은 다음과 같다.
   "집무실에 나아간 초기, 여러 요속이 참알하는데 그 중에는 신분이 귀한 자도
   있고 천한 자도 있으며, 현명한 자도 있고 그렇지 않은 자도 있다. 예에 맞추어
   이들을 대한다면 이야기 거리가 생기지 않지만 예가 맞지 않으면 사람들이

56

예의는 요속들이 참알할 때만 갖추는 것이 아니다. 전패(殿牌)¹³)에 망궐
례(望闕禮)¹⁴)를 행할 때나 향교에 알성(謁聖)¹⁵)을 할 때, 먼저 나의 모대(帽
帶)¹⁶)와 장복(章服)¹⁷)을 단정히 하고, 의장(儀仗)¹⁸)의 포진(鋪陳)이 어지럽
게 뒤섞이지 않도록 한다. 교생(校生)¹⁹)들이 호창(呼唱)²⁰)하거나 행보(行步)
할 때 느릿하게 움직이거나 흐트러지지 않게 해야 하며, 전내(殿內)에는
불필요한 사람이 들어오지 못하게 엄하게 금지시키고, 다만 예방(禮房)
아전이 인도하여 예식을 거행하게 한다.

비난한다. 그러므로 반드시 상하의 등급을 분별하여 경중을 따져 답례해야 한다.
지나치게 공손해서도 안 되고 지나치게 거만해서도 안 된다. 물어서 분명하게
하고 사리에 맞게 행한다면 비난하는 의견을 면할 수 있을 것이다(登堂初, 庶僚屬
參謁, 有貴有賤, 有賢有否, 合禮則無可議, 失禮則人非之. 故必當辨其上下之等, 以爲
答禮輕重之宜, 不可足恭, 不可倨傲. 詢問明白, 適理而行, 斯免非議)"

13) 전패(殿牌) : 각 고을의 객사(客舍)에 '殿(전)'자를 새겨 세운 나무 패. 이는 임금을
상징하는 것으로 매월 초하루와 보름에 관리 전원이 모여 배례(拜禮)하였다.
또 지방에 출장한 관원도 이에 대하여 배례하였다. 만일 이 전패를 훼손, 모독하면
불경(不敬)으로 처리되어 본인은 물론, 수령(守令), 그 고을까지 처벌당하였다.
예를 들어, 현종 2년(1661)에 충주목(忠州牧)에 전패 훼손 사건이 일어나자 정부에
서는 이곳을 현(縣)으로 강등(降等)하고 충홍도(忠洪道)를 공홍도(公洪道)로 개칭
(改稱)하였다. 또 정조 2년(1778)에 길주(吉州)에서 같은 사건이 일어나자 조정에서
는 첨사(僉事), 길주 부사를 파면했다.
14) 망궐례(望闕禮) : ① 매월 초하루와 보름에 각 지방의 수령이 궐패(闕牌)에 절하는
의식, ② 임금이 원단(元旦)·동지·성절(聖節)·천추절(千秋節)에 왕세자 이하를 거
느리고 중국의 황제가 있는 쪽을 향하여 배례하는 사대(事大) 의식을 이른다.
여기에서는 ①의 의미.
15) 알성(謁聖) : 성균관(成均館) 문묘(文廟) 혹은 향교(鄕校) 대성전(大成殿)의 공자(孔
子)를 비롯한 여러 성현의 신위(神位)에 참배하는 것을 말한다.
16) 모대(帽帶) : 사모와 각띠. 사모 쓰고 각띠를 참.
17) 장복(章服) : ① 관대(冠帶). 벼슬아치의 공복(公服). ② 장표(章標). 오위(五衛)의
장졸(將卒)이 그 소속의 부대를 나타내던 복장의 표시.
18) 의장(儀仗) : 의식(儀式)에 쓰이는 무기 또는 물건. 장(仗)은 검극(劍劇)을 말함.
19) 교생(校生) : 조선시기 각 고을의 향교에 등록되어 공부하는 학생.
20) 호창(呼唱) : 큰 소리로 부름.

✖ 편견을 극복함[克偏見] ✖

사람은 성품은 모두 선량하나 기질은 같지 않다. 총명하면 혹 너무 지나칠까 걱정되고, 유순·나약하면 혹 미치지 못할까 염려된다. 지나치거나 미치지 못하면 그 중용을 잃어버린 까닭으로 모두 정사(政事)에 해가 되니, 반드시 반성하여 편벽된 소견을 극복해야 한다.[21]

또 반드시 여러 사람에게 순문(詢問)하여 중용을 얻도록 힘쓰는 것이 마땅하다. 그리고 매양 사랑하고 미워하는 마음에 얽혀 편벽된 마음이 생기니, 공명(公明)한 마음이 아니면 중용을 얻을 수 없다. 이서와 향소(鄕所)는 모두 자기 당(黨)이 있기 때문에, 만약 한 쪽을 치우치게 쓴다면 향전(鄕戰)과 이전(吏戰)이 일어나는 것을 막지 못하게 된다.

---

[21] 이 구절까지가 『목민심감』의 내용이다. 『목민심감』의 원문은 다음과 같다. "사람의 성품은 모두 선량하나 기질은 같지 않다. 총명하면 혹 크게 지나치고 순하고 나약하면 혹 미치지 못하여 모두 정치를 해롭게 하며 중도를 잃을 수 있으니 반드시 이를 마음에 반성하여 자기의 치우친 편견을 극복해야 한다. 그러므로 수령이 된 자는 먼저 안으로 생각해야 한다.
예전에 재물을 탐했다면 지금은 염결함으로 극복하고 예전에 조악했다면 지금은 순량함으로 극복해야 한다. 예전에 비인(鄙吝)했다면 지금은 관홍(寬洪)으로 극복하고 예전에 경부(輕浮)했다면 지금은 단중(端重)함으로 극복해야 한다. 용타(慵惰)는 근민(勤敏)으로 극복하고 혹학(酷虐)은 자인(慈仁)으로 극복하고 나매(儒昧)는 강명(剛明)으로 극복하고 사녕(邪佞)은 정직으로 극복하고 허사(虛詐)는 성신(誠信)으로 극복하고 간만(簡慢)은 진충으로 극복하고 다언(多言)은 신눌(愼訥)로 극복하고 호주(好酒)는 절음(節飮)으로 극복해야 한다.
이를 위해서는 모두 조용하게는 스스로를 살피며 움직여서는 사람들에게 물어, 강유(剛柔)가 중도를 얻고 지선(至善)에 이를 수 있도록 힘써야 한다. 이럴 경우 아름답다 하겠다.(人性皆善, 氣質不同. 聰明則或大過, 淳懦則或不及, 皆能害政, 以失闕中, 必當省之於心, 以克所偏之見. 故居官守, 先宜內思. 如昔貪財, 今則克之以廉潔, 如昔粗惡, 今則克之以淳良, 如昔鄙吝, 今則克之以寬洪, 如昔輕浮, 今則克之以端重, 慵惰克以勤敏, 酷虐克以慈仁, 儒昧克以剛明, 邪佞克以正直, 虛詐克以誠信, 簡慢克以盡忠, 多言克以愼訥, 好酒克以節飮. 皆當靜而自省, 動而詢人, 務使剛柔得中, 至於至善, 斯謂美矣)"

　　오리(梧里) 이원익(李元翼)이 말했다. "가장 제어하기 힘든 것이 노여움이다. 일에 임해서는 신중하게 하되 노여워하지 않아, 일처리가 온당함을 잃지 않도록 해야 한다. 품관(品官)[22]을 대하고 관속을 대하며 백성을 대할 때, 절대 일에 앞서서 화내지 말아야 한다. 유죄(有罪) 무죄(無罪)가 밝혀진 연후 공평하게 처리한다. 백성을 대할 때는 사랑을 위주로 하고, 관속을 대할 때는 엄함을 위주로 하며, 품관(品官)을 대할 때는 너무 가깝게 지내거나 멀리 하지 않아야 한다."[23]

　　오리 이원익이 말했다. "마땅히 백성들을 무휼(撫恤)해야 하며, 관속을 대할 때도 지나치게 엄격해서는 안 된다."[24]

---

22) 품관(品官) : 유향품관의 준말. 유향품관은 향촌사회의 지배층으로서, 한편으로는 유향소·향약·향회·동약 등의 기구와 조직들을 통해 향촌사회를 지배하고 향촌사회의 안정을 유지하였다. 그러나 다른 한편으로는 토호적 존재로서 하민(下民)들을 탈법적으로 지배하고, 민전을 겸병하며, 부역이나 환곡을 물지 않고 천택(川澤)의 이익을 독점하는 등 불법을 저지르기도 하였다. 이들은 수령권과는 협력하고 길항하는 관계에 있었다.

23) 『오리집보유(梧里集補遺)』, 「서증이생덕기지임(書贈李甥德沂之任)」에 실린 다음 세 문단의 내용과 전체적으로는 유사하지만 다른 부분도 있다.

　　"○칠정 (七情) 가운데 가장 제어하기 힘든 것이 노여움이다. 일에 임해 분노하면 마음이 동요하고 어두워지게 되어 일처리가 온당함을 잃게 되니, 맹렬히 억제하여 조용히 깊이 생각하여 처리해야 한다(七情之中, 惟怒最難制. 臨事而怒, 則心動而昏, 處置輒乖, 猛加抑制, 從容熟思而處之)"

　　"○품관(品官)을 대하고 관속을 대하며 백성을 대할 때, 절대 일에 앞서서 화내지 말아야 한다. 죄가 있는지 없는지의 사실이 밝혀진 후에 공평하게 처리한다(待官屬待品官待百姓, 切勿先事憤疾. 而有罪無罪事發然後, 公平處之)"

　　"○백성을 대할 때는 사랑을 위주로 하고, 관속을 대할 때는 엄함을 위주로 한다. 비록 사랑을 위주로 하더라도 그들로 하여금 명령을 좇게 하지 않을 수 없으며, 엄함을 위주로 하더라도 그들로 하여금 지보(支保)하게 하지 않을 수 없다. 품관을 대할 때는 너무 가깝게 지내거나 멀리 하지 않아야 한다(待百姓以愛爲主, 待官屬以嚴爲主. 雖主愛而不可使之從令, 雖主嚴而不可使之支保. 至於待品官, 不親不疏)"

✠ 말을 신중히 함[重言語] ✠

마음에서 나오는 것은 말로써 드러난다. 관장이 된 자로서는 더욱 신중히 해야 한다. 혹 어떤 일을 묻거나 혹 타인에게 대답을 하거나 혹 정령(政令)을 내어 시행할 경우에는 모두 그 당연히 해야 할 말을 고른 뒤에 표현한다. 말을 간결히 하여 사리를 명확하게 하고 조급함을 경계하여 중용(中庸)을 얻기를 힘쓴다면 사람들이 반드시 공경하여 듣고 믿으며 따르게 된다.25)

말세(末世)의 인심이 거짓말을 전파하기를 좋아하니, 영문(營門)26) 혹은 조정(朝廷)에 관계되는 일일 경우 관인(官印)이 찍혀 있지 않으면 절대 믿어서는 안 되며, 혹 귀로 들었다 하더라도 그 내용을 입 밖으로 발설해서는 안 된다.

오리 이원익이 말했다. "여색(女色)은 반드시 몸을 망치고, 말은 나를

---

24) 『오리집보유(梧里集補遺)』, 「서여손수약부연풍현무진(書與孫守約赴延豐縣戊辰)」, "百姓固當撫恤, 而待官屬, 亦不可太刻." 국립본에서는 이 편지글을 노여움에 관한 편지글 다음에 "又曰"이라고 하여 이어서 표기했다. 하나의 문장 형식이다. 『선각록』에서는 "梧里曰"이란 이름 하에 따로 분리했다.

25) 여기까지가 『목민심감』의 구절이다. 『목민심감』의 원문은 다음과 같다. "마음에서 나오는 바가 언어로 표현된다. 보통 사람의 경우에도 오히려 신중함과 어눌함을 더해서 감히 가벼이 말하지 않거늘, 하물며 관직에 있으며 말에 책임을 져야 하는 사람에 있어서랴? 겸하여 정사를 펴는 시초에는 백성들이 모두 엿보므로 혹 여러 일에 대해 묻거나 혹 타인에게 대답해야 하는 경우나 혹 정령을 내는 경우에는 모두 마땅히 말해야 할 것을 선택한 후에 발언해야 한다. 말은 간결하고 타당하며 이치는 바르고 명확하도록 힘써야 한다. 지루하고 조급한 것을 경계하며 사정에 알맞게 맞추는 것을 귀하게 여긴다면, 사람들이 반드시 이를 경청하며 믿고 따를 것이다.(心之所出, 發爲言語. 常人尚加愼訥, 而不敢輕, 況有官守有言責. 兼閱政之始, 人皆覘之, 故或詢問諸事, 或對答他人, 或出行政令, 皆當擇其所當言者, 而後發之. 務在辭簡以當, 理正而明, 戒其支離躁急, 貴乎中事情, 則人必敬而聽之, 信而從之矣)"

26) 영문(營門) : 감영(監營)이나 군영(軍營)을 일컫는 말.

60

해칠 수 있다. 그래서 옛 사람들은 이 두 가지를 매우 경계하였다."27)

🔲 집안 사람에게 주의를 줌[戒家人] 🔲28)

노복(奴僕)의 무리는 노소 할 것 없이, 부임한 처음부터 교조(敎條)를 엄하게 하고 그들에게 의식(衣食)을 후하게 주며, 관아 내[衙中]에 조용히 거처하도록 하고 외부 사람과 서로 통하지 못하게 하면, 말썽이 생기지 않는다.29)

또 (그들이) 사환(使喚)30)한 여가에는 혹 채소를 가꾸도록 하거나 혹은 짚신을 삼도록 하여 한가하게 놀지 못하게 하는 것도 좋다. 명령을 내는 곳이 많으면[令出多門] 볼 만한 정사가 없게 된다. 아무리 작은 일일지라도

---

27) 『오리집보유(梧里集補遺)』, 「서증이생덕기지임(書贈李甥德沂之任)」, "色必敗身, 言能害己, 二者古人切戒也". 이 구절은 『신편 목민고』의 「자치(自治)」항에도 나온다.

28) 국립본의 경우, 항목명은 '계가인(戒家人)'이지만 실제 담고 있는 내용은 '엄시치(嚴市値)'에 관한 것이다. 그리고 이 국립본의 목록에서는 이 항목 뒤에 '훈자제(訓子弟)', '신문금(愼門禁)', '엄시치(嚴市値)'를 나열하고 있지만 실제 본문에는 이들 세 항목 자체가 실려 있지 않다. 이 항목은 『선각록』을 따라 번역했다. 가장 먼저 만들어진 것으로 추측되는 국립본에 왜 이런 현상이 나타났는지는 알 수 없다. 『선각』을 정리하는 과정에서 이러한 오류가 발생했는지도 모르겠다.

29) 여기까지가 『목민심감』의 구절을 원용했다. 『목민심감』의 원문은 다음과 같다. 이 책에서는 '동복(童僕)'이라 했지만 『선각록』에서는 '노복(奴僕)'이라 했다. "동복의 무리 중에는 똑똑한 자도 있고 어리석은 자도 있다. 교활한 관리와 간사한 자가 왕왕 살피다가 틈을 타 곧바로 (이들 동복과) 인연을 만든다. 그러므로 부임한 초기, 엄하게 가르치고 의식을 두텁게 해주며, 깊숙이 거처하게 하고 외출을 금지하여 은밀하게 이루어질 일을 방지하고 그들이 외부 사람들과 접촉하지 못하게 하면, 말썽이 생기지 않을 것이다.(童僕之輩, 有良有愚. 黠吏奸人, 往往覷伺, 有可乘隙, 卽生夤緣. 故當到官之初, 卽宜嚴其敎條, 厚其衣食, 深居杜迹, 以防其微, 使其外無可交, 則釁不能生矣)"

30) 사환(使喚) : 심부름 하는 일 혹은 심부름꾼.

아내(衙內)의 대소 인원은 반드시 주수(主守)³¹⁾에게 고하고 행하게 한다. 하나의 풀, 하나의 나무라도 정해진 수 이외에 만약 더 사용해야 할 물건이 있으면 반드시 보고한 뒤에 사용하게 한다. 담당 고자(庫子)³²⁾ 역시 납입할 것이 있으면 관장에게 보고한 뒤에 납입해야 한다는 뜻을 엄중히 분부하여 두는 것이 좋다.

오리 이원익이 말했다. "관아 내부의 규율을 엄격히 하여 외부인들이 내부인과 절대 통하지 못하게 하고, 내부 사람들이 외부와 일절 통하지 못하게 한다."³³⁾

✖ 자제를 가르침[訓子弟] ✖ ³⁴⁾

자제를 가르치는 방법은 집에 있을 때와 다름이 없다. 그들로 하여금 힘써 공부하도록 하고 정사(政事)에 관여할 생각을 갖지 못하게 해야 외부의 간사한 꾀가 미치지 않는다. 자제와 아객(衙客)³⁵⁾들 중에 혹 정사를 돕는

---

31) 주수(主守) : 고을의 수령(守令). 주쉬(主倅)라고도 함.
32) 고자(庫子) : 조선시기 각종 창고를 지키며 출납을 맡아보던 하급관직. '고지기'라고도 하였다. 서울에 각 관청·군영의 창고가 있었고, 지방에도 크고 작은 창고가 있어 군량미와 진휼미(賑恤米)를 비축하는가 하면, 조적(糶糴)에 필요한 곡식을 저장하고 있었다.
33) 이원익의 편지글과 조금 차이가 난다. 『오리집보유(梧里集補遺)』, 「서증이생덕기지임(書贈李甥德沂之任)」에는 "일과 행동 거조는 일절 사사로운 정에 끌리지 않도록 해야 한다. 외부인이 내부와 통하지 못하게 하고 내부인들이 외부와 일절 통하지 못하게 한다.(事爲擧措, 一切勿牽私情. 外人切勿令通于內, 內人切勿令通于外)"라고 했다.
34) 국립본의 목록에는 '훈자제(訓子弟)'가 나오지만, 실제 본문에는 항목 자체가 누락되었다. 이 항목의 번역은 『선각록』을 따랐다.
35) 아객(衙客) : 지방 관아의 수령을 찾아와 묵고 있는 손. 이들이 머무르던 곳을

62

경우가 있어도 이 일을 관속들이 알게 해서는 안 된다.36)

▨ 출입문 단속을 신중히 함[愼門禁] ▨37)

부임한 초기에 곧바로 관사의 출입문 단속을 엄하게 해야 한다. 비록
이서(吏胥)와 조예(皁隷)38)라 할지라도 자기 마음대로 출입하지 못하게
하면 청탁을 하거나 궤유(饋遺 : 향응)하는 자의 발걸음이 저절로 끊어져
들어올 수 있는 길이 없어진다.39)

객관(客館) 혹은 객사(客舍)라 했다.

36) 이 항목은 『목민심감』과 제목만 같을 뿐 내용은 전혀 다르다. 『목민심감』의
원문은 다음과 같다.
"자제가 임지에 따라 오면 가르치지 않을 수 없으니, 이름난 스승이 있으면
반드시 찾아가 배우게 해야 한다. 만약 그것이 평범한 학사(學舍)에 그친다면
상종하기에 마땅하지 않아 배워도 성공하지 못할 뿐 아니라 이 때문에 사단이
생길 수 있다. (이때에는) 다만 마땅히 스스로 법도를 세워 집에서 책을 읽게
하고 장난치며 노는 것을 경계하고 그 교류와 접촉을 끊게 해서, 오직 어버이를
봉양하고 집을 다스리는 것을 일로 삼을 뿐 재물을 경영하고 정치에 관여하는
것에는 마음에 두지 못하게 하면, 외부의 간사함이 미치지 못할 것이다.(子弟從行,
不可不敎, 有名師者, 宜遣就學. 如止尋常學舍, 則不宜相從, 非惟學無成功, 或恐因之
生事. 惟當自立程式, 讀書于家, 戒其嬉遊, 絶其交接. 惟以奉親治家爲事, 勿以經營預
政爲心, 則在外之干, 無可及矣)"
37) 국립본의 경우 목록에는 '신문금(愼門禁)'이 나오지만 본문에는 항목 자체가 누락
되었다. 이 항목의 번역은 『선각록』을 따랐다.
38) 조예(皁隷) : 각 관아에서 부리던 하인. 칠반천역(七般賤役)의 하나로, 사령·마지
기·가라치·별배(別陪) 따위가 있다.
39) 여기까지가 『목민심감』의 구절을 원용했다. 『목민심감』의 원문은 다음과 같다.
"옛 사람이 말하길, '신(臣)의 대문은 시장처럼 사람이 붐비고 신의 마음은 물과
같다'고 했는데, 참으로 지극히 염결한 사람이 아니라면 어찌 이와 같이 할
수 있겠는가? 하지만 시장과 같아 혐의를 받는 것보다 물과 같아 비방을 받지
않는 것이 더 낫다. 그러므로 관청에 부임한 처음에 바로 문금(門禁)을 엄격하게
하고 사람들이 드나드는 것을 단속해야 한다. 비록 이서(吏胥)와 조예(皁隷)라
할지라도 집에 오지 못하게 한다면 그 나머지 이갑(里甲)·기로(耆老)·무축(巫祝)·

시끄럽게 떠드는 짓을 엄격하게 금지하면 문금(門禁)이 자연히 엄하게 된다. 관사(館舍)[40]에 사잇길과 사잇문이 있으면, 아객(衙客)과 아노(衙奴)[41] 들이 마음대로 출입을 하고, 또 외부인들도 마음대로 왕래하면서 반드시 말을 만들어 정사(政事)에 해를 끼치게 된다. 담을 쌓거나 혹 자물쇠를 채워 이 문을 막아버려야 한다.

▩ 시가에 따라 물품을 구입함[嚴市直] ▩[42]

날마다 사용하는 물건 중에는 시장에서 구입하여 쓰지 않을 수 없는

아쾌(牙儈)의 무리들이 뇌물을 받치고 청탁하려는 발걸음이 자연 끊어져 들어올 길이 없어질 것이다.(古人謂, 臣門如市, 臣心如水, 非誠極廉潔者, 豈能然哉. 然其如市 而嫌疑, 孰若如水而無謗. 故自到官之始, 卽當嚴其門禁, 出入扃鐍. 雖吏胥皂隷, 不令 至家, 則餘若里甲耆老巫祝牙儈之徒, 將以請託餽遺者, 自然絕跡, 而無可入之道矣)"

40) 관사(館舍) : 수령이 업무를 보는 곳.
41) 아노(衙奴) : 관아의 노비.
42) 『목민심감』에는 '엄시매(嚴市買)'라고 되어 있다. 국립본의 목록에는 '엄시치(嚴市 直)'가 나오지만, 실제 본문에는 항목 자체가 없다. 이 항목의 번역은 규장각본을 따랐다. 한편, 이 항목은 항목의 이름만 따왔을 뿐 『목민심감』의 내용과는 전혀 다르다. 『목민심감』의 원문은 다음과 같다.
"몸이 필요로 하는 것은 그 스스로 면할 수 없는 바이니, 그 필요한 것을 도리를 다해 처리한다면 마음이 부끄럽지 않을 것이다. 대개 시정의 소민(小民)들은 털끝만한 이익이라도 얻으면 기뻐하고 잃으면 원망하는 법이니, 내가 천록(天祿) 을 먹으면서 시정의 세민(細民)들에게 부당하게 재물을 취할 경우 이를 원망하거 나 헐뜯지 않을 사람이 있겠는가? 그러므로 시장에서 일용품을 살 때에는 반드시 근후한 가인(家人)을 보내 시가(市價)에 따라 사게 해서 백성들에게 손해를 끼치지 않도록 해야 한다. 또한 장부를 두고 피차간의 증문(證文)으로 삼아 서로 교부하여 값을 외상으로 치르지 않는다면 백성들이 원망하지 않을 것이며 속으로 어떤 생각도 하지 않게 될 것이다.(口體之需, 自所不免, 處之盡道, 斯無愧心. 蓋市井小民, 於纖毫微利, 得之則喜, 失之則怒, 以吾享食天祿, 而剋取於閭閻細民, 其有不怨而毁者 哉. 故凡市買日用之物, 必遣謹厚家人, 務從市價, 勿損於民. 且置籍冊, 爲彼此信文, 兩相交付, 而勿賒其値, 則人無怨而心無作矣)"

것이 있다. 이를 소가(小價 : 헐값)에 구매하여 쓰게 되면 이는 백성과 더불어 이익을 다투는 일이요[與民爭利], 과가(過價 : 비싼 값)로 구매하여 쓰게 되면 이 때문에 물정을 모르는 사람으로 몰리게 된다. 반드시 근실한 사람을 시장으로 보내어 시중 시세에 따라 (물품을) 구입하게 하는 것이 마땅하다.

관속들 가운데 관장(官長)에게 아첨하고자 혹 염가(廉價)로 사서 바치는 사람이 있을 것이다. 이를 안심하고 받아들이면 후일 반드시 이를 빙자하여 무엇인가 요구하는 바가 있을 것이니, 조심하여 받지 말아야 한다.

또 부임한 초기에 승·두·칭·척(升斗秤尺 : 되·말·저울·자)을 표준 양기(量器)에 맞추어 보고 낙인을 찍어 주어 농간을 부리는 폐가 생기지 않도록 해야 한다.[43]

공장(工匠)을 사역시킬 때에는 급료 이외에 별도의 상금을 주어 그 노고를 포상하여 원망을 갖지 않도록 해야 한다.

한때의 수재(水災) 혹은 한해(旱害)로 인하여 도고(都賈)[44]·감고(監考)[45] 들이 시중의 물가를 높이면 그 피해가 여러 백성들에게 미치게 되니, 장날에 노련한 장교를 파견하여 감독하도록 해야 한다.

---

43) 또 부임한 초기에 승·두·칭·척(升斗秤尺 : 되·말·저울·자)을 표준 양기(量器)에 맞추어 보고 낙인을 찍어 주어 : 『목민고』, 『신편 목민고』 조적법(糶糴法) 항목에는 이와 유사한 내용이 말·섬·되·홉의 규격을 먼저 정비함[先整斗斛升合]이라는 이름으로 실려 있다.

44) 도고(都賈) : 도매상 혹은 거대 상인을 이름.

45) 감고(監考) : ①각 관청에서 금·은·곡식의 출납이나 물품을 보살피며, 잡무(雜務) 도 맡아보는 사람. ②봉화간(烽火干)을 감시·감독하는 관원. 이 일은 대개 지방에서는 오장(伍長)이, 서울에서는 오원(伍員)이 맡음. 봉화대(烽火臺)마다 두 사람의 감고(監考)가 배정되어 10일씩 교대했다. 여기서는 ①의 경우를 말한다.

✕ 자기 몸 받들기를 박하게 함[薄自奉] ✕[46]

관장이 자기 몸 봉양[自奉][47]을 과중하게 하면 그 피해는 고스란히 백성에게 돌아간다. 자기 몸 봉양을 검약하게 하면 관아 내[衙中]에서 사치하고 지나치게 많이 쓰는 폐단이 절로 사라진다.

또 수령(守令)이 되었을 때, 피복(被服)과 안마(鞍馬)를 분수를 넘어 사치스럽게 마련하면, 그 지취(志趣)와 식견(識見)이 비루하고 보잘 것 없게 될 것임은 말할 필요도 없거니와, 이 때문에 모두 빚을 지고 낭패를 보게 된다.

자신이 먼저 절약하고 검소하게 생활한 뒤 집안 사람[家人]을 훈계하여 조금이라도 분수를 넘어서는 일이 없도록 하면 더러운 뇌물을 받는 일에 빠지지 않게 된다.

오리 이원익이 말했다. "관가에서 날마다 쓰는 용도가 지나치게 번다하여 모든 재물과 곡식, 잡용품(雜用品)을 마음대로 사용하게 되면 곧 모자라게 된다. 매일 매일 아껴 절약한다고 마음먹으면 자연스럽게 여유가 생길 것이니, 각별히 주의를 기울여 절약해야 한다."[48]

---

46) 『목민심감』의 '박자봉(薄自捧)' 항목과는 이름만 같을 뿐, 내용은 완전히 다르다. 『목민심감』의 원문은 다음과 같다.
"본디 부귀한 사람이 부귀하게 사는 것은 이치상 당연하다. 그러한 사람이 검약(儉約)을 숭상하여 참으로 검약하게 지낼 수 있다면 그 덕이 더욱 아름답다 하겠다. 대개 자기 한 몸에 관한 일을 줄이면 모든 일이 줄어들며 깨끗한 절개가 세워지면 깨끗한 이름이 드러날 것이니, 힘써 이를 행하는 것은 참으로 아름다운 덕이다.(素富貴而行乎富貴, 理固當然. 崇儉約而誠能儉約, 德之尤美. 蓋一己省則諸事省則淸名揚, 免而行之, 誠美德也)"
47) 자기 몸 받들기[自奉] : 수령의 본인에 대한 봉양을 말함.
48) 『오리집보유(梧里集補遺)』, 「서증이생덕기지임(書贈李甥德沂之任)」, "官家逐日用度浩繁, 凡財穀雜物, 暫放意用之, 則輒乏絶. 日日撙節(爲意), 則自然有裕, 刻意節用

❖ 족친을 후하게 접대함[厚族親] ❖[49]

관직에 있을 때, 종족을 구호하는 도리는 그 경중(輕重)과 선후(先後)를 살펴 알맞게 처리하는 것이다. 걸태(乞駄)[50]하는 손님의 경우, 그를 적게 구호할지 아니면 많이 구호할지는 그가 처한 사정이 긴급한지 그렇지 않은지에 달려 있다. 접대를 외면하여 혹 그를 야박하게 대하여 배척하면 이는 한갓 소견이 모자란 짓일 뿐만 아니라 민간의 풍속을 권장하는 도리도 아니다. 또 이 때문에 비방을 받게 되므로 관장이 된 자로서는 신중하게 하지 않을 수 없다.

❖ 규정을 세움[立規程] ❖[51]

크고 작은 고을을 막론하고 반드시 법도를 세운 뒤에야 **빼먹고 빠트리는** [遺失] 근심을 면하게 된다. 매년 매월 매일에 반드시 해야 할 크고 작은 일들은 모두 조목별로 써 둔다. 각 면과 각 이(里)에 대해서는 동서남북의 방향, 멀고 가까운지 여부를 알 수 있는 이수(里數)와 도로의 험준함과

　　<之>也?" 국립본에서 < > 속 단어는 빠져 있으며, 밑줄 친 단어는 '撙節心爲'으로 표기되어 있다.

49) 『목민심감』의 '후친족(厚親族)' 항목과는 이름만 같을 뿐, 내용은 완전히 다르다. 『목민심감』의 원문은 다음과 같다.
　　"자신의 작록(爵祿)은 조종(祖宗)의 유덕(遺德)이요 자신의 종족은 조종의 골육(骨肉)이다. 어찌 조종의 덕을 향유하면서 그 골육을 잊어버리겠는가? 그러므로 식록(食祿)이 풍부한 자는 어버이를 봉양하고 손님을 접대하는 일에 매일 쓰고도 남는 것이 있으면, 그 재산의 많고 적음에 따라 친척들에게 균등하게 나누어 주어, 한편으로는 조종(祖宗)에 보답하고 또 한편으로는 백성들의 풍속을 근면하게 해야 한다.(己之爵祿, 祖宗之遺德也, 己之宗族, 祖宗之骨肉, 烏可享其德, 而忘其骨肉哉. 故食祿豊厚者, 養親侍賓, 日用而有羨, 則從其多寡, 均給於族人, 一以報祖宗, 一以勤民俗)"

50) 걸태(乞駄) : 염치없이 재물을 요구하거나 마구 긁어 들이는 것.

평탄함을 일일이 기록한다. 각 창고에서 현재 보관하고 있는 곡식의 수량과 그것의 실(實)·부실(不實) 상황을 책자로 만들거나 혹은 종이에 적어 벽에 붙여놓고 날마다 보고 외우며 마음 깊이 기억하게 되면 빼먹고 빠트리는 폐단이 없어질 것이다.

그리고 각 방(房)52)의 일에 대해 질문할 때는 각 방의 해당 아전이 반드시 대답하게 하고 다른 아전이 결코 대신 답하지 말도록 하는 뜻을 분부하고 이를 규식으로 삼음으로써 체통을 엄하게 해야 한다.

그리고 가을걷이가 끝난 후에는 농부들과 각 마을에 신칙하여 도로 및 교량을 수리하게 하는 것이 필요하다. 비록 작은 길이라 할지라도 그들로 하여금 수리하도록 한다.

---

51) 『목민심감』의 '입규정(立規程)' 항목과는 제목만 같을 뿐, 내용은 완전히 다르다. 『목민심감』의 원문은 다음과 같다.

"크고 작은 직책은 모두 관장하는 일이 있고, 천천히 하고 급히 해야 할 일에는 정해진 규정이 있다. 일을 맡고서도 그 일의 규정을 모르는 것은 길을 가고자 하면서도 그 길을 모르는 것과 같다. 일을 맡은 처음에는 반드시 육조(六曹)의 일을 가지고 전고(典故)를 살피고 그 규정을 준수하여 조목을 나누어 세밀하게 분석하고 이를 모아 하나의 책자로 만든다. 이를테면 호조가 관장하는 금백(金帛)·전량(錢粮)의 경우 이를 언제 징수하고 어떻게 지출하는지, 예조가 관장하는 사직(社稷)·산천(山川)의 제사는 언제 시행하고 필요한 물품은 어떻게 구입하는지 등 매년 매월 매일 행하는 일을 처음부터 끝까지 크고 작은 것 가리지 않고 모두 조목 별로 나누어 매일 익숙하게 외우고 마음 깊이 충분히 기억한다. 이와 같이 하면 정무(政務)를 봄에 빠트리는 일이 생기는 사건이 생기지 않을 것이다(小大之職, 各有所掌, 急緩之務, 皆有成規. 掌其事而不知其規, 猶欲行而不知其道也. 莅事之始, 必以六曹之事, 考其典故, 遵其成法, 條分縷析, 集爲一書. 如戶曹所掌金帛錢粮, 則何時徵收, 如何支解, 禮曹所掌社稷山川, 則時何致祭, 如何買物, 及夫每歲每月每日合行之務, 自首至尾, 無大無細, 悉皆條陣, 日玩誦之, 心熟記之. 如是則政務無遺失之患)"

52) 각 방(房) : 이방·호방·예방·병방·형방·공방의 6방을 말한다.

❖ 일기를 착실히 작성함[勤日記] ❖

사람의 성품은 같지 아니하고 일의 다과(多寡)도 한결같지 않다. 부임하여 업무를 보기 시작한 날부터 곧장 책자를 갖추어 일에 따라 기록해 둔다. 발락(發落)[53]해야 할 새로운 일, 오래된 일로써 재촉해야 할 것, 또는 윗사람을 섬기는 일, 혹은 아랫사람에게 시켜야 할 일 등등 모두 조목을 나누어 반드시 기록한다. 이미 행한 일은 점을 찍고 이미 완료한 일은 둥근 원을 치며, 발락하지 않은 사안은 비워두는 등, 업무를 매일 쉬지 않고 점검한다.[54]

또한 각 담당 아전들로 하여금 일기(日記)를 수정하여 매일 아침 근무하러

---

53) 발락(發落) : 결정하여 일을 마무리함.
54) 여기까지 『목민심감』의 '근일기(勤日記)' 항목과 유사하다. 『목민심감』의 원문은 다음과 같다.
   "사람들의 성품은 지우(智愚)가 동일하지 않고 매일 해야 할 일도 다과(多寡)가 다르니 반드시 기재해두어야 잊지 않게 된다. 임기를 시작하는 날부터 백지 하나를 마련해두고 여러 업무를 볼 때마다 앞에 펼쳐두고 하는 일마다 기록해 둔다. 새로이 결정해야 할 일, 재촉해야 할 옛 일, 혹 위에서 내려왔거나 아래에서 개진한 일, 수목(數目) 등의 일을 모두 검은 붓으로 기록하고 붉은 붓으로 점을 찍는다. 이미 시행했으면 점을 하나 찍고 완료한 일이면 점 두 개를 찍고 결정하지 않은 것은 비워둔다. 매일 점검하여 쉬지 않는다. 하지만 두 가지 부지런함이 있으니 하나는 심근(心勤)이고 두 번째는 수근(手勤)이다. 이렇게 하면 거의 모든 일을 실수하지 않을 것이다. 또 해가 오래 지나도 계고할 수 있어 힘들이지 않고 문안을 작성하고 이서의 권모를 빌리지 않아도 된다. 관직에 나아가서 해야 할 일로서 이보다 앞서는 것은 없다. 누군가 영진(寧津)에서 시작하여 호헌(湖憲)에 재차 임명된 뒤 쓴 책이 갖추어져 있으니 볼만하다.(人之性品, 智愚不同, 日之事端, 多寡不一, 必資記載, 乃無遺忘. 凡自上任日, 始卽置一白冊, 登堂庶政, 展之 于前, 日有所行, 隨事書寫. 新事之合發落, 舊事之合催促, 或上所派, 或下所陳, 及有數 目等事, 皆須墨筆紀錄, 紅筆勾銷. 已行者點之, 已完者二之, 未發落者空之, 每日檢瓿, 不可間斷. 然必貴乎二勤, 一曰心勤, 二曰手勤, 庶幾諸事不至失誤. 雖隔手遠, 亦可稽 考, 不勞文案, 不假吏權, 莅官之先務, 無出於斯. 某始忝寧津, 再厠湖憲, 所筆之冊, 具存可見也)"

나올 때 문서로 작성하여 바치게 한 뒤 책상 위에 두고 살피게 되면, 잊어버릴 염려가 없어져 크게 유익할 것이다.55)

오리 이원익이 말했다.56) "관아의 각색(各色) 하기(下記)57)는 오늘 사용한 내역을 내용에 맞추어 수정한 뒤 그 다음 날 아침에 바치게 하고, (관장이) 그 허실(虛實)을 자세히 살핀 다음 상자에 넣어둔다. 오늘 이와 같이 하고 다음날 또 이와 같이 하여 15일을 기한으로 모아서 계산한다. 비록 착실하고 일을 잘 아는 사람일지라도 그에게 이 일을 살피게 해서는 안 되며, 반드시 수령이 몸소 그렇게 해야 한다. 매번 회계한 뒤, 남아 있는 잡물(雜物)은 분판(粉板)58)에 적어 두었다가 수응(酬應)해야 할 일이

---

55) 『목민고』의 '군(郡)을 다스리는 데 긴요한 법[治郡要法]'에서는 다음과 같이 각 관속이 작성하는 일기의 내용이 자세히 나와 있다. "모든 각 고을 관리는 모두 일기가 있다. 이방(吏房)은 관리의 승진이나 출척에 관한 일을 기록한다. 호방(戶房)은 미곡과 전(錢)·포(布)의 출입 숫자를 기록한다. 예방(禮房)은 공사(公私)의 제사(祭祀)와 사객(使客)의 왕래에 관한 일을 기록한다. 병방(兵房)은 군무(軍務)와 군정(軍丁)에 관한 일을 기록한다. 형방(刑房)은 출패(出牌), 사람을 잡아오는 것과 감옥에 가두는 것, 도적(盜賊) 등에 관한 일을 기록한다. 공방(工房)은 일용잡물(日用雜物)에 대해서 기록한다. 관청(官廳)의 고지기[庫直]는 관아 안에서 아침저녁으로 사용하는 기름·꿀·채소·어물·꿩 등 잡물의 숫자를 기록한다. 통인(通引)은 문서와 공문·서찰, 심부름꾼이 왕래한 일, 패자(牌子)를 찍어낸 종이 등에 관한 일을 기록한다. 또한 좌수(座首)는 이방과 병방의 업무를 관장하고, 상별감(上別監)은 호방과 예방의 업무를 관장하며, 차별감(次別監)은 공방과 형방의 업무를 관장하는데, 모두 같이 모여서 검찰한다. 호장(戶長)은 땔감과 얼음, 숯 등의 일을 기록하여, 각각 때때로 (수령) 앞에 올린다."

56) 이 내용은 『오리집(梧里集)』에 실려 있지 않다.

57) 하기(下記) : ① 돈을 치른 내용을 적은 기록이나 ② 어떤 사실을 알리기 위하여 본문 아래 적는 일 또는 그런 기록을 말하는데, 여기서는 ①의 뜻이다.

58) 분판(粉板) : 글씨를 썼다 지웠다 할 수 있는 장방형(長方形)의 널빤지. 본래 아이들의 글씨 연습용으로 만들어 사용했는데, 분(粉)을 기름에 개어 널조각에 바르고 그 위에 먹으로 글씨를 썼다가 지우고 다시 쓰고 해 가며 글씨 연습을 했다.

있을 경우 남아 있는 숫자를 살펴 그 쓸 분량을 적절히 조절하면, 미리 끌어다 쓰는[引用] 폐단이 사라진다."

❇ 실질적인 효과를 구함[責實效] ❇

한번 내리는 명령은 반드시 실행하는 것이 귀중하고 한번 시작하는 일은 반드시 완성하는 것이 귀중하다. 그러나 명령 중에는 할 수 있을 듯 쉽지만 할 수 없는 것이 있고, 일 중에는 옳은 듯 쉽지만 그렇지 않은 것도 있다. 처음 명령을 내릴 때나 일을 시작하려할 때, 충분히 생각하고 헤아린 연후에야 마지막에 가서 실제 행해지고 완성되는 실질적인 효과가 생긴다.

실질적인 효과란 무엇인가? 전곡(錢穀)이 기한에 맞추어 창고에 도착하고, 사송(詞訟)이 날로 줄어 간략해지고, 제사가 예법(禮法)대로 순조롭게 행해지며, 풍속·예의·상벌 등의 일이 적절하게 이루어지면, 이것을 두고 실효가 나타난다고 할 수 있을 것이다.

벼슬을 하는 세상 사람들은 겉만 그럴듯하게 꾸미기[文飾]를 좋아하여 헛된 명예를 구하려 한다.59)

---

59) 여기까지 『목민심감』의 '책실효(責實效)' 항목과 유사하다. 『목민심감』의 내용은 다음과 같다.
　　"명령을 한번 내리는 것은 반드시 행하는 것이 귀중하고 한번 하는 일은 실효가 나타나도록 힘쓴다. 실효란 무엇인가? 전곡이 창고에 도착하는 것이 실효이며 사송이 마무리되는 것이 실효이며 제사가 예로써 완성되는 것이 실효이며 징과(徵科)가 일로써 마무리 되는 것이 실효이다. 그 나머지 풍속과 예의에 관한 조목, 선을 상주고 악을 벌주는 명령은 크고 작은 일 할 것 없이 모두 실행하도록 하고 성공(成功)하도록 힘을 쓴다면 실효를 거둘 것이다.
　　세상에 벼슬하는 사람들이 즐겨 방문(榜文)을 내걸어 헛된 명예를 구하나, 실효를 구하는 것은 조금도 없어 한갓 식자들의 비웃음만 사는 것을 본적이 있다. 사군자

헛된 명예에는 본시 실효가 나타나지 않으니 이는 형세가 원래 그런 것이다. 끝내 실효가 나타나지 않는다면 도리어 처음에 명예를 구하지 않는 것보다 못하게 되니, 신중하지 않을 수 있겠는가?

그러나 부임한 처음에[上官初頭] 가장 시급하게 풀어야 할 (고을의) 폐막(弊瘼)을 찾아내고, 그 폐막을 먼저 제거하여 작은 은혜를 베풀고 착한 말을 내어 먼저 명성을 얻게 되면, 뒷날 명령을 내리거나 일을 착수할 즈음에 (백성들이) 믿고 따르게 된다. 크게 이로운 일이다.

✖ 정밀하게 생각하기를 힘씀[勉精思] ✖

크고 작은 일을 막론하고 그것에 대해 정밀하게 생각하는 것이 소중하다. 일이 작다고 소홀히 여기지 말며 일이 크다고 두려워 말라. 반드시 그 근원을 생각하고, 그 곡직(曲直)을 생각하며, 그 법전(法典)을 생각하라. 가까운 시간 내에 드러날 효과를 도모하지 말고 반드시 길고도 오랜 뒤의 결과에 대해 생각하라. 그런 연후에 행하게 되면, 비록 대처하기 곤란한 일에 부닥치더라도 잘 처리할 수 있을 것이다.[60]

(士君子)로서 도를 행하고 세상을 구하려는 마음을 참으로 가진 자라면 허문(虛文)을 숭상하지 않는 것이 좋을 것이다.(一令之出, 貴乎必行, 一事之爲, 務期成效. 效者何, 如錢穀以到倉爲效, 詞訟以結節爲效, 祭祀以禮成爲效, 徵科以事完爲效. 餘若風俗禮義之條, 賞善罰惡之令, 事無大小, 皆須實行, 務在成功, 斯可爲效. 嘗見世之仕者, 好爲榜文, 以要虛譽. 然求實效, 全無分毫, 徒爲識者所哂. 士君子誠有行道濟時之心者, 不尙虛文可也)"

60) 여기까지 『목민심감』의 '무정사(務精思)' 항목과 유사하다. '무정사(務精思)'가 『선각』에서는 '면정사(勉精思)'로 바뀌었다. 『목민심감』의 원문은 다음과 같다. "크고 작은 일을 막론하고 마음으로 생각하는 것이 중요하다. 작은 일이라고 해서 속여서는 안되니 마땅히 그 후환을 생각해야 한다. 큰일이라고 해서 두려워해서는 안되니 반드시 적절한 것을 생각하여 중도에 이를 수 있도록 해야 한다. 만약 어떤 사람이 지은 죄가 극형에 해당하는 것이라면 마땅히 그것이 고의인지

72

나로부터 미루어 다른 사람에게 미치게 된 연후에야 그 생각이 정밀하게 된다.

오리 이원익이 말했다. "마음을 황폐하게 하고 일을 망치게 하는 근원으로 술 만한 것이 없다. 항상 경계하고 두려워하는 마음을 지니어 빈객(賓客)과 친구에게 이끌려 마음껏 술을 마시지 말아야 한다."61)

🗙 일의 실정을 살핌[察事情] 🗙

일이 생기면 반드시 사정이 있기 마련이다. 사정에는 무겁거나 가벼운 것이 있고 또 급하거나 여유로운 경우가 있으니, 반드시 신중히 살펴 일의 실정을 얻은 다음에야 시행하는 것이 좋다.62)

과실인지, 아니면 사실인지 허위인지를 생각해야 한다. 처리하기에 어려운 일이 있으면 마땅히 그 근원과 뒤에 올 일을 생각한다. 이치에 따라서 행하고 법에 따라서 처리하며, 얕고 가까운 것을 도모하지 말고 길고도 오랜 뒤의 일을 생각한 뒤, 일을 행하면 거의 실수를 면할 수 있을 것이다(事無大小, 貴乎心思. 小者不可欺, 當思其有後患. 大者不可懼, 必思酌以至中. 如人罪至極刑, 宜思其故誤虛實. 如事難於處置, 宜思其根源後來. 憑理而行, 遵法而立, 勿圖淺近, 須慮久長, 然後行之, 庶免差失)."

61) 『오리집보유(梧里集補遺)』, 「서증이생덕기지임(書贈李甥德沂之任)」, "心荒事廢, 莫過於酒, 恒存戒懼之心, 切勿爲賓客知舊所挽而肆飮." 이 구절은 『신편 목민고』의 '자치(自治)' 항목에도 똑 같이 나온다.

62) 여기까지 『목민심감』의 '찰사정(察事情)' 항목과 유사하다. 『목민심감』의 원문은 다음과 같다.
"일에는 경중이 있고 또 완급이 있으니, 그 실정(實情)을 잘 살펴 시행한다. 소송 사건의 경우, 혹 일이 자기와 관련이 없거나 혹 시간이 많이 지났다 하더라도, 반드시 눈으로 보게 되는 실정은 있지만 말하기 어려운 경우가 있다. 그러므로 이 같은 경우에는 그 거짓과 실정을 잘 살펴 지리가 눈앞에 나타나도록 한다. 과징(科徵)의 경우, 혹 급한 용도와 연관된 것일 수도 있고 조금 늦추어 보낼 수 있는 것도 있다. 급한 경우에는 즉시 준행하여 지체하여 그르침이 없도록

　법전의 규정을 어기는 일이나 민정(民情)을 해치는 일은 겉으로 비록 좋아보여도 결코 행해서는 안 된다. 또 전임 관장(官長)이 명예를 구하여 관속들에게 작은 은혜를 베풀어 혹 덜어주거나[除減] 혹은 더 주기도[加出] 했다면, 그 해로움이 끝내 백성에게 미치거나 아니면 관장에게 미치게 되므로 이 일들은 곧바로 혁파해야 한다.

　그러나 갑자기 바꾸고 매우 급하게 이를 처리한다면 원망하는 비방이 크게 일어나 화가 몸에 반드시 미칠 것이다. 말류(末流)의 폐단을 상세히 정리하여 (전임 관장처럼) 그렇게 해서는 아니 되며 부득이 혁파할 수밖에 없다는 점을 널리 알려 깨닫게 한 뒤에 서서히 개혁(改革)하게 되면, 원망하는 말들이 들리지 않게 되고 일 또한 바로 잡힐 것이다.

　오리 이원익이 말했다. "민인들이 올리는 민장(民狀)은 오는 대로 받는다[隨來隨捧]. 직접 얼굴을 대면하고 소청(訴請)하고 싶다는 사람이 있으면, 그때마다 중요하지 않은 공사(公事)는 멈추고 온전히 정신을 집중해서 그의 말을 자세히 듣는다."[63]

하고, 완만한 일이라면 윗 상관의 뜻을 조금 따라 급박하게 하여 백성들을 다치지 않게 한다. 모든 일을 이와 같이 하면 잘못을 범하지 않을 것이다.(事有輕重. 且有緩急. 須審情實. 方可施行. 如人訴訟, 或事不干己, 或經隔年多, 必有目卽之情, 有難言者. 故爲此擧所. 宜察其情僞. 止理目前. 如有科徵, 或事干急用, 或稍可緩輸, 急者卽時遵行, 勿致稽悞, 緩者稍從上意, 勿迫傷民. 凡事如斯, 乃無失者")

63) 국립본의 원문은 "民人呈狀, 隨來隨捧. 民有面訴, 每停雜公事, 專意詳聽"이다. 이 내용은 『오리집보유(梧里集補遺)』, 「서증이생덕기지임(書贈李甥德沂之任)」의 다음 두 구절 일부를 인용한 것이다. "民人呈狀, 隨來隨捧. 民有面訴, <u>(則狀辭題畢後)</u>, 專意詳聽". "一日內, 民人面訴隨到, 累次進來聽之. 聽時<u>(每停雜公事)</u>而聽之, 一人累次面訴者, 亦詳聽至於二三度. 終不可聽者, 乃出送." 앞의 밑줄 친 부분이 뒷 구절의 밑줄 친 내용으로 치환되었다.

74

오리 이원익이 말했다. "노비를 숨겨주고 있다고[隱接] 와서 발고(發告)하는 자가 있다면 그가 직접 붙잡아 신고하도록 함으로써 '붙잡아 관에 넘기는 법[執捉付官之法]'을 분명히 알린다. 그 가운데 노비가 숨어 살고 있는 정상(情狀)이 분명하면 혹 면장(面掌)[64]을 보내어 잡아오도록 한다. 그러나 끝내 체포하지 못하면 살게 해준 사람[許接人]에게 그 책임을 추궁한다[侵責]. 하지만 책임을 추궁하는 일을 경솔히 해서는 안 된다."[65]

오리 이원익이 말했다.[66] "노비를 추쇄(推刷)[67]하는 일은 자세히 살피지 않으면 안 된다. 그 호구에 붙어 있는 문서를 헤아려 추쇄를 인정한다. 혹 노비를 샀다[買得]고 하거나 혹 처가의 노비라고 핑계를 댄다면 절대 들어주지 않는다. 호적대장 또한 쉽게 보여주지 말아야 한다."

오리 이원익이 말했다. "고을 내에 일이 생기면 반드시 노련하여 일에 밝은 품관(品官)과 나이든 사람에게 널리 물어 인정과 부합하도록 힘써야 하며, 사람들을 오만하게 대하고 자신 만이 옳다고 하여 인심이 등을 돌리지 않도록 해야 한다. 옛 사람이 말하길 '이익 하나를 일으키는 것은 하나의 폐해를 없애는 것보다 못하며, 일 하나를 만드는 것은 일 하나를 줄이는 것만 못하다'고 했다."[68]

---

64) 면장(面掌) : 면의 임무를 맡은 사람. 면임(面任).
65) 『오리집보유(梧里集補遺)』, 「서증이생덕기지임(書贈李甥德沂之任)」, "以奴婢隱接來告者, <則>使之自爲捉告, 申明執捉付官之法. 其或隱接事狀分明者, 則時或發面掌執捉. 然終不得捕, 則許接人侵責. 徵貢事, 不可輕易爲之." 국립본에서 < > 속 단어는 빠져 있다.
66) 이 내용은 『오리집(梧里集)』에 실려 있지 않다.
67) 노비 추쇄(推刷) : 도망간 노비를 수색하여 잡아서 본 주인에게 되돌려 주던 일.

✖ 발락을 신중히 함[愼發落] ✖

호령을 발하고 내리는 것[發號施令]은 정치를 함에 중대한 일이다. 따라서 일을 시작할 때, 위로 국법(國法)과 합치하고 아래로 민심에 부합하는지 반드시 자세히 살핀 뒤 결정을 내려야[發落],[69] 뒤에 후회하며 탄식하는 일이 생기지 않는다.

옛 사람이 말하길 '되돌려 거둬들일 명령이 없게 하라'고 했다. 이미 내린 명령이라면 어찌 거둬들일 수 있겠는가? 명령을 거둬들이고 싶지 않다면 처음 명령을 내릴 때 신중히 살펴야 하며, 결정을 내려야 할 시간이 다가오면 행할 수 있을지의 여부, 오래 지속될 것인지의 여부, 여기에 이로운 것이 저기에는 해가 되는지의 여부를 다시 한 번 생각해보아야 한다. 큰일이건 작은 일이건 간에 모두 충분히 주의하여 살펴야 한다.

---

68) 『오리집보유(梧里集補遺)』,「서여손수약보연풍현무진(書與孫守約赴延豐縣戊辰)」, "邑中有事, 宜博詢于老成品官耆舊<民人>, (勞)合於人情, 不可傲物自是, 使人心畔渙". "古人曰, 興一利不如除一弊, 生一事不如省一事." 국립본에서 < > 속 단어는 빠져 있으며, ( ) 속 단어는 '勉'으로 표기되어 있다.

69) 여기까지 『목민심감』의 '신발락(愼發落)' 항목과 유사하다. 『목민심감』 원문은 다음과 같다.
"호령을 발하고 내리는 것은 정치의 큰일이다. 이치에 합당하면 사람들이 옳게 여기고 이치에 합당하지 않으면 사람들이 비난한다. 그러므로 행할 일이 있으면 반드시 자세히 살펴, 위로 국법에 합치하고 아래로 민정에 알맞게 되는 것을 귀히 여겨야 한다. 나의 명령이 공당(公堂)에서 나와 아래에 도달하기를 바람이 불고 물이 흐르듯 하여 신(神)도 숙연해지고 사람도 두려워하며, 이야깃거리 될 것이 조금도 없고 한 사람도 위반하는 것이 없게 된다면, 이는 정치를 잘하는 것이라 할 만하다.(發號施令, 政之大端. 當於理, 則人是之, 失其理, 則人非之. 故有所行, 必加詳審, 貴乎上合國法, 下協民情. 俾吾之令, 出乎公堂, 而違乎其下, 如風同行水流, 神肅人慄, 無纖芥之可議, 無一夫之或違, 斯可謂善發政者)"

✖ 상벌을 분명히 함[明賞罰] ✖

사람 중에는 착한 사람도 있고 악한 사람도 있으며, 태만한 사람도 있고 부지런한 사람도 있다. 상(賞)과 벌(罰)을 쓰지 않고서는 선행(善行)을 권장하거나 악행(惡行)을 다스릴 수 없다.[70]

작은 악행에 대해 벌을 내리면 큰 악행이 절로 다스려지고 작은 선행에 대해 상을 내리면 큰 선행은 저절로 권장된다. 그러나 죄는 적은데 큰 벌을 내린다면 죄 지은 자를 제대로 다스렸다고 할 수 없다. 도리어 원망과 욕을 먹게 된다. 공은 작은데 큰 상을 내린다면 상으로 능히 선행을 권장할 수 없게 되며, 반드시 요행을 바라는 마음이 생긴다. 상과 벌이 합당하면 곧 선행을 권장하고 악행을 징치할 수 있게 된다. 또 일과 관련하여 뒷날 발생한 폐단의 경우, 고의로 저지른 범죄라면 죄가 비록 작다하더라도 그 죄에 대한 처벌 가운데 가장 무거운 것으로 다스린다. 무심히 일을 저질러, 과연 고의로 저지른 범죄가 아니라면 지은 죄가 크더라도 가볍게 논하는 것이 마땅하다.

또 '상은 때를 넘기지 않고 벌은 열(列)을 옮기지 않는다[賞不踰時, 罰不遷列]'는 옛 사람의 말은 참으로 좋은 격언[至言]이다. 또 사람을 다스릴

---

70) 여기까지 『목민심감』의 '명상벌(明賞罰)' 항목과 유사하다. 『목민심감』의 원문은 다음과 같다.
"사람에게는 선악이 있으니, 상벌이 아니면 근장하고 징계할 수 없다. 사람에게는 게으름과 부지런함이 있으니, 상벌이 아니면 숙특(淑慝)을 구별할 수 없다. 이서들의 공문서 처리, 이갑(里甲)들의 조세 징수, 요속(僚屬)들의 염탐(廉貪), 인민들의 현부(賢否)에 대해서는 모두 그 잘하고 못하는 것을 살펴 구별하고 드러낸다. 잘하는 자에게 상을 내리고 못하는 자는 벌을 주면, 잘하는 자는 더욱 잘할 것이고 못하는 자 또한 장차 변화하여 잘하게 될 것이다.(人有善惡, 非賞罰, 無以爲勤懲. 人有惰勤, 非賞罰, 無以別淑慝. 若胥吏於簡牘, 里甲於催科, 僚屬於貪廉, 人民於賢否, 皆當明其臧否, 別而揚之. 使善者有償, 惡者有罰, 則善者益善, 而惡者亦將化而爲善矣)"

때 상과 벌이 없을 수 없지만, 선한 일을 한 사람에게 상을 주되 상을
준 뒤 잊지 않으며, 악한 일을 한 사람에게 벌을 주되 벌을 내린 후에는
마음속에 새겨 두지 말아야 한다.

오리 이원익이 말했다. "관속들이 감당하기 어려워하는 폐단은 반드시
변통해야 한다. 그들이 지은 과오 또한 반드시 마음을 누그러뜨리고 용서해
야 한다. 다만 관장을 속이고 백성을 병들게 하는 일에 대해서는 모두
무겁게 다스린다."[71]

오리 이원익이 말했다.[72] "부임한 뒤, 의례히 초하루와 보름[朔望]에
인리(人吏)와 사령(使令), 통인(通引),[73] 관노비(官奴婢), 각색 장인(匠人)들
을 고열(考閱)한다. 점열에 빠진 사람에게는 궐지[闕紙][74]를 징수하지 말고
각별히 무겁게 다스린다. 한 달 가운데, 초하루와 보름이 아닌 다른 날을
정해서 불시에 점열하면 하리배가 자기 마음대로 (면리로) 출입하지 못하게
되고 백성들은 이서배를 볼 수 없을 것이다."[75]

---

71) 『오리집보유(梧里集補遺)』, 「서여손수약부연풍현무진(書與孫守約赴延豐縣戊辰)」,
    "官屬難支之弊, 必須變通. 其過誤, 亦須平恕, 而惟欺官病民, 一切重論."
72) 이 내용은 『오리집(梧里集)』에 실려 있지 않다.
73) 통인(通引) : 조선시기 관아의 관장(官長)에게 딸리어 잔심부름 하던 이속(吏屬)으
    로서 수령(守令)의 신변에서 호소(呼召)·사환(使喚)에 응하였다.
74) 궐지(闕紙) : 점열에 빠졌다는 이유로 벌로 내는 종이.
75) "부임한 뒤~것이다." : 이 내용은 『정요』에 '명점고(明點考)'라는 항목으로 실려
    있다. '명점고(明點考)'는 『목민심감』이나 국립본 『선각』, 규장각본 『선각록』에는
    없으며 『정요』에만 나오는데, '명상벌(明賞罰)'과 '밀관방(密關防)' 사이에 위치한
    다. 한편, 이와 비슷한 내용이 『목민고』 '정치의 요점[政要]'의 '관아에 나아가
    업무를 봄[坐衙]'에 다음과 같이 실려 있다. "초하루와 보름에는 형식을 갖추어
    개좌(開坐)하고 관안(官案)에 이름이 등재된 구실아치를 점열하되, 보통 때는
    이렇게 개좌할 필요가 없다."

✖ 관방(關防)을 엄밀히 함[密關防] ✖[76]

몰래 순문(詢問)하고 탐문(探問)하여 살피는 일은, 법을 세워 은밀히
하는 나쁜 짓을 방지하여 간특한 일이 일어나지 못하게 하고, 자물쇠를
단단히 채우도록 엄히 신칙하여 범죄자의 손이 미치지 못하게 하는 것만
못하다. 창고(倉庫)·전곡(錢穀)·잡물(雜物) 등에 대해서는 반드시 자물쇠를
단단히 채우도록[77] 엄하게 관리한다.[必嚴其鎖封之密]

혹 변방 국경의 관방(關防)[78] 고을을 맡거나 혹 나루터[津渡]의 관수(關守)
가 있는 고을을 다스릴 경우 반드시 담당하는 장교와 병졸을 신칙하여
평상시라도 비밀스럽게 엄하게 단속하도록 하면 뜻밖의 근심이 생기지
않을 것이다.

---

76) 『목민심감』과 『선각』에서 다루는 '밀관방(密關防)'의 내용은 조금 다르다. 『목민심
   감』에서는 관방을 '부정이 일어나지 않도록 힘쓰는 일'의 의미로 사용했으나,
   『선각』에서는 이와 더불어 국경지대 군사상의 요지를 포함하여 다루었다. 『목민
   심감』의 원문은 다음과 같다.
   "사람에게는 섬사(憸邪)가 있으니 버릇이 되어 폐행(弊倖)을 이룬다. 내 몸은
   혼자이니 어찌 그러한 일을 두루 알겠는가. 입법하여 은미하게 이루어지는 일들
   을 막지 못한다면 반드시 그들이 간사한 계책을 성공하는 일이 생길 것이다.
   창고의 경우에는 자물쇠를 느슨하게 관리하지 못하게 단속하고, 돈과 곡식은
   그것을 들이고 낼 때 도둑질당하지 않도록 하며, 형량을 결정할 때에는 경중이
   전도되지 않도록 하고, 세금을 부과할 때에는 고저가 뒤바뀌지 않도록 해야
   한다. 이를 위해서는 반드시 신경을 써서 직접 살피고 항상 점검하며 몰래 순문하
   여 간사한 일이 이루어지지 않게 하고 사람들이 나를 속이지 못하게 한다. 이렇게
   해야 밝은 견해를 갖게 되며 근심이 생기지 않을 것이다.(人有憸邪, 習爲弊倖,
   我惟一己, 豈能周知. 苟不立法而防微, 必致成奸而中計. 若倉若庫必防其局鐍之不嚴,
   或錢或粮必防其出入之侵盜, 斷獄必防其輕重, 科差必防其高低. 皆須用心躬親閲視,
   恒加點檢, 密而詢之, 勿致事之成奸, 勿令人之欺我. 斯爲明見而無患也)"
77) 『거관요람』에는 '반드시 엄격하게 자물쇠를 채우고 그 문서를 분명히 하여(必嚴其
   鎖封, 明其文書)'라고 했다.
78) 관방(關防) : 관문, 즉 적을 막기 유리한 국경지대 군사상의 요지.

❌ 간사한 폐단을 끊음[絶奸弊] ❌

간사한 폐단을 끊는 방법으로는 스스로를 규율하는 점[律己]만한 것이 없으니, 깨끗하게[廉] 일을 처리하고, 공정하게[公] 일을 결정하며, 현명하게[賢] 일을 살피고, 엄격하게[嚴] 아랫사람을 부린다. 모든 호령에 깨끗함과 공정함과 엄격함과 현명함 이 4가지를 가지고 진정으로 가르치고 경계하고 다스리면 아랫사람들이 간특한 일을 심하게 벌이지 못한다.[79)]

또 이민(吏民)들이 자신들의 생업(生業)을 빼앗기지 않고 먹는 것을 잃지 않으며 각기 항산(恒産)을 가지게 되면, 그들은 각자 맡은 일을 아끼고 자기가 하는 일을 소중하게 여겨 간사한 일을 벌이는[作奸] 폐단을 만들지 않을 것이다.

또 각 면주인(面主人)[80)]이 민간에 작폐하는 일 등은 각별히 엄금하고

---

79) 여기까지가 『목민심감』의 '절간폐(絶奸弊)' 항목과 유사하다. 『목민심감』의 원문은 다음과 같다.
"교활한 사람은 반드시 간사한 일을 만들고 쓸데없는 일은 분명 많은 폐단을 낳는다. 내 스스로 지공(至公) 지명(至明)의 능력을 갖추지 못한다면 간사함과 폐단이 없는 지경에 어찌 이르겠는가? 그러나 진실로 뜻이 있다면 어찌 어려우리오. 반드시 지렴(至廉)으로 나를 다스리고 지공으로 일을 처리하며 지명으로 일을 살피고 지엄(至嚴)으로 아랫사람을 부린다. 호령을 내릴 일이 있으면 반드시 진정으로 가르쳐 그의 기모(機謀)를 없앤다. 혹 행할 바가 있으면 반드시 몰래 살피고 찾아서 그 조치를 행해야 한다. 일을 처리함에 조금이라도 폐단이 있으면 통렬히 죄를 준다. 한 사람을 징계하여 여러 사람에게 경계를 보이고 하나의 일을 살펴 나머지 일을 고찰한다. 능히 이와 같이 한다면 사람들이 두려움을 알아 감히 폐단을 짓지 않을 것이다.(人之猾者, 奸必作, 事之冗者, 弊必多. 自非有至公至明之能, 豈能至無奸無弊之地, 然苟有志, 豈爲難哉. 必先律己以至廉, 處事以至公, 察事以至明, 馭下以至嚴, 凡有號令, 必先丁寧敎戒, 以破其機謀. 或有所行, 必加潛密察訪, 以觀其處. 其處置稍有小弊, 卽痛繩之, 懲一人以戒多人. 察一事以戒餘事, 能如是則人知懼, 而弊不敢作矣)"
80) 면주인(面主人) : 특정 면에서 관아가 있는 읍치(邑治)에 파견되어 물건을 전달하거나 행정 서류 업무를 수행하던 사람.

또한 종종 그들을 외방(外方)의 면으로 내보내지 않도록 한다. 면주인의 아들·조카·형제·고공(雇工) 등이 면으로 서로 출입하며 면주인이라고 사칭하는 것은 더욱 자세히 살펴 신칙해야 한다.[81]

오리 이원익이 말했다. "관속과 이민들이 수령이 업무를 보는 곳[開坐處][82]에 정식으로 소장을 올리지 않고 큰길을 벗어나 지름길로 들어와 몰래 사사로이 소송을 도모하려고 할 경우, 반드시 그 죄를 다스린다."[83]

▨ 법률을 정밀하게 함[精法律] ▨

법률은 국가의 권병(權柄)이다. 때문에 인정(人情)에 따라 법을 만든다. 법에 맞추어 인정을 구하는 것은 불가하며 반드시 인정을 미루어 법률을

---

81) 『목민고』의 '임하장(臨下章)'에 비슷한 내용이 나온다. "관속과 면주인(面主人)이 바깥 촌[外村]으로 나가는 것은 민간에게 큰 폐단이 된다. 관속들을 간간히 불시에 점고하기도 하고 또 각 면의 존위(尊位)와 풍헌·약정에게 다음과 같은 전령을 내려 경계한다. '역을 지고 있는 관속은 감히 촌가에 함부로 나다니지 않을 지라도, 그들의 처자·형제·고공(雇工)의 무리로서 서로 번갈아 오가면서 민간에 폐해를 끼치는 자가 있다. 그럴 때는 해당 면 해당 리의 두두인(頭頭人)들이 풍헌과 약정에게 차례로 보고하기를 아무개 관속이 거느리는 아무개가 아무개 집에 와서 어떤 일을 하고 어떤 물건을 얻어 갔다고 하면, 풍헌과 약정은 곧바로 관장에게 보고한다. 두두인과 풍헌·약정 등이 혹 이속(吏屬)들이 앙심을 품을 것을 두려워하여 관장에게 즉시 보고하지 않았다가, 일 때문에 이것이 드러나거나 탐문으로 인하여 발각된다면 당사자[元當身]는 물론이고 면임도 무거운 벌을 면하기 어려울 것이니 이를 가슴 깊이 새겨 거행하라.' 그리고 간혹 발각될 경우 면임을 엄하게 징치(懲治)하면 이러한 폐단을 제거할 수 있을 것이다."
82) 『선각』에서는 '개처(開處)'라 하였으나, 『선각록』·『칠사문답』에서는 '개좌처(開坐處)'로 되어 있다. 후자가 합당하다.
83) 『오리집보유(梧里集補遺)』, 「서여손수약부연풍현무진(書與孫守約赴延豊縣戊辰)」, "<凡>官屬吏民, 不於開坐處明白呈訴, 傍蹊曲逕(者), 暗暗私圖者, 必<治>其罪." 국립본에서 < > 속 단어는 빠져 있으며 ( ) 속 단어는 새로 들어갔다.

구해야 한다. 이같이 할 경우, 인정과 법률이 모두 중도(中道)를 얻게 될 것이다.[84]

살옥(殺獄)[85]의 경우에는 법을 먼저하고 인정을 뒤로 해야 규정을 어기는 것을 면할 수 있다.

또 허호(虛戶)를 줄이고, 양호(養戶)[86]를 혁파하며, 호적을 위조하는 것[冒籍]을 금하고, 누락된 장정을 수괄(收括)하며, 첩역(疊役)을 줄인다.[87]

---

84) 여기까지가 『목민심감』의 '정법율(精法律)' 항목과 연관이 있다. 그러나 양자의 내용은 많이 다르다. 『목민심감』의 원문은 다음과 같다.
"법률은 국가가 천하를 다스리기 위한 수단이다. 법률 속에 경중(輕重)을 둔 것은 인정(人情)에 따라 법을 세우기 위함이다. 내가 법을 관장하며 활용함에도 인정에 따라서 법을 적용하는 것을 귀하게 여겨야 하며 법을 가지고 인정을 구해서는 안 된다. 참으로 인정으로 헤아려야 할 정황이 있지만 법률에 그에 해당하는 사항이 없을 때에는 반드시 조정에 사정을 갖추어 도움을 청해야 한다. 이렇게 하면 (무거운 죄를 가볍게 가벼운 죄를 무겁게 판단하는) 출입(出入)의 과오를 저지르지 않게 된다. 그러므로 정사를 돌보는 여가에 반드시 법률을 숙독하여 깊이 연구하고 범죄가 일어나면 의사가 환자를 진맥한 뒤 그가 걸린 질병에 맞추어 약재를 처방하는 것처럼 해야 한다. 스스로 깊이 살피지 않고 이를 서리에게 맡긴다면 처벌의 경중을 살피지 못하는 폐단이 반드시 생길 것이다.(法律者, 國家治天下之柄也. 凡有輕重, 存乎其間者, 所以因人情而立法也. 我掌用之, 亦貴乎因情而置法, 不可執法以求情. 苟或有其情, 而無此律, 則必其請於朝. 斯不至有出入之過. 故凡涖政之暇, 必當熟讀精究, 有遇罪犯, 當如醫之切脈, 知其何病, 則付以何藥. 苟不先自精詳, 而委之胥吏, 則必致輕重出入之獘矣)"

85) 살옥(殺獄) : 살인 사건.

86) 양호(養戶) : 토호나 관속의 무리들이 그들의 경작지를 민전(民田)과 합해서 기록하고 그 세금을 자기가 받아서 낼 때 평민으로부터 미두(米豆)를 가렴(加斂)하여 그 세금을 채우는 자, 또는 민결(民結)을 억지로 빼앗거나 역가(役價)를 억지로 징수하는 자들인데, 『속대전』에서는 이들을 가볍게는 장형(杖刑)으로부터 무겁게는 도(徒)·유형(流刑)에 처하라고 규정하였다.(『續大典』 戶典, 收稅)

87) 또 허호(虛戶)를~줄인다. : 이 내용은 『목민대방』의 호전지속(戶典之屬)의 '핵호정(核戶丁)'에 나온다. "호구란 나라를 다스리는 데 있어서 중요한 것이고 (그것을 관리하는 것은) 한 고을의 큰 정치이다.… 허호를 줄이고, 양호를 혁파하며, 호적을 위조하는 것[冒籍]을 금하고, 누락된 장정을 수괄하며, 첩역을 줄인다."

❌ 공문서를 상세히 살핌[詳案牘] ❌

천하의 정치는 공문서[案牘][88)가 아니면 기록할 데가 없고, 지난 세월은 공문서가 아니면 기억하고 살필 수 없다.[89)

관장을 맡은 이는 반드시 문안의 내용을 정밀하고도 상세히 살펴야 한다. 혹 도찰(刀擦)[90)한 것도 있고, 혹 날인한 뒤 덧쓴 것도 있으며, 혹 달과 날이 어긋난 것도 있고, 혹 수결(手決)[91)이 서로 맞지 않는 것도

---

88) 안독(案牘) : '안(案)'은 보고서나 청원서, '독(牘)'은 편지를 의미하는데, 여기에 쓰인 '안독(案牘)'은 관아의 문서를 가리킨다.

89) 여기까지가 『목민심감』의 '상안독(詳案牘)' 항목과 유사하다. 『목민심감』의 원문은 다음과 같다.
"천하의 정치는 공문서[案牘]가 아니면 통행할 수가 없고, 세월의 깊이는 공문서가 아니면 기재할 수가 없다. 이것을 작성하는 것이 비록 이서의 직무라 하더라도 거관자(居官者) 또한 이에 정통하지 않을 수 없는 것이다. 대개 이서가 잘못이 있는데 관장이 밝히지 못하면 그 죄를 면할 수 없다. 그러므로 전곡의 수목(數目)은 마땅히 열람하여 사실에 맞도록 조사하고 형명(刑名)의 경중(輕重)도 문서를 열람하여 자세히 살펴야 한다.
상사에게 보고하고 아래 관속들에게 명령을 내릴 때 경중과 완급에 각각 조리가 있어야 한다. 자기가 능히 통달하지 않고서 관리들이 작성해둔 문서만 믿는다면 업신여김을 받을 뿐만 아니라 또한 피해를 입는 자가 많이 생기게 될 것이다. 그러므로 마땅히 유의하여 소홀히 여겨서는 안 된다.(天下之政, 非案牘不能通而行, 歲月之深, 非案牘不能載. 以是雖吏胥之職, 而居官者, 又不可不精也. 盖吏有失錯, 而官不能明, 其罪亦不免耳. 故錢穀數目, 必當閱案而磨覈, 若刑名重輕, 必當閱案而審詳. 以至申苔上司, 行下僚屬, 輕重緩急, 各有理論. 己不能通, 而信吏之成案, 非惟受其輕侮, 且被負累者多. 故宜留意不可忽也)"

90) 도찰(刀擦) : 칼로 글자를 긁어서 지움.

91) 수결(手決) : 자기 성명 또는 직함 아래에 도장 대신 자필로 쓰는 일정한 자형(字形). 수례(手例). 수압(手押). 관직에 있는 신분계층에서만 사용했는데, '一心' 두 글자를 뜻하도록 고안하였다. 즉, 수결의 특징은 '一'자를 길게 긋고 그 상하에 점이나 원 등의 기호를 더하여 자신의 수결로 정하는 것으로, '일심' 2자(字)를 내포한다. 따라서 수결은 곧 사안(事案) 결재에 있어서 오직 한마음으로 하늘에 맹세하고 조금의 사심도 갖지 아니하는 공심(公心)에 있을 뿐이라는 표현으로 써 왔다. 중국이나 일본에는 일심결(一心決)의 수결 관행은 없고 서압만 있는 것으로

있으며, 혹 앞뒤 순서가 뒤바뀐 것도 있다. 이 같은 곳이 있으면 반드시 스스로 조사하여[閱覈] 명백하게 바로 잡아 뒷날 상고(相考)할 여지를 남겨 두어야 한다.

공물(公物)이 부족해지고 간사한 아전들이 농간을 부리는 것은 오로지 부적(簿籍)이 분명하지 않기 때문이다. 호적 및 각종 문서를 밀봉하여 동헌의 방안에 두었다가, 민장(民狀)에 연관되고 인물과 관련하여 살펴볼 사안이 있으면 살피는 것, 이것이 정치의 요술(要術)이다.

오리 이원익이 말했다. "민장(民狀)은 하리(下吏)로 하여금 읽게 하는 것이 좋다. 또 책상 위에 모아두고 수령이 스스로 작성한 제사(題辭)[92]의 입지(立旨)[93]를 손수 쓰는 것도 좋다. 제사를 쓴 소장[題狀]과 물리치는 소장[退狀][94]은 하나하나 민인들에게 내어 준다. 정소(呈訴)한 소장이 매우 많으면 20장 혹은 10장씩 모아서 나누어 주는데, 3~4장만 되어도 나누어 줄 수 있다. 소장에 적혀 있는 내용이 중요한 사항이면 종이로 만든 통[紙筒]에 넣고 장부에 적어 둔다."[95]

보아 이 수결은 조선에 한하여 사용하였던 것으로 보인다.

92) 제사(題辭) : 백성이 올린 소장(訴狀)·청원서(請願書)·진정서(陳情書－所志·白活·單子·等狀·上書·原情 등)의 좌편 하단 여백에 관에서 써주는 판결문 또는 처결문. 수령에게 올린 민원서에 쓴 처분(處分)은 뎨김[題音]이라고 함.
93) 입지(立旨) : 신청서 끝에 신청한 사실을 입증하는 뜻을 부기(附記)하는 관부의 증명.
94) 물리치는 소장[退狀] : 소장을 이유없다고 물리치는 것을 말한다.
95) 『오리집보유(梧里集補遺)』, 「서여손수약부연풍현무진(書與孫守約赴延豐縣戊辰)」, "民狀令下吏讀之, 亦可. 收取於案上, <而>自題之立旨, 手書亦可. 題狀及退狀, 這這出給民人, 而呈狀甚多, 則積二十張或十餘張<後, 卽卽>出給. <不多則或六七張或三四張, 卽出給>. (二四張出給, 亦可)" "呈狀辭緣關重者, 則紙筒置簿, (可也)." 국립본에서 < > 속 단어는 빠져 있으며, ( ) 속 단어는 편지글에 없는 내용이다.

84

오리 이원익이 말했다.[96] "크고 작은 관사(官事) 때문에 패자(牌子)를 내어 준 뒤, 이를 거두어들이지 않고 계속해서 마을에 놓아두면 이것을 악용하는 폐단이 생기므로 지통(紙筒)을 담당한 통인(通引)에게 분부하여 일일이 기록해 두도록 하고, 맡은 일을 잘 수행했는지의 여부를 하나하나 챙겨서 살핀 뒤 기록한 문서에 효주(爻周)[97]하며 투서(套書)[98]를 찍는다. 그렇게 되면, 잊고 그냥 두는 폐단은 없어질 것이고, 관의 일 또한 제대로 처리될 것이다."

▨ 공용 기물을 점검함[驗公器] ▨

기물로 사용되는 잡물도 모두 관의 물품에 속한다. 부임한 뒤 시간이 얼마 지나지 않은 때에 장부와 (잡물)을 대조하여 수량을 점검한다. 만약 문서에만 기록되어 있을 뿐 해당되는 공용 기물[公器]이 없을 때에는 수석 아전[首任]에게 분부하여 담당 아전이 가지고 있던 문서[傳掌文書][99]를 자세히 살피도록 하고 이를 담당자에게 거두도록 한다.

(만약) 그 형태만 남아 있고 파손되어 쓸 수 없는 것은 그것을 사용한 담당 부서에서 즉시 수리하도록 한다. 그리고 사용을 맡은 자에게는 매우 아껴서 훼손하지 말며 잘 간직하였다가 뒷 사람에게 전하게 하라고 계칙(戒飭)한다. 이 방법도 공물(公物)을 신중히 다루는 한 가지 단서이다.[100]

---

96) 이 내용은 『오리집(梧里集)』에 실려 있지 않다.
97) 효주(爻周) : ○표, ×표를 침.
98) 투서(套書) : 나무나 돌로 만든 도장, 혹은 그 도장을 찍는 일을 말함.
99) 전장문서(傳掌文書) : 전임자가 후임자에게 사무 인계를 하기 위하여 관장하던 물품을 죽 적어놓은 장부. 전장기라고도 한다.
100) 『목민심감』의 '험공기(驗公器)' 항목을 원용, 유사하게 내용을 채웠다. 『목민심감』의 원문은 다음과 같다.

또, 군기(軍器) 잡물(雜物)과 향교의 서책(書冊)은 더욱 유의하여 개수(改修)하는 것이 마땅하다.

오리 이원익이 말했다.[101] "장을 담글 때가 되어, 공방(工房)에서 '옹기점[甕店]에 장 담글 때 쓰는 옹기가 갖추어져 있으니 명령을 내려 그것을 거두어들이게 할 것'을 청하더라도 절대 들어주어서는 안 된다. 장 담글 때가 되면, 관청의 전후(前後) 색리(色吏)들에게 분부하여 일찍이 장을 담글 때 사용했던 옹기를 거두어 바치게 하고 그것을 사용하게 한다. 그렇게 하면 옹기점의 백성들에게 끼치는 폐단을 제거할 수 있을 것이다. 작은 일이지만 베푸는 은혜는 크다."

❖ 순경을 엄격하게 행함[嚴巡警] ❖

창고는 전곡(錢穀)을 보관하는 곳이고, 공사(公舍 : 공공건물)는 부서(符書)[102]를 관리하는 곳이고, 역전(驛傳)은 임금의 명령을 통하게 하는 곳이고, 감옥은 죄수를 경칙(驚飭)하는 곳이고, 사묘(祠廟)는 신령을 편안하게 모시는 곳이고, 도로는 사람들이 편리하게 오고 가도록 하는 곳이다.

"공적으로 쓰는 기물·용기[器用]는 모두 관물(官物)과 연관이 있으니, 이것에는 위로는 관전(官錢)이 지출되었고 아래로는 민력(民力)이 소요되었다. 정무를 맡은 처음에는 마땅히 장부를 펴놓고 몸소 하나하나 사실을 살핀 뒤, 새 것과 오래된 것, 좋은 점과 나쁜 점을 명백하게 써서 사용하는 사람들에게 극히 아끼고 소중하게 여기도록 계칙한다. 퇴임함에 미쳐 뒷사람에게 남겨줌에 손실이 생기지 않도록 하는 것 또한 공인(公人)으로서 신중히 해야 할 일의 하나이다.(器用之在公者, 皆係官物, 上出官錢, 下勞民力. 署政之始, 卽宜按其簿書, 躬行如數閱實, 新舊美惡, 明白書之, 戒飭用者, 極爲愛重. 洎乎謝篆, 留傳後人, 毋俾損失, 亦公愼之一端也)"
101) 이 내용은 『오리집(梧里集)』에 실려 있지 않다.
102) 부서(符書) : 관아의 장부와 문서. 부첩(簿牒), 부적(簿籍)이라고도 함.

마땅히 곳곳마다 주의를 기울이고 때때로 간사한 행동을 하는 사람들을 적발해야 한다. 혹 몸소 순행(巡幸)할 때, 훼손된 곳이 있으면 수리하고 파괴된 것은 완전하게 보수하여 비·바람에 쓰러지고 흔들릴 염려가 없도록 하고 수해와 화재, 도둑의 근심이 생기지 않도록 해야 예상치 않은 화를 면하게 된다.[103]

또 관사의 건물[衙舍]에 수직(守直)하는 일도 시간이 지나면 해이해지므로 관가(官家)에서 신칙한다. 백성들이 거행하는 일은 소홀해지기 쉬우므로 한층 더 엄중히 신칙한다. 관노(官奴)들로 하여금 또한 안에서 순경(巡警)하게 하고[104] 사나운 개[猂狗]를 많이 기르게 하는 것도 무방하다. 바람이 일어나는 때가 되면 각별히 단속하여 화재를 예방하도록 한다.

✖ 사전을 엄격하게 행함[嚴祀典] ✖

제사는 나라의 큰일이요 신(神)은 사람들이 공경하는 대상이다. 사당의 제단(祭壇)이나 제기(祭器)와 예물(禮物) 모두 직접 점검해보고 일체 제도에

---

103) 여기까지가 『목민심감』의 '엄순경(嚴巡警)' 항목과 유사하다. 『목민심감』의 원문은 다음과 같다.

"창고는 금곡(金穀)을 쌓아두며, 공우(公宇)는 문서를 보관하며, 역전(驛傳)은 사명(使命)을 통하게 하며, 감옥은 죄수를 경계하며, 사묘(祠廟)는 신령을 편안하게 하며, 도로는 왕래를 편안하게 한다. 이 모두 마땅히 곳곳마다 마음을 쓰고 때때로 순행하여 결손된 것은 정비하고 보완해야 한다. 그렇게 해서 비바람으로 인해 무너지거나 훼손될 여지를 없애고 수화(水火)나 도적으로 인한 환난을 없게 하면 예측하지 못한 재화를 면하게 될 것이다.(倉庫所以貯金穀, 公宇所以貯簡書, 驛傳所以通使命, 禁獄所以警罪囚, 祠廟所以安神靈, 道途所以便來往. 皆當處處介意, 時時巡行, 損者整之, 缺者完之, 俾無風雨傾撓之虞, 無水火盜賊之患, 則免不測之禍矣)"

104) 관노(官奴)로~순찰하게 하고 : 국립본의 원문은 "使衙奴亦自內巡警"이다. 『거관대요』·『정요』·『칠사문답』에서 이 구절은 '使衙奴夜夜巡警'으로 되어 있다.

맞도록 한다. 혹 망가져 쓸 수 없는 것, 법도대로 만들지 않고 예(禮)에 적합하지 않은 것이 있으면 즉시 정비하여 새롭게 한다.

또 제사를 지내는 날이면 반드시 삼가하고 반드시 조심하며 반드시 자숙하고 정성스럽게 하며, 동작 하나라도 반드시 공손하게, 한 물건이라도 반드시 정결하게 한다. 묵묵히 생각하기를 신상(神像)이 앞에 강림한 것같이 하여 오직 의식에 실수가 생길까 두려워하고, 오직 공경함을 잃을까 근심하며 자자(孜孜),[105] 절절(切切)[106]하게 다른 일에 마음을 두지 않는다면, 반드시 신이 와서 흠향(歆饗)하고 너의 몸에 복을 내릴 것이다.[107]

또 향교와 사직단(社稷壇)[108]은 몸소 검사한다. 사직단 주위에는 가목(嘉

---

105) 자자(孜孜) : 부지런한 모양.
106) 절절(切切) : 매우 정성스러운 모양.
107) 여기까지가 『목민심감』의 '엄사전(嚴祀典)' 항목과 유사하다. 『목민심감』의 원문은 다음과 같다.
　　"제사는 나라의 큰일이고 신은 사람이 높이 받드는 대상이다. 그러므로 사우 제단 제기 예물은 모두 몸소 점검하고 한결같이 규정을 따른다. 어그러져 완전하지 않거나 오래되어 손상된 것, 법대로 짓지 않았거나 예에 맞지 않는 것이 있으면 모두 정비하여 새롭게 하고 견고해지도록 해야 한다. 제사 지내는 날에는 반드시 재계하여 엄숙하고 정성스러운 마음을 지니는데, 한 동작이라도 지극히 공경하게 하고 한 물건이라도 지극히 정결하게 한다. 조용히 신상(神像)을 생각하여 앞에 와 있는 듯 여기고 오직 예의를 잃을까 불경스럽지 않을까 두려워하며 다른 일을 가슴 속에 생각하지 말아야 한다. 이렇게 한다면 신은 반드시 와서 흠향하고 너에게 복을 내릴 것이다.(祀者, 國之大事, 神者, 人之所崇. 故若祠宇壇場, 祭器禮物, 皆須躬親點視, 一依制度爲之. 其有缺而不完, 舊而致損, 非法所制, 非禮所宜, 悉當整而新之, 務堅且固. 其祭之日, 必齋必戒, 必嚴必誠, 一動必至恭, 一物必至潔. 默想神像, 如臨于前, 惟恐有失儀, 惟恐其不敬, 孜孜切切, 勿以他事干其心. 如此, 則神必來歆, 而降福於爾躬矣)"
108) 사직단(社稷壇) : 사직(社稷)을 제사드리는 곳으로 단을 쌓고 봉사(奉祀)하였으므로 사직단이라 하였다. 조선에서는 도성과 전국의 군현에 이를 설치했다. 사단(社壇)과 직단(稷壇)의 두 단이 마련되는데, 사단은 동쪽, 직단은 서쪽에 두었다. 이미 삼국시대부터 이 시설을 설치했으며, 조선에서는 태조 4년(1395)에 설립, 제사를 받들기 시작하였다.

木)[109]을 심고 깨끗이 청소하며 사직단의 사방에 방목(放牧)하는 것을 엄하
게 금한다.[110]

또 봄과 가을의 석채(釋菜)[111]와 사제(社祭)[112]를 맡을 집사로 신분이
낮고 미천한[卑微] 사람을 차출하지 않는 것이 좋다.

기우제(祈雨祭)[113]와 기청제(祈晴祭)[114]는 생민(生民)의 목숨과 관련되
는 일이기 때문에 더욱 정성을 기울여야 한다.

▨ 풍속을 두터이 함[厚風俗] ▨

풍속은 인심과 세도(世道)의 근본이다. 풍속이 먼저 안정된 뒤에야 모든
일이 이루어질 수 있다. 풍속을 바르게 하는 길은 오로지 수령에게 있다.

---

109) 가목(嘉木) : 정원수로 심기에 적당한 나무.

110) 또 향교와~금한다. :『목민고』의 '학교를 진흥함[興學校]'조에 비슷한 내용이
나온다.『목민고』가 훨씬 자세하다. "향교 및 사직단의 일은 반드시 몸소 점검하는
노고를 꺼려서는 안 된다. 위판(位版)과 위차(位次)가 차례를 잃은 고을이 많고
준뢰(樽罍)와 같은 제사 도구[器用]도 이지러진 경우가 많다. 마땅히『오례의(五禮
儀)』를 살펴 개정한다. 사직단 주위에 보기 좋은 나무를 심고 사방을 깨끗이
청소하며, 방목(放牧)을 엄금한다. 봄·가을의 사제(社祭)를 집행하는 집사(執事)를
비천하고 한미한 자로 차출하지 않도록 한다. 황해도와 평안도[兩西]에서는
향교와 사직단의 집사첩(執事帖)을 가지고 관정(官庭)에 들어와 군역에서 빼달라
고 요청하는 자가 있으니, 이는 당초 차출할 때 뇌물을 썼던 부류이다. 이와
같은 일에 방심하여 소홀히 해서는 안 된다."

111) 석채(釋菜) : 소나 양과 같은 희생(犧牲)을 쓰지 않고 채소만 올리고 지내는 간단한
석전(釋奠), 즉 문묘(文廟)에서 공자(孔子)를 제사지내는 의식을 말한다. 2·8월의
상정일(上丁日)에 거행하였다. 석채의 예는 가볍기 때문에 음악과 춤이 없으며,
그에 따르는 기물도 없고, 희생이나 폐백도 사용하지 않았다.

112) 사제(社祭) : 사직단에 올리는 제사를 말한다.

113) 기우제(祈雨祭) : 가뭄에 비가 오기를 빌며 올리는 제사.

114) 기청제(祈晴祭) : 비가 너무 많이 내릴 경우 하늘이 개기를 빌며 올리는 제사.
영제(禜祭)라고도 한다.

부임 초에 수령은 반드시 그 지방 풍속의 두텁고 얇음[厚薄]을 살펴, 두터우
면 권장하여 힘쓰게 하고, 얇으면 경계하고 가르쳐야 할 것이다.115)

　소지(所志)나 혹은 발괄[白活]116)을 올려 쟁송(爭訟)할 때 사건이 풍화(風
化)117)에 관계된 경우라면, 일이 비록 작다하더라도 반드시 엄중히 다스리
고, 다시 예·의·염·치(禮·義·廉·恥) 네 가지로써 일깨우고 가르치고 매질하
고 곤장으로 치면[笞之杖之], 악한 풍속은 두터운 풍속으로 변화하게 된다.

　또 새해가 되면118) 각 면에 전령(傳令)119)을 내려, 사족(士族)과 서인(庶人)

---

115) 여기까지가 『목민심감』의 '후풍속(厚風俗)' 항목과 유사하다. 『목민심감』의 원문
　　은 다음과 같다.
　　"풍속(風俗)은 인심과 세도의 근본이다. 풍속이 후(厚)하면 반드시 백성이 선행을
　　많이 하고, 풍속이 박(薄)하면 반드시 백성이 악행을 많이 저지른다. 풍속이
　　후하다고 하는 것은 무엇인가? 예를 들면 예의를 알고 순박함을 귀하게 여기며
　　절검을 숭상하며 교화를 그대로 따라 행하여 강폭하거나 청렴하지 못한 풍속이
　　없는 것을 이른바 '후'라고 한다. 풍속이 박하다고 하는 것은 무엇인가? 강광(强
　　獷 : 우악스럽고 추악함)을 익혀 염치가 없고 예의를 알지 못하며 교화를 그대로
　　따라 행하지 않으며 사치와 허위를 숭상하는 것을 이른바 '박'이라고 한다. 옛날에
　　백성을 잘 다스린 자는 반드시 풍속을 바르게 함을 우선으로 삼았다. 그러나
　　풍속을 교화하는 요체는 더욱 자기 몸을 바르게 하는 것을 우선으로 삼는다.
　　그러므로 부임한 처음에는 반드시 자문을 구하여 잘 살핀 후 그 풍속이 본디
　　후하면 마땅히 장려하여 이를 더욱 후하게 해야 한다. 그 풍속이 박하면 마땅히
　　교화하고 경계해서 더 박해지지 않도록 해야 하니, 박한 것을 교화하여 후하게
　　하고 악한 것은 순화하여 선하게 하는데 힘써야 한다. 이와 같이 하면 백성을
　　잘 다스린다고 할 수 있다. 그러나 그 요체는 오직 자기를 바르게 하여 정령을
　　펴는데 있을 뿐이다.(風俗者, 人心世道之本也. 俗厚則民必多善, 俗薄則民必多惡.
　　厚者何. 知禮義, 尙淳朴, 崇節儉, 遵敎化, 無强暴不廉之風, 所謂厚也. 薄者何, 習强獷,
　　無廉恥, 不知禮義, 不遵敎化, 以華靡虛詐爲尙, 所謂薄也. 古之善牧民者, 必以正己爲
　　先. 然化俗之要, 尤以正己爲先, 故到任之初, 必加諮詢, 審察其俗素厚者, 宜奬而勵之,
　　而使之益厚, 其俗素薄者, 宜敎而戒之, 而使之勿薄, 務使薄者化爲厚, 惡者化爲善,
　　如此則可謂善牧民. 然其要惟在乎正己爲之令也)"
116) 발괄[白活] : 발괄의 어의는 귀신, 사람 혹은 관청에 억울한 일을 하소연하고 청하는
　　행위에서 왔는데, 통상 관아의 판결처분을 필요로 하는 민원문서를 지칭했다.
117) 풍화(風化) : 교육이나 정치의 힘으로 풍습을 교화하는 일.

을 막론하고 때가 지나도록 혼인하지 못한 자와 기간이 지나도록 매장하지 못한 자가 있으면 명부를 만들어 관청에 보고하게 한다. 그리고 해당 족당(族黨)과 이웃[鄰里]으로 하여금 물자를 도와 성례(成禮)도 시키고 매장도 하게 한다. 관가에서도 또한 돌보아 준다.[120]

❇ 교조를 세움[立敎條] ❇

맹자(孟子)가 이르기를 '좋은 정치는 잘 가르치는 것만 못하다'[121]고 하였다. 처음 정사를 펼칠 때 반드시 교화를 먼저 시행해야 한다. (그 대상이) 만약 아전이라면 아전이 마땅히 행해야 할 방도를 글로 지어 가르치고, 백성이라면 백성이 마땅히 알아야 할 일을 글로 지어 가르친다.[122]

---

118) 『거관요람』에서는 '或云'이라 하여, 인용문 형식을 취하고 있다.

119) 전령(傳令) : 군현에서 면리의 민들에게 내리는 명령. 상급관청(上級官廳)에서 하급관청에 내리는 공문(公文)은 관(關), 감결(甘結)이라고 했다.

120) 『목민대방』예전지속(禮典之屬)의 '자혼가(資婚嫁)'에 유사한 내용이 나온다. "혼인이란 인륜의 시작이다. 선비의 집이 가난하거나 혹은 고아가 되어 혼인할 상대를 구하여 혼례를 하지 못하는 것은 실로 수령의 책임이다. 연초에 각 면에 명령을 내려 사족(士族)이나 서인(庶人)을 가리지 않고 만약 나이가 지났는데도 혼인하지 못한 자가 있으면 (그 명단을) 책자로 만들어서 관에 보고하게 하고, 그 친척과 이웃에서 혼처를 구하여 서로 돕게 하며, 혼례를 마친 후 관에 보고하게 한다. 관가에서도 역시 마땅히 힘닿는 대로 도움을 주어야 한다."

121) 『맹자(孟子)』「진심(盡心) 상(上)」, "정치를 잘하는 것은 교화를 잘하여 민심을 얻는 것보다 못하다.(善政, 不如善敎之得民也)"

122) 여기까지 『목민심감』의 '입교조(立敎條)' 항목의 내용을 간추렸다. 『목민심감』 원문의 내용은 매우 복잡하다. 다음과 같다.
"백성들의 윗자리에 앉아 일을 하는 것은 백성들의 사표(師表)가 됨을 의미하니 마땅히 자신의 몸을 먼저 바르게 해야 예교가 아랫사람들에게 미치게 된다. 맹자가 "좋은 정치는 좋은 가르침만 못하다"고 한 것은 그 가르침이 사람의 마음 깊숙이 파고 들어 백성의 마음을 얻기 때문이다. 그러므로 정치를 하는 처음에는 반드시 교화를 먼저 해야 하는데, 이서(吏胥)의 경우에는 이서가 마땅해 행해야 할 길을 적어서 가르치고, 인민(人民)의 경우에는 인민이 마땅히 알아야 할 일을 적어서 가르친다. 그 내용은 삼강오상(三綱五常)의 요체를 근본으로 삼고 백행(百行) 백사(百事)의 마땅함을 적절히 풀어, 지성스럽게 그 마음을 열고 간절하게 선으로 인도한다. 반드시 조정에 신청하여 유신(儒臣)으로서 통달하여 유식한 사람으로 하여금 효제충신(孝悌忠信) 예의염치(禮義廉恥) 근검겸화(勤儉謙和) 등의 항목에 대해 그 법을 상세히 갖추게 하고 민간에 행하게 하는데, 각 이(里)에서 나이 많고 유덕(有德)하며 문의(文義)에 밝아 여러 사람들이 따르며 신복하는 한 사람을 뽑아 교장으로 삼고 이(里)의 사람들을 가르쳐 변화시키도록 한다.

이어 백가(百家)의 사람들로 하여금 집을 하나 짓게 하고 '선속당'이라 이름을 붙인다. 그 규모는 5칸 크기에 100인 이상을 수용할 수 있게 한다. 그 가운데와 앞 쪽은 비워두고 북면과 동서 끝 두 곳만 흙을 쌓아 앉을 자리를 만든다. 아울러 네 벽에 모두 백토를 바르고 그 벽은 구분하여 다섯 가지 그림을 그린다. 첫 번째 그림은 가운데 벽 한칸에다 민간에 절실한 율령(律令)을 그린다. 두 번째는 동쪽 다음 칸에 민간의 쓰임에 절실한 현재의 예제(禮制)를 그린다. 세 번째는 서쪽 칸에 본리의 백가 남자들의 이름을 나이 순대로 쓴다. 네 번째는 동쪽의 마지막 칸에 백가에서 부담할 부역을 상중하 등급대로 쓴다. 다섯 번째는 서쪽 마지막 칸에 매월 인민들이 행하는 선악을 기록한다.

매달 초하루 날이면 온 마을 사람들이 당에 모여 윗사람부터 아랫사람에 이르기까지 벽에 그려진 장유의 순서대로 줄을 나누어 선다. 한 사람이 찬창(贊唱)하여 두 번 절하는 예를 행한다. 절이 끝나면 절반씩 나누어 서고 교장이 당의 가운데에 나와 선다. 남쪽으로는 탁자 하나를 설치하고 반포하여 백성들을 가르치는 글을 낭랑히 읽고 해설하여 백성들이 듣게 한다. 이 일이 끝나면 모두 원을 지어 읍(揖)을 행하고 다시 순서에 맞추어 자리에 앉는다.

교장은 가운데 앉아 각 촌의 부로들에게, 이번 달에 어떤 사람이 어떠한 착한 일을 했는지, 어떤 사람이 어떤 잘못을 저질렀는지를 질문한다. 착한 일을 한 사람이 있으면 그의 이름과 착한 행동을 해당 벽면에 써 둔다. 이것이 세 차례에 이르면 주현에 보고하여 가볍게는 차역(差役)을 경감하고 무겁게는 조정에 보고하여 그 특이함을 정려한다. 악을 저지른 자는 이법(理法)을 들어 직접 타일러 잘못을 고치도록 한다. 두 차례나 고치지 않으면 중의(衆議)에 붙여 책벌을 행하여 부끄러움을 알게 한다. 또 고치지 않아 세 번째에 이르면 끝내 고치지 않은 것이므로 그 모든 것을 주현에 보고하고 관법으로 다스린다. 해당 벽에는 그의 잘못을 적어 두었다가 3년동안 잘못을 저지르지 않으면 그 이름을 지운다. 이와 같이 한다면 선행을 격려하고 권함이 적절한 방도를 얻어 백성들은 한결같이 각 면(面)에 나이가 많고 덕망이 높으며 학식이 있어 여러 사람이 심복하고 따를 수 있는 사람을, 반드시 향소(鄕所) 및 부로(父老)에게 자문을 구한 뒤 가려 뽑아 각 면의 교장(敎長)으로 삼고, 그로 하여금 효제충신(孝悌忠信)과 예의염치(禮義廉恥)의 도로써 한 면을 가르치게 한다.[123] 그리하여

예를 알고 법을 알아 자연 감화(感化)되어 모두 양민이 될 것이며 옥송(獄訟)은 생기지 않고 풍속은 점점 순박해질 것이다. 백성을 어루만지는 핵심으로 여기에 더할 것이 뭐가 있겠는가?(居民之上, 爲民師表, 當以身正之於先, 如以禮敎之於下. 孟子謂善政不如善敎, 蓋以其入人之深, 得民之心也. 故涖政之始, 必先敎化, 如吏胥, 則以吏胥當行之道, 述而敎之, 如人民, 則以人民當知之事, 述而敎之. 本之以三綱五常之要, 酌之以百行百事之宜, 諄諄然以開其心, 懇懇焉以導其善. 必申請于朝, 命儒臣之通達有識者, 以孝悌忠信禮義廉恥, 勤儉謙和等目, 詳具其法, 行之民間, 俾於各里, 選任年高有德, 通曉文義, 衆所推服者一人, 以爲校長, 訓化一里之人. 仍令百家, 其盖一堂, 名曰善俗. 其制五間, 務容百人之上, 虛其中及前一面, 惟於北面及東西二端, 壘土以爲坐榻. 幷四壁, 皆以白堊塗之, 其壁界爲五圖. 一則圖律令之切於民間者于中一間, 二則圖當今禮制之切於民用者于東次間, 三則圖本里百家男子之年齒長幼于西次間, 四則圖百家賦役上中下之等第于東末間, 五則圖每月人民所行之善惡于西末間. 每月朔則會一里之人於堂, 自上而下, 依圖長幼分行而立. 一人贊唱, 行兩拜禮. 拜畢, 仍對立於班, 校長出立于堂之中. 向南設一卓, 以所頒敎民之文, 朗然解說, 令民聽之. 旣畢, 皆衆圓揖, 復依次就坐. 校長居中, 詢問各村之父老, 此月之內, 曾有何人行何善事, 或有何人作何過惡. 其有善者, 則書其名及所行之善於圖中. 凡及三次, 則以其實跡, 申于州縣, 輕則于其差役, 重則聞之于朝, 以旌異之. 其爲惡者, 則面諭之以理法, 令其改過. 如二次不悛, 則對衆議以責罰, 以令知恥. 又果不改, 至三次, 則爲終不改矣, 乃以其實跡, 申于州縣, 以官法繩之. 仍於圖中, 書其過惡, 苟能三年不犯, 則爲之除去. 如此則激勸有方, 而民無不知禮知法, 自然感化, 皆相率爲良民, 獄訟不生, 而風俗漸淳矣. 撫民之要, 何以加於此哉")

123) 『목민고』의 '흥학교(興學校)'에 비슷한 내용이 나온다. "학교는 교화의 근원이며, 풍속의 근본이다. 그러나 여러 고을에서 학교를 진흥시킨다는 것이 백일장을 설치하여 시부(詩賦)를 시험보고, 첩괄(帖括)을 강론(講論)하는 데 지나지 않으니 이것을 어찌 학교정책이라고 할 수 있겠는가. 지금 총명한 수재를 선택하되 그 수가 많고 적음에 구애받지 않는다. 또한 가까운 면(面)에 살면서 문장에 밝고 몸가짐이 거슬리지 않는 사람을 취하여 관에서 교장(敎長)으로 선정하여 학생들을 나누어 맡아 가르치도록 한다. 매월 고과(考課)하되 반드시 민의 풍속을 변화하고 고을의 습속을 선하게 만드는 것을 위주로 하며, 이와 함께 시부(詩賦)를 짓는 백일장을 여는 것이 좋다."

과연 교화에 따르는 백성이 있으면 이를 장려하여 표창을 하고 교장에게도 치례(致禮 : 예를 갖추어 인사하는 것)한다. 이것이 곧 권장하는 도리이니, 나머지 백 가지 명령도 이로 인해 잘 실행될 것이다.

🎇 농사를 중시함[重農事] 🎇[124]

농사를 권장하는 길은 수령에게 달려 있으니, 민인들의 농사짓는 때를 빼앗지 아니하는 것이 정사(政事)에서 가장 중요하다. 부역·징발(徵發)·추착(推捉 : 죄인의 추적 체포) 등에 관한 일체의 일을 농사철에는 정지하여 시행하지 말아야 한다.

혹자는 말하기를 "곡식의 종자가 없고 농우(農牛)가 없는 백성의 명부를 면임(面任)이 만들어 관에 보고하게 하여, 곡식 종자는 환자곡(還上穀)을 적절히 나누어 주어 마련하도록 하고, 농우는 같은 마을 가운데 소가 있는 민인에게 서로 빌어서 경작하게 한다. 만약 질병이 들어 문제가 생긴 사람[有故之民]이 있으면 그의 이웃 사람 혹은 족친(族親)이 경작을

---

124) 『목민심감』의 제목은 '중농무(重農務)'이다. 본문의 내용도, 『목민심감』의 그것과는 무관하다. 원문은 다음과 같다.
"농사에 천하의 의식(衣食)이 달려 있고 국가의 전곡(錢穀)은 여기서 나오니, 봄철의 밭갈이와 여름철의 김매기, 가을철의 추수 이 세 시기를 결코 빼앗아서는 안 된다. 혹 백성을 동원할 일이 있거나 양식을 운반할 일이 있어 백성을 부리고자 할 때는 반드시 그 일의 경중(輕重)과 완급(緩急)을 헤아려 중요하고 급한 일일 경우에는 그대로 행하지만, 중요하지 않거나 급하지 않을 때에는 상부에 늦추어 줄 것을 청해야 한다. 어느 한 편에 집착하여 명예를 더럽히거나 말업(末業 : 상공업)으로 인해 본업(本業 : 농업)을 망쳐서는 안 되니, 오직 심사숙고한 뒤에 일을 행하는 것이 옳다.(農者, 天下衣食之所仰, 國家錢穀之所出, 故春耕夏耘秋收三時, 斷斷乎不可奪者也. 或有興作, 或有饋運, 將以役民, 必度其事之重輕急緩, 果重而急者, 則遵而行之, 果輕而緩者, 則申而請之. 不可執一偏而沽名. 不可因其末而弄本. 惟深計熟廬以後, 行之可也)"

도와주도록 각 면의 면임에게 명령을 내린다. 그런데 만약 핑계되는[稱託] 자가 있으면, '엄하게 다스릴 터이니 이름을 적어 첩보[指名牒報]125)하라'는 뜻으로 신칙하는 것이 좋다"고 하였다.

또 이르길, "농사를 권장하는 정치는 흉년이 든 해에 더욱 유념해야 한다. 금년에 농민이 농우를 팔아먹는다면 다음 해에는 폐농(廢農)이 염려되니, 혹은 좋은 계책을 찾아 변통을 하거나, 혹은 관장이 매달 받는 녹봉을 출연(出捐)하여 시가에 따라 소 몇 필을 사서 각 마을의 착실한 백성에게 나누어 주어 사육하게 하고, 같은 마을 구성원 가운데 소가 없는 사람들이 함께 돌아가며 논밭을 갈게 하는 것도 하나의 선정(善政)이 될 것이다. 논밭갈이가 끝나고 여름이 지난 뒤 소를 팔아 곡물을 구매해서 굶주린 백성들에게 먹이느라 줄어든 관곡(官穀)을 보충하면, 은혜를 한 번 베풀지만 두 가지 은혜를 시행하는 셈이 된다. 소를 나누어 줄 때에는 반드시 소의 뿔에 낙인(烙印)을 찍어 소가 바뀌는 폐단을 방지하도록 한다"고 하였다.126)

또 이르길, "흉년에는 관가에서 읍내의 술집에서 술을 빚은 뒤, 이임(里任)에게 분부하여 장빙(藏氷)127) 등의 역에 동원된 사람에게 술을 먹이도록 하고, 역을 지는 사람[役夫]으로 멀리 떨어진 면(面)의 백성들은 징발하지 않는다면 이것은 흉년 든 해에 은혜를 베푸는 정치이다"고 하였다.

또 이르길, "뽕나무·가죽나무·옻나무·대추나무·밤나무·감나무 등은 백성의 경제에 도움이 되니, 적합한 토질에 맞추어 이 나무들을 심으라는

---

125) 첩보(牒報) : 조선시기 하급 관청 관원이 상급 관청 관원에게 문서로 보고함. 또는 그 보고 문서를 가리킴.
126) 『거관요람』에는 '중농사(重農事)'의 내용을 여기까지만 언급했다. 아래 다섯 문단은 빠져 있다.
127) 장빙(藏氷) : 얼음을 떠서 곳간에 저장함. 또는 그 얼음.

뜻으로 각 면에 전령하도록 한다"[128]고 하였다.

또 이르길, "옛 사람들이 말하길 여공(女工)은 남공(男工)보다 낫다고 하였다. 우리나라 양서(兩西) 지방[129]의 명주[紬], 북관(北關)[130]과 동관(東關)[131]의 삼베[麻布],[132] 영남(嶺南)[133]의 면포(綿布), 양호(兩湖)[134]의 저포(苧布)[135] 등은 모두 족히 백성의 산업[民産]이 될 만하니, 그들이 할 만한 것을 골라서 힘쓰라는 뜻을 전령하여 신칙한다. 손재주는 있지만 본전(本錢)이 없는 백성에게 이자를 붙이지 않고 돈을 빌려 주어 생업 자본으로 삼게 하면, 베푸는 은혜가 클 것이다"[136]고 하였다.

---

128) 이 내용은 『신편 목민고』의 '권농상(勸農桑)'에 나온다.

129) 양서(兩西) : 해서(海西)와 관서(關西), 즉 황해도와 평안도를 아울러 이르는 말.

130) 북관(北關) : 함경북도 지방. 함경도를 구분하여 마천령을 경계로 그 북쪽은 북관, 그 남쪽은 남관이라고 함.

131) 동관(東關) : 강원도.

132) 마포(麻布) : 삼으로 만든 베. 모시와 삼베를 구분하여 보통 삼베로 만든 것을 마포라고 함.

133) 영남(嶺南) : 『거관요람』에서는 영호(嶺湖)라 함.

134) 양호(兩湖) : 호남(湖南)과 호서(湖西), 곧 전라도와 충청도를 아울러 이르는 말.

135) 저포(苧布) : 쐐기풀과에 속하는 모시풀의 인피섬유로 제작한 직물. 『칠사문답(七事問答)』과 『이치정람(吏治精覽)』에서는 이 구절에 대해 한결같이 "영남의 저포(嶺南之苧布), 양호 지역의 목면(兩湖之木棉)"이라 하였다.

136) 『목민고』 및 『신편 목민고』의 '권농상(勸農桑)'에 나오는 내용과 유사하다. 『목민고』가 담고 있는 것은 다음과 같다.
"여공(女工)에 대해서 옛 사람들이 말하기를 "한 달에 45일의 노동력을 얻을 수 있어서 남공(男工)보다 나은 점이 있다"고 하였다. 우리나라 양서(兩西) 지방의 명주[紬], 북관(北關)과 동관(東關)의 삼베[麻布], 호령(湖嶺)의 면포(綿布), 양호(兩湖)의 저포(苧布) 등은 모두 족히 백성의 산업[民産]이 될 만한데 이것을 하는 자가 거의 없다. 지금 마땅히 읍과 이(里)의 근처에서 베를 짤 수 있는 여인을 택하여, 가까이 살고 있는 여인 가운데 손재주가 있어서 베 짜기를 배울 수 있는 여인을 가려 뽑아서 가르치게 한다. 혹은 상(賞)을 주어서 권장하고, 혹은 베 짜는 도구를 보조하고, 혹은 이자 없이 전화(錢貨)를 빌려 주어 (베 짜기) 업(業)의 근본으로 삼게 한다. 거리가 먼 촌(村)에서는 자손이 많은 늙은이[老漢]를

96

또 이르길, "여섯 종류의 가축[六畜]137)을 기르는 것 또한 백성의 산업에
도움이 되니, 각 면에 신칙하여 이를 기르도록 한다"고 하였다.

또 이르길, "각 고을에는 사료용 지게미[飼養糟糠]를 바치도록 하는
조례가 있으나, 이에 전혀 주의를 기울이지 않아 창고지기가 돈으로 대신
받아들이니 참으로 가슴 아프다. 이것을 빠짐없이 거두어들여 양·염소·돼
지에게 먹여 이들을 키우면, 제사를 올리거나 빈객을 접대할 때 큰 가축
대신 쓸 수 있을 것이다"고 하였다.138)

▨ 학교를 높임[崇學校] ▨

세상을 다스리는 근본[治體]에 어두운 자가 가끔 학교를 헛된 문식(文飾)
으로 여기니, 이는 세상을 다스리는 도리를 알지 못하는 것이다. 글을
잘 아는 사람[文章]과 현명한 인재가 모두 여기에서 배출된다.139)

불러다가 부녀(婦女)들에게 권장하여 그 이해(利害)를 깨우치도록 수령이 그
책임을 부과하는 것이 좋다. 이 일은 비록 비현실적이고[迂闊] 번거로운 일
같지만 베 짜는 1 부녀가 3명의 농부를 능가할 수 있으므로 만약 백성이 (수령인)
나의 가르침을 따른다면 그 사람들에게 미치는 이익과 혜택이 어떠하겠는가?"
137) 여섯 종류의 가축[六畜] : 집에서 기르는 대표적인 가축으로 소·말·양·돼지·개·염
　　소를 가리킨다.
138) 『신편 목민고』 '권농상(勸農桑)' 조항에 이와 유사한 내용이 있다.
　　"염소[羔羊]과 돼지[猪]에 대해서는 각 읍에서 그 번식[孳息]을 전혀 살피지
　　않아서 제사지낼 때나 손님을 접대할 때 늘 큰 짐승을 잡는다. 마땅히 우리[圈柵]를
　　견고하게 조성하고 목부(牧夫)를 정하여 사육하게 해야 한다. 그러면 불과 몇
　　년 사이에 산에 가득 찰 정도로 번성할 것이다. 각 읍에서는 으레 사육용 지게미를
　　거두어들이는데, 이것을 돈으로 대신 거두어 고지기[庫直]가 가로채는 일이
　　많다. 마땅히 거두어들이는 일을 신칙하여 돈으로 대신 거두는 폐단을 없애고
　　가축 사료를 제대로 마련하여 착실하게 사육하게 하는 것이 좋다."
139) 여기까지가 『목민심감』의 '숭학교(崇學校)' 항목과 유사하다. 『목민심감』의 원문
　　은 다음과 같다.

그러므로 학교는 매우 중요하거니와, 또 이들은 한 고을의 세력 있는 사람들[大民]이므로, 관장(官長)에게 시비 거는 일도 또한 이로부터 말미암아 나오게 되니 (학교를) 어찌 소홀히 하겠는가? 때때로 학교의 재임(齋任)[140]을 찾아가 학업을 권장하는 방도를 그들에게 순문(詢問)한다.[141]

혹자는 말하길, "향사례(鄕射禮)·향음례(鄕飮禮)·향약(鄕約) 등의 예(禮)는 『소학(小學)』에서 제시하는 일 가운데 하나이니 때때로 강명(講明)하여 예법을 시행할 즈음에 두루 거행하며 편리한 대로 시행한다. 봄과 가을에는 백일장을 열고 지·필·묵(紙筆墨)을 상으로 내려 학습을 권장하는 방도로 삼는 것이 좋다. 필요한 물력(物力)을 마련하는데 달리 나올 만한 곳이 없으면 식년장적(式年帳籍)[142]을 향교로 내려 보내 그들로 하여금 그것을 쓰게[書][143] 한 뒤, 그 가조(價租 : 대가로 받는 벼)를 거두어 예기(禮器)를

"세상을 다스리는 근본에 어두운 자가 가끔 학교를 헛된 문식(文飾)으로 여기니, 이는 세상을 다스리는 법을 모를 뿐만 아니라 현재(賢才)가 모두 여기서 나오는 것임을 알지 못하는 것이다. 교직을 맡은 자는 비록 학문의 깊이가 다르고 현명함이 달라도, 마음을 다하고 힘을 다하여 이를 감독하고 권장할 수 있으니, 생원의 자질을 가진 자 가운데 상등을 힘써 뽑아 과목을 나누어 교육하게 한다. 나날이 익혀야 할 과업을 엄히 챙기고 그 부형의 요역을 면제해 주며, 의관 음식 필묵 지적 등을 일일이 부족함이 없도록 해주어 안심하고 공부하도록 해준다. 유액(誘掖) 격려(激勵) 상벌(賞罰) 권징(勸懲)의 길에 대해 제조를 맡은 자가 더욱 주의를 기울인다면 인재를 양성하지 못할 일은 없을 것이다.(世之昧治體者, 往往視學校爲虛文, 殊不知治世, 賢才皆於此出. 任敎職者, 雖學有淺深, 人有賢否, 然能盡心竭力, 以程督之, 奬勤之. 務選生員之資上等者, 分科而敎育. 嚴其日習之課業, 免其父兄之徭役, 俾衣冠飮膳, 筆墨紙籍, 一一無缺, 而安心于學. 至於誘掖激勵賞罰勸懲之道, 其任提調者, 復加意焉, 則人才未有不成者也)"

140) 재임(齋任) : 향교의 임원.

141) 『거관요람』에서는 이 구절에 이어 "(이것을) 형편에 따라 시행한다. 봄과 가을에 백일장을 열고 지필묵을 상으로 내려 권학의 방도로 삼는 것이 좋다.(從便許施. 春秋設場, 紙筆墨施賞以爲勸學之道, 可也)"는 내용이 바로 나온다.

142) 식년장적(式年帳籍) : 3년마다 한 번씩 작성하는 호적.

143) 『거관요람』에서는 "(식년장적을) 향교로 내려 보내어 그들로 하여금 써서 바치도

만드는 물력(物力)에 보태도록 하는 것이 좋다"[144]고 하였다.

또 이르길, "각 고을의 향교에는 모두 위전답(位田畓)[145]과 노비공(奴婢貢)[146]이 있지만 이것이 재임배(齋任輩)들의 주식(酒食)과 손님 접대 비용으로 없어지니 매우 통탄할 일이다. 마땅히 책자를 만들어 관상(官上)이 낭비하지 못하게 하고 선비를 기르는 비용에 보태게 해야 한다. 그런데 이 일을 갑자기 신칙한다면 반드시 큰 원망이 생길 터이니 재임 가운데 사리에 밝은 자를 불러 상의한 뒤 편리한 대로 시행한다"고 하였다.[147]

또 이르길, "말세의 인심이 십중팔구 공사(公事)를 빙자하여 사적인 일[私事]을 도모한다. 건물 짓는 것을 빙자하여 원납교생(願納校生)[148]을 많이 채우는 경우도 있고, 혹은 향교전(鄕校田)[149]의 이웃 땅을 경작하면서 민전

록 하고 그 가조를 거두어(下鄕校使之書給, 而收其價租)"라고 하였다.

144) 『거관요람』에는 이 구절의 끝을 "예기를 만드는 물력에 보태도록 한다"고 하고 이어서 "다른 곳에서 나올 것이 없는 경우에는 물력을 도와주는 것이 좋다(無他出處者, 添助物力好矣)"라고 하였다.

145) 위전답(位田畓) : 그 논에서 얻어지는 수입으로 향교의 관리 비용에 충당하기로 정해 놓은 논. 위토전답(位土田畓)이라고도 함.

146) 노비공(奴婢貢) : 향교에 소속된 노비들이 내는 신공.

147) 이 구절은 『신편 목민고』 '흥학교(興學校)'에 다음과 같이 나온다.
"각 읍 향교(鄕校)에는 모두 위전(位田)이 있는데, 위전의 수입은 모두 재임(齋任) 무리들의 술값과 밥값으로 들어가니 참으로 통탄스럽다. 만약 이 재물과 곡식을 문장에 밝은 유생(儒生)의 대접을 위해 쓴다면 매우 좋을 것이다. 다만 유생의 무리들이 크게 원망하기 때문에 억압하는 것을 꺼리지 않는 관장이 아니면 손대기 어려울 것이다."

148) 원납교생(願納校生) : 소정의 돈을 내고 교생이 된 사람. 교생은 조선시기 각 고을의 향교에 등록된 학생들을 말한다. 이에 대해 서원(書院)에 등록된 학생을 원생(院生)이라 하였고, 합쳐서 교원생(校院生)이라 불렀다. 교생은 고을의 크기에 따라 정원이 정해져 있었는데, 부·대도호부·목에는 각기 90명, 도호부에는 70명, 군에는 50명, 현에는 30명으로 제한하였다.

149) 향교전(鄕校田) : 향교 운영에 필요한 재정을 마련하기 위하여 운영하는 토지. 향교 운영에는 향교의 교사(校舍) 등 시설물의 설치·보수·유지, 교수관(敎授官)의

(民田)을 침범하여 빼앗는 자도 있고, 혹은 거짓으로 교노(校奴)[150]라 칭탁하여 군역에서 빠져나가려고 하는 자도 있으니, 이러한 경우는 모두 엄중하게 다스려 용서하지 말아야 한다"고 하였다.

또 이르길, "관장이 학교를 진흥하기 위하여 도움을 청하는 마음[願護之意]을 가질 경우, 그 때를 틈타[151] 향전(鄕戰)을 하는 고을이 간혹 생긴다. 이를 깊이 조사하여 점점 확대되는 것을 막아야 하니, '친하게 지내지도 않으며 소홀히 대하지도 않는다'고 함은 바로 이를 가리켜 하는 말이다"[152]라고 하였다.

또 이르기를, "문무(文武)의 도는 하나이다. 이미 문예를 권장하면서 또 어찌 무예를 권장하지 않겠는가? 때로는 혹 사격을 시험하여 시상을 해야 한다. 만약 서북(西北)의 변경 고을을 담당하게 된다면[153] 이를 더욱 유념해야 한다"고 하였다.

오리 이원익이 말했다. "출관(出官)한 다음날 바로 향교에 나아가 성현을 배알하고[謁聖], 봄·가을에 벌이는 석전(釋奠)[154] 및 향교의 일을 착실히 거행하

후생비, 교생들의 숙식비, 학업 활동에 부수되는 제반 비용, 그리고 향교를 중심으로 준행되는 석전례·향음례 등에 이르는 비용이 막대하였는데, 조선은 학전(學田)과 학노비(學奴婢)를 공급하여 그 운영을 도왔다.

150) 교노(校奴) : 향교의 노비.

151) 『거관요람』에서는 "또 이르길, 관장이 학교를 진흥하기 위하여 도움을 청하는 마음[願護之意]을 가질 경우, 그 때를 틈타"의 구절이 빠진 채로 앞 문장과 바로 연결되어 있다.

152) 이 구절이 『선각록』에는 "향전하는 고을이 간혹 많이 생기니 이를 깊이 조사하여 점점 확대되는 것을 막아야 한다. '친하지도 아니하며 소원하지도 아니한다' 함은 바로 이를 가리켜 하는 말이다.(鄕戰之邑, 間多有之, 深加抹探, 而杜其漸. 而不親不疏, 正謂此也)"라고 되어 있다.

153) 『선각록』에서는 이 구절을 "만약 서북의 변란을 당하게 된다면(若當西北變)"이라고 하였다.

며, 석전에는 반드시 직접 참가한다. 모든 유생을 예(禮)로써 대우하여 욕보이지 않는 것 역시 유업(儒業)을 권장하는 일이니 또한 유념해야 한다."[155]

✖ 백성의 어려움을 진휼함[恤民艱] ✖ [156]

흉년에 대비하는 방법으로 평상시에 예방하는 일만한 것이 없다. 진휼해야 할 해[設賑之歲]에 굶주린 백성을 가려 뽑을 즈음에, 그 수를 너무 많이 책정하면 당연히 들어가서는 안 될 자들이 섞여서 들어가게 되므로 곡물이 부족하게 될 가능성이 있고, 그 수를 적게 하면 당연히 들어가야 할 자가 들어가지 못하게 되어 굶어 죽는 자가 길거리에 널리게 된다.

---

154) 석전(釋奠) : 음력 2월이나 8월의 상정일(上丁日)에 문묘(文廟)에서 선성(先聖)·선사(先師)와 산천(山川) 묘사(廟社)에 올리는 제례.

155) 『오리집보유(梧里集補遺)』, 「서증이생덕기지임(書贈李甥德沂之任)」, "出官翌日, 卽謁聖鄕校, 而春秋釋奠及凡校中之事, 着(意)爲之, 釋奠必親參. 凡儒生必禮待勿詬辱, 儒業勸獎之事, 亦留心." 국립본에서 ( ) 속 단어는 實로 표기되어 있다.

156) 이 항목에 대응하는 『목민심감』의 제목은 '휼빈곤(恤貧困)'이다. 두 책의 제목에 차이가 있다. 실려 있는 내용도 전혀 다르다. '휼빈곤'에서 수령을 '백성의 부모(父母)'로 여기고 이와 연관하여 수령의 역할을 규정하는 내용이 주목된다. '휼빈곤(恤貧困)'의 원문은 다음과 같다.
"백성들의 불행은 태어나면서부터 빈궁한 것이니, 마땅히 나의 인(仁)을 미루어 덕으로서 구휼해야 한다. 대개 가난한 자들은 의식이 풍족해야 함을 모르는 것이 아니지만 그렇게 살 수 있는 힘이 부족하며, 재산을 풍부하게 갖추고자 하지 않는 것이 아니지만 분수상 그렇게 할 수 없기 때문이다.
내가 백성의 부모가 되었으니 마땅히 마음으로 근심하며 그들을 구휼하여 그들의 의식을 풍족하게 하고 그들을 가호하여 그들의 곤궁함을 없애야 한다. 만약 그들이 역을 지고 있으면 우대해주고, 빚이 있으면 면제해주며, 병이 들었으면 치료해주고, 어려운 일을 당하면 도와주어서, 한 사람이라도 그 설 곳을 잃지 않게 한 뒤라야 백성의 부모라 할 수 있을 것이다.(民之不幸, 生而貧窮, 宜推我仁, 恤之以德. 蓋貧者, 非不知衣食之當足也, 而力不能致之, 非不欲貲産之充富也, 而分不能有之. 吾爲民父母, 所當惕然於心, 爲之振拔, 以足其衣食, 爲之加護, 以消其困. 若有役則優之, 有負則免之, 有疾則療之, 有難則援之, 俾無一人不得其所, 夫然後可謂之民父母)"

충실하게 탐색하고 얼굴의 굶주린 빛을 충분히 살펴[察色] 정밀하고 또 정밀해질 수 있도록 한다.

진휼곡을 마련하는 길[拮据之道]은 순영(巡營)[157]과 상의하거나 혹은 사적으로 준비하되 반드시 충실한 알곡을 말과 되의 용량에 맞추어 (제대로) 나누어 주어야 한다. 죽(粥)을 끓여 먹이는 경우에는 반드시 먼저 직접 맛을 보고 고루 나누어 마시도록 하며, 어린 자식을 돌보듯 사랑하고 온 정성을 다하여 구제한다면, 백성들로부터 억울하게 죽었다는 한탄이 생기지 않게 되고 수령에게는 복 받을 음덕이 쌓이게 되니, 그 어찌 아름답지 아니한가?

혹자는 이르길, "세시(歲時)에 약간의 먹을거리를 장만해서 노인과 환과고독(鰥寡孤獨)[158]을 찾아 위문하여 국가에서 빈궁한 사람을 불쌍히 여기는 정치를 체현하는 것이 마땅하다"고 하였다.

또 이르길, "길 가는 사람이 식량이 떨어지고 병에 걸렸다면, 아는 사람이든 모르는 사람이든 간에 모두 도움을 주어 나의 경내(境內)에서 굶어주는 일이 없도록 해야 한다"고 하였다.

오리 이원익이 말했다.[159] "진휼의 정치는 가장 중요하지만 굶주린 백성을 정밀하게 가려 뽑는 일은 매우 어렵다. 의례히 면임(面任)에게 굶주린 사람들을 가려 뽑도록 한 뒤 관가에서 그 숫자가 많다고 물리친다면, 그 숫자를 줄일 때 굶주린 자를 누락시키고 경제력이 있는 사람을 뽑는

---

157) 순영(巡營) : 각도 관찰사가 거주하며 집무하던 감영(監營)의 다른 표현이다. 상영(上營), 영문(營門)이라고도 했다.
158) 환과고독(鰥寡孤獨) : 늙고 아내가 없는 사람, 늙고 남편이 없는 사람, 어리고 어버이가 없는 사람, 늙고 자식이 없는 사람.
159) 이 내용은 『오리집(梧里集)』에 실려 있지 않다.

102

폐단이 생기는 것을 금하기 어렵다. (일단) 면임배가 가려 뽑아 작성한
명부를 전적으로 따르되, 진휼할 때 굶주린 백성들의 행색을 살피면 굶주리
는 자와 그렇지 않은 자[곧 경제력이 있는 자]를 가려낼 수 있을 것이다.
그리하여 경제력이 있는 자는 환자질(還上秩)160)에 붙여 환곡을 주어 보내
고 굶주리는 자는 진휼질(賑恤秩)161)에 붙여 진휼하여 보내면, 실제 굶주리
는 자와 그렇지 않은 자가 서로 뒤섞이는 폐단은 모두 사라지고 그 가려
뽑는 일 또한 정밀해질 것이다."

　　오리 이원익이 말했다.162) "얼음을 보관하는 정치[藏氷之政]163)는 그
뒷 조치가 허술해서는 안 된다. 호장(戶長)164)은 얼음이 얼기 전 의례히
빙고(氷庫)165) 수리를 청하여 큰 서까래가 썩어 파손되었다는 핑계를 대고

---

160) 환자질(還上秩) : 환자를 받는 사람들의 명단.
161) 진휼질(賑恤秩) : 진휼을 받아야 할 사람들의 명단.
162) 이 내용은 『오리집(梧里集)』에 실려 있지 않다.
163) 얼음을 보관하는 정치[藏氷之政] : 장빙(藏氷)을 위해서는 겨울철에 강물이 두껍
　　게 얼었을 때 채빙해 빙고에 운반했다. 얼음을 채취해서 빙고에 운반할 때에
　　목재·볏짚·솔가지 등 잡물이 필요했다. 『신편 목민고』 '관청' 조항에서는 장빙과
　　관련한 민들의 노고를 다음과 같이 기록하고 있다.
　　"얼음을 저장[藏氷]할 때 민의 고통이 가장 심하므로, 스스로 마련해서 공급하는
　　것이 좋다. 만일 그렇게 하기 어려우면 재목과 덮는 짚 등의 물건은 등록에
　　의거하여 나누어 부담시키되[別音], 그 등록에 쓰인 물자의 많고 적음을 살펴서
　　충분히 참작하여 힘껏 줄인 다음 나누어 매기는 것이 옳다."
　　"얼음저장고[氷庫] 수리와 담장 수리 때에는 부역이나 군사훈련에 빠진 자[闕軍]
　　와 관속배 가운데 가벼운 허물을 지은 자의 죄를 다스리지 말고, 이들을 골라
　　모아서 사역하여 멀리 떨어진 마을 민인들이 왕래하는 폐단을 덜어준다."
164) 호장(戶長) : 지방관부에서 수령을 도와 지방행정을 수행하던 향리의 수장(首長).
　　고려 이래로 섭호장(攝戶長)·정조호장(正朝戶長)·안일호장(安逸戶長) 등이 있었
　　다. 『목민고』의 '군(郡)을 다스리는 데 긴요한 법[治郡要法]'에서는 호장이 "땔감과
　　얼음, 숯 등의 일을 담당한다"고 하였다.
165) 빙고(氷庫) : 얼음을 저장하던 창고 또는 얼음을 지급하던 일을 맡은 관서. 중앙만

는 길이가 5, 6파(把),[166] 가격이 5, 6냥(兩)에 이르는 큰 서까래를 민간에서 거둘 것을 요청하니, 이 폐단을 어찌 감당할 것인가? 전혀 썩지 않았는데도 관장을 속여 매번 개조할 것을 청하고는 중간에서 돈을 받으니, 절대 그대로 믿어 따르지 말고 예전 것을 수리하여 사용하게 한다. 각 고을에서는 늘 백성들로 하여금 얼음을 보관하게 하고 담당 아전[色吏]들은 이때를 틈타 폐단을 저지르는데, 이들이 간사한 짓을 못하게 하는 일 또한 어렵다. 반드시 계책을 내어 변통해야 한다.”

✖ 매우 포악한 자를 누름[戡强惡] ✖[167]

이 아니라 지방 군현에도 존재하였다.

166) 파(把) : 본래 ‘파’는 수확물을 헤아리는 단위로 쓰여, 벼 한줌을 1파(把), 10파를 1속(束), 10속을 1부(負), 10부를 1결(結)이라 했다. 이것이 면적을 재는 단위로도 쓰였는데,『임관정요』의 「시조편(時措篇)」 전정장(田政章)에서는 파속을 다음과 같이 설명하고 있다. “양전척(量田尺)으로 가로 1척×세로 1척이 1파이고, 10파가 1속, 10속이 1부, 100부가 1결이며 5결이 1자이다. 양전척 10척은 포백척(布帛尺) 2척과 길이가 같다.”『임관정요』에 따르면 포백척 1척은 대략 46cm이므로, 양전척 1척은 9.2cm 정도였다.

167) 매우 포악한 자를 누름[戡强惡] :『목민심감』에는 ‘집강특(戢强慝)’이라 하였다. 내용도『목민심감』과『선각』이 다르다. ‘집강특(戢强慝)’의 원문은 다음과 같다. “오곡을 심은 자는 가라지를 뽑고 양민을 보호하는 자는 강악한 자를 제거하니, 대개 가라지를 뽑지 않으면 오곡이 잘 자라지 못하고 강악한 자가 세상 사람들을 속이지 않는다면 선량한 이들이 잘 살게 되기 때문이다. 그러므로 목민하는 자는 반드시 먼저 교화로서 시행하여 강한 자가 약한 자를 업신여기지 못하게 해야 한다.
악한 자가 교령을 따르지 않고 형법을 두려워하지 않고 은혜를 저버리고 굳이 따르지 않으며 또 믿는 데가 있어 범죄를 저지르고도 끝내 고치지 않을 경우에는 반드시 형법을 엄중히 하여 통렬히 끊어내어 양민에게 해를 끼치지 못하게 한다면, 거의 선악에 구별이 있게 되고 완악한 자는 깨끗하게, 겁 많은 자는 용감하게 될 것이다. 만약 한결같이 인서(仁恕)로서 대우해 준다면, 저들의 마음은 꺼리는 바가 없게 되고 그들의 악은 더욱 방자하게 되어 선량한 백성들이 피해를 매우 포악한 사람에 대해서는 사납게 다스리는 일 만한 방법이 없다. 그러나 교화(敎化)를 앞세우지 않는 것은 관장의 도리가 아니다. 이전부터 강악(强惡 : 억세고 강한 것)으로 악명을 떨친 사람은 정성스럽게 예의(禮義)와 염치(廉恥)로써 가르치고 대략 다스린 뒤에 놓아 보낸다. 그런 뒤에도 또 다시 범죄를 저지른다면 책벌하여 엄하게 가둔다. 그가 고통을 견디지 못할 즈음에 또 정성스럽게 가르치고 특별히 풀어주면 큰 악을 저지르지 않게 된다.

혹자는 이르길, "읍장(邑場)과 외장(外場)[168]이 서는 날, 믿을 만한 군관(軍官)을 보내 작폐(作弊)하는 사람을 염찰하여 잡아다 죄를 다스린다. 소란을 피우는 짓을 단속하는 감관(監官)과 감고배(監考輩)[169]들이 작폐하는 일 또한 염탐(廉探)하여 다스린다"고 하였다.

오리 이원익이 말했다.[170] "강하고 사나운 사람은 잘 싸운다. 약한 사람이 얻어맞았다고 관문(官門)에 와서 고소하면 곧바로 용맹한 사람을 보내어 사실을 조사한 후에 때린 자에게 벌을 내리고 관안(官案)에 기록해둔다. 그렇게 하면 촌락민들끼리 서로 싸우는 폐해는 절로 사라질 것이다."

보게 되므로 맹렬히 다스리지 않을 수 없다.(植五穀者, 去稂莠, 保良民者去强惡. 蓋稂莠不去, 則五穀不興, 强惡不欺, 則良善立. 故民牧者, 必先施之以敎化, 使强不凌弱. 惡不遵敎令, 不畏刑法, 負固不率, 怙終不能, 則必重法嚴刑, 以痛絶之, 使不能爲良民之害, 庶幾善惡有別 而頑廉懦立. 苟一待之以仁恕, 則彼心無忌憚, 其惡愈肆, 而良善之民, 將受其害, 故不可不猛治之也)"

168) 읍장(邑場)과 외장(外場) : 읍내에 서는 장시, 그리고 읍 밖의 면리에 서는 장시를 말한다.

169) 감고(監考) : 면임(面任)·이임(里任) 등과 함께 면리의 임장(任掌)의 하나. 주로 호적 작성과 관련된 일을 하였으며, 흔히 호적감고(戶籍監考)로 불렸다.

170) 이 내용은 『오리집(梧里集)』에 실려 있지 않다.

❖ 선행을 정려함[旌善行] ❖[171]

　남다르게 효도(孝道)와 열행(烈行)[172]을 행한 사람이 있으면 재임(齋任 : 향교의 임원)과 고을의 원로로 하여금 그 절행(節行)을 기록하여 보고하도록 한 뒤에 순영(巡營)에 전보(轉報)한다. 혹은 고을에서 자체적으로 포상하여 그가 원하는 임무에 차출하거나 혹은 신역(身役)을 면제해 주어 그의 이름을 (고을에) 널리 알리는 것도 선행을 권하는 방법이다.

　혹자는 이르길, "고을 안에 있는 선현의 묘소(墓所) 또는 사우(祠宇) 가운데 후손들이 잔미(殘微)하여 이를 잘 관리하지 못한 곳이 있다면 (관에서) 신경 써서 돌보아 준다. 또 충신·효자의 정려(旌閭)[173]가 세월이 흘러

---

171) 선행을 정려함[旌善行] : 『목민심감』의 정선행(旌善行)과는 차이가 많다. 『목민심감』의 원문은 다음과 같다.
　　"열 가구가 사는 작은 마을이라 하더라도 반드시 충성스럽고 신실한 사람이 있으니, 천리의 땅에 선인이 어찌 없겠는가? 그러므로 선인이 한 사람이라고 해서 적은 것이 아니며 10명, 100명이라고 해서 많은 것이 아니다. 적다고 하지 않은 것은 그 사람을 권장할 법이 있을 경우 한 사람으로 능히 100명을 권장할 수 있기 때문이고, 많은 것이 아니라고 한 것은 그들을 하나로 묶어 나라에서 봉(封)하도록 한다면, 한 읍으로 천하를 교화할 수 있기 때문이다. 백성을 다스리는 자는 마땅히 여기에 주의를 기울여야 한다.
　　지금 어떤 사람이 지극한 효성으로 어버이를 섬기고 또 어떤 사람이 지극한 우애로서 형을 섬기어 보통 사람과 다른 행적을 보인다면, 조정에 보고하여 정문을 세우고 그가 맡은 신역을 면제해주도록 한다. 선행이 가벼울 경우에는 수령이 그를 특별히 예우하여 고을에 이름이 알려지도록 하거나 차역을 조금 덜어 주도록 한다. 이와 같이 한다면 한 지역뿐만 아니라 천하에도 또한 권면할 수 있다(十室之邑, 必有忠信, 千里之地, 豈無善人. 故有一人不爲少, 十人百人不爲多. 不爲少者, 有勸獎之法, 則一人可以勸百人, 不爲多者, 使比屋可封, 則一邑可以化天下. 爲民牧者, 宜加意焉. 今有人焉, 事親以至孝, 復有人焉, 事兄至愛, 實適昭著, 異於常人, 則當擧聞於朝, 旌其門而復其役. 輕則自加以殊禮, 揚名於其鄕, 或於差役, 亦少優之. 非惟可以勸一方, 而亦可以勸天下)"
172) 열행(烈行) : 열녀(烈女) 또는 열부(烈婦)의 행동.
173) 정려(旌閭) : 국가에서 미풍양속을 장려하기 위해 효자·충신·열녀 등이 살던 동네에 붉은 칠을 한 정문(旌門)을 세워 표창하던 일.

허물어지고 훼손되었다면 각 면에 전령을 내려 고치는 것을 돕도록 한다. 또 효자(孝子)·정부(貞婦) 가운데 생존해 있는 자는 때때로 존문(存問 : 인사 차 방문)하고 먹을거리[食物]를 지급하여 풍속을 장려하는 바탕으로 삼는 것도 좋다"174)고 하였다.

또 이르기를, "백성들 사이에 원망하는 마음을 풀지 못하고 있는 자를 때때로 물어서 찾아내거나 혹은 염탐하여, 그 답답하고 억울한 심사를 풀어주는 것도 또 하나의 덕을 베푸는 정치[德政]가 된다"고 하였다.

🔯 사특한 술수를 억제함[抑邪術] 🔯

사·농·공·상·문·무·의·복(士·農·工·商·文·武·醫·卜), 이 8가지는 백성들 이 일상적으로 영위하는 일이다.175)

---

174) 이 내용은 『신편 목민고』의 '정풍속(正風俗)'에 나오는 내용을 일부 간추렸다. 『신편 목민고』의 내용은 다음과 같다.
"경내(境內)에 선현(先賢)의 묘소(墓所)나 사우(祠宇)가 있으면 각별히 받들어 모신 다[尊奉]. 그 후손이 미천하여 보수하지 못하면 주의를 기울여 보살핀다[顧護]. 충신과 효자를 기려서 정려(旌閭)한 것이 간혹 너무 오래되어 훼손된 것이 있으니 각 방(坊)에서는 전령(傳令)하여 숫자를 파악한 뒤 고쳐 세운다."

175) 이 구절까지가 『목민심감』의 '억사술(抑邪術)'의 내용과 비슷하다. 다만 위 본문에 서 '백성들이 일상적으로 영위하는 일'이라고 한 것을 『목민심감』에서는 '올바른 생업[正業]'이라 했다. 『목민심감』의 원문은 다음과 같다.
"문·무·의·복·사·농·공·상(文武醫卜士農工商)은 사람의 올바른 업무[正業]이다. 이 여덟 가지 외의 재주를 익혀 이단이 된 자가 있으니, 창우(倡優), 무축(巫祝), 음교(淫巧)의 무리들은 모두 농사를 짓지 않고 밥을 먹으며 누에를 치지 않고 옷을 입는 자들이다. 마땅히 미리 엄령을 내어 통렬히 금절함으로써 우리 농민에 게 피해를 끼치지 못하도록 하며 우리의 정업을 방해하지 못하도록 하는 것이 또한 정치를 함에 있어서 중요한 방도가 된다.(文武醫卜士農工商, 人之正業也. 八者之外, 其有習爲異端, 倡優巫祝淫巧之類, 皆不畊而食, 不蠶而衣者也. 所當預出嚴 令, 痛禁絶之, 勿使損吾農民, 妨吾正業, 又爲政之要道)"

그 밖에 거짓말과 요사스러운 말을 만들어 민심을 흔들어 현혹시키는 자 및 술을 마시고 도박을 하며 음악과 놀이만을 일삼고 농사일을 돌보지 않는 자는 난민(亂民)이다. 각 면에 전령하여 이런 사람들의 이름을 일일이 알아내어 보고하도록 한 뒤, 가두거나 혹은 엄하게 장(杖)을 쳐서 일절 금단한다.

또한 근래 재인(才人)[176]들이 처자를 거느리고 이 마을 저 마을 돌아다니며 나무를 세우고 여러 재주를 부려 어리석은 백성을 현혹케 하니, 이들은 백성의 가업(家業)을 해치는 자들일 뿐만 아니라 또 태반이 적도(賊徒)이다. 각 면에 전령을 내려 일일이 쫓아내어 경내에 머무르지 않도록 한다.[177]

✖ 처음의 상황을 잘 살핌[察初情] ✖

사람들이 소송을 내는 데는 반드시 그 이유가 있으니, 처음 소송할 때[初訟] 온 마음을 기울여 자세히 들어야 한다. 비록 사리가 그럴 듯해

---

176) 재인(才人) : 고려·조선시기 천한 직업에 종사하던 무리의 하나. 일명 재백정(才白丁)이라고도 한다. 이들의 생활수단은 화척(禾尺)과 마찬가지로 유기(柳器)·피물(皮物)의 제조와 도살·수렵·육류 판매 등이었다. 때로는 가무를 통해 생활하기도 했는데, 조선후기 이후에는 주로 창극(唱劇) 등의 기예(技藝)에 종사했던 것으로 보인다. 일반 양인들은 이들과 함께 거주하거나 혼인하기를 꺼려하였다. 이에 이들도 자기들끼리의 집단생활과 혼인을 도모했고, 여러 지역을 돌며 일시 거주하는 유랑생활을 하였다.

177) 『목민고』에 수록된 '도적을 다스리는 절목[治盜節目]'에는 다음과 같이 '재인'들을 도적으로 규정하고 있다.
"다른 고을의 재인배(才人輩)로서, 처자를 거느리고 각 면(面)에 잠시 머물며 곡식을 구걸하는 무리라고 일컫는 자들은 모두 도적이다. 그 머물러 사는 집 주인과 함께 모두 각별히 마구 장(杖)을 쳐서 신문할 터이니, 이를 위해 '아무개 집에 재인이 몇 명 와서 머물렀다'는 내용으로, 존위(尊位)·풍헌(風憲)·약정(約正)·이정(里正)이 (그들이 온 뒤) 다음 날 안으로 첩보하라."

108

보여도 이를 반복하여 물어서 그 참된 상황을 완전히 파악해야 한다.178)

그런 연후에 경미(輕微)한 사건은 즉석에서 처결하고, 중대한 사건일 경우에는 문답한 말을 기록하여 두는데, 뒷날 청송(聽訟)179)할 때 만약 이때 했던 말들과 어긋나는 사실을 이야기한다면 이는 속이고 사기를 치는 것이니 법에 따라 다스리는 것이 마땅하다. 대개 처음에는 속이지 않고 진실하게 밝히다가 뒤에는 거짓으로 꾸미는 일이 많다. 그러므로 처음의 상황을 잘 살피는 것이 중요하다.

▧ 온화한 태도로 이야기를 들음[和聽納] ▧

송사를 하기에 이른 사람들은 흔히 분한 일로 인해 마음이 서로 격해져

---

178) 여기까지 『목민심감』의 '찰초정(察初情)'의 앞 부분과 비슷하다. 『목민심감』의 원문은 다음과 같다.
　　"사람이 소송을 낼 때에는 반드시 이유가 있고 소송을 당한 자에게는 그 까닭이 있다. 그러므로 처음 소송할 때 온 마음을 기울여 진술하는 말을 자세히 듣고 그 합리적인 이유를 세밀하게 살펴야 한다. 비록 합리적인 이유가 있다 하더라도 또한 반드시 반복해서 따져 물으며 참된 진상을 얻도록 힘쓴다. 합리적인 이유가 없으면 온 정성을 다해 분석하고 의문을 내어 질문한다. 묻고 답하는 내용을 온전히 기록하여 앞뒤로 살피는데, 어긋난 곳이 있으면 속인 것이 된다. 그 정상이 가벼우면 매질한 뒤 부축하여 내보내고, 무거우면 법으로 처리하여 그 죄를 묻는다.
　　만약 (소송하는 사람이) 관청 문으로 들어오는 처음에 진상을 얻지 못하고 그에 관한 판결문을 쓰지 못하게 되면, 두 번째 심문할 때 반드시 문식(文飾)을 가하고 교사를 받아 사건을 조작하게 되니 실정이 더욱 더 진실에서 멀어진다. 그러므로 첫 상황을 잘 살피는 것을 귀하게 여겨야 한다.(人之訴訟者, 必有其由, 被論者, 必有其故. 是以當其初訴之時, 宜委心細聽所諫, 紬度其理. 雖有其理, 亦須磨詰反覆, 而務盡眞情. 如無是理, 必以至情折之, 興疑問之. 備書其答問之言, 前後參究, 有相背戾, 卽成誣妄. 輕則鞭撻, 扶而出之, 重則依法, 按問其罪. 若入門之初, 不得其眞, 不書其詞, 則再問之時, 必加文飾, 及得唆敎, 而其情愈不眞矣, 故必貴乎察初情)"
179) 청송(聽訟) : 소송(訴訟) 등을 심리 처결함.

있으며, 관아로 같이 들어올 때도 분노의 기운이 채 가시지 않은 상태이다. 이에 소송하는 사람들이 하는 이야기를 들을 때에는 반드시 나의 마음을 평온하게 하고 나의 기운을 부드럽게 하며 나의 말을 온유하게 하고 나의 얼굴을 온화하게 하여, 소송을 낸 자[所訴者]가 반드시 사실을 남김없이 드러낼 수 있도록 하고 소송을 당한 자[被論者]가 끝까지 진상을 모두 진술할 수 있게 한 연후에[180] 잘잘못[曲直]을 변별하여 조용히 처리하는 것이 마땅하다. (관장이) 자신의 노기를 먼저 드러내어 엄한 위엄을 보여서 (피고와 원고가) 그 실정을 남김없이 진술하지 못하게 해서는 안 된다.[181]

오리 이원익이 말했다.[182] "집무를 시작한 날 촌락민들의 소지(所志)[183]

---

180) 『거관요람』에서는 이 구절을 "소송을 낸 자가 반드시 사실을 남김없이 드러낼 수 있도록 하고, 소송을 당한 자(被訟者)가 반드시 진상을 모두 진술할 수 있게 한 뒤에(使所訴者, 必能盡其實, 使被訟者, 必能悉其眞然後)"라고 하였다.

181) 이 구절까지 『목민심감』의 '화청납(和聽納)'의 내용과 비슷하다. 『목민심감』의 원문은 다음과 같다.
"송사를 하는 사람들은 흔히 분노로 다투므로 서로 노한 기운에 격앙되어 있어 관부에 들어와서도 분기를 가라앉히지 못한다. 청대(聽對)할 때에는 반드시 나의 마음을 평온하게 하고 나의 기운을 순하게 다스리며 나의 말을 부드럽게 하고 나의 얼굴을 온화하게 하여 그 연유를 상세히 살피고 그 이치를 하나하나 분석하되, 갑자기 먼저 분노해서는 안된다. 엄한 위엄으로 임하여 사정을 다 펼치지 못하게 하고 말을 다 못하게 하면, 원고와 피고는 반드시 진실을 다 드러내지 못할 것이며, 죄에 대한 처벌의 경중에 혼란이 생길 것이다. 그러므로 청납함에 온화함을 귀하게 여긴다면 이러한 문제를 피할 수 있을 것이다.(致訟之人, 多因忿爭, 怒氣相激, 比入官府, 氣象未消. 聽對之時, 必當平吾之心, 易吾之氣, 柔吾之語, 和吾之顔, 詳審其由, 辨析其理, 不可先自暴怒. 臨以嚴威, 使其情不得舒, 言不得盡, 則所訴者, 必不實, 被論者, 必不眞, 而罪之所加, 必有重輕出入. 故聽納以和爲貴, 斯可得之)"

182) 이 내용은 『오리집(梧里集)』에 실려 있지 않다.

183) 소지(所志) : 관부(官府)에 올리는 소장(訴狀)·청원서·진정서. 소지는 당시 사람들의 생활 가운데 일어난 일 중에서 관부의 결정과 도움을 필요로 하는 모든

가 계속 올라오면[承發] 모두 바치게 하고, 미리 먼 곳에 사는 사람과 가까운 곳에 사는 사람을 구별하도록 분부하여 소지를 올린 사람들이 읍내에 유숙(留宿)하는 폐단이 없게 한다. 이와 같이 한다면 백성들은 모두 흔쾌해 복종할 것이다. 그 다음날 이후로는 공문(公門)을 활짝 열어 촌민들이 관문에 직접 이르러 스스로 소지를 바치게 한다. 그럴 경우, 관아의 아전들이 가로막는 폐단이 없어지고, 간사한 아전들의 작폐에 대해서 (민들이) 고소하는 일도 볼 수 있을 것이다.

촌민이 아전을 고소하여 올린 소장은 (별도로) 묶어 책상에 두고 사령(使 令)으로 하여금 그를 붙잡아 오게 한 뒤 사실을 밝혀 무겁게 다스린다. 읍내에 거주하는 사람 또한 그렇게 하면 참으로 적절할 것이다. 소지에 제사(題詞)하기를 "촌락민이 (직접) 잡아 오라"고만 한다면, 그들이 어찌 읍민(邑民)과 관아의 아전을 잡아서 올 수 있겠는가? 이 같은 정치를 행한다 면 백성들이 모두 흔쾌히 복종할 것이다.

▨ 추언(推讞)을 상세히 함[詳推讞] ▨ [184]

종류의 민원에 관한 문서이므로 그 내용은 아주 다양하다. 소지를 수령이나 관계 관부에 올리면 해당 관원은 소지의 내용을 살펴본 뒤 그 소지에 대한 판결을 내리게 되는데, 이를 '데김[題音]' 또는 '제사(題辭)'라고 한다. 데김은 소지의 왼쪽 아래 여백에 쓰며, 그 여백이 모자라면 뒷면에 계속해서 쓰기도 하고 별지를 붙여 쓰기도 하였다. 데김을 적은 소지는 그 소지를 올린 사람에게 돌려주어 그 판결에 대한 증거자료로서 소중히 보관하도록 하였다.

184) 『목민심감』의 '상추언(詳推讞)' 내용을 간추렸다. 『목민심감』의 원문은 다음과 같다.

"옥송을 세밀하게 하는 것은 진정(眞情)을 찾기 위해서이고 추문(推問)을 자세하게 하는 것은 실범(實犯)을 찾기 위해서이다. 그러므로 추언할 때는 안색을 부드럽게 하고 온 마음을 기울여 그 하는 이야기를 들어 시비를 변별하고 허실을 자세히 밝히도록 하며, 옥졸의 협박이나 서리의 전언에 의지해서는 안 된다. 쌍방을 옥송(獄訟)에서 세세한 것을 싫증내지 않고 자세하게 살피는 것은 그 진정(眞情)을 알기 위함이요, 죄인과 기타 관련되는 사람에 대한 심문을 싫증내지 않고 정밀하게 하는 것은 그 진범(實犯)을 잡기 위해서이다. 그러므로 추언(推讞)[185]할 즈음에는 반드시 안색을 온화하게 하고 온 신경을 기울여 진술을 들음으로써 시비(是非)를 분별하고 허실(虛實)을 밝힌다.

옥졸들이 큰 소리로 꾸짖지 못하게 하고, 아전으로 하여금 말을 전달하지 못하게 한다. 이어 (용의자를) 궤안(几案) 앞으로 불러 조용히 살피는데, 만약 사실대로 말하지 않으면 위엄을 보여 그 마음을 관찰하고 반대 심문[左問]을 하여 대답을 듣는다. 그 진정을 얻도록 힘써서 진범[實犯]을 잡으면 이에 원망과 억울함이 사라질 것이다.

✖ 법 적용의 무겁고 가벼움을 살핌[審輕重] ✖

법을 가볍게 적용할지 아니면 무겁게 적용할지의 판단은 죄의 크고 작은 규모 여부에 따르는 것이니, 이는 무게를 재는 저울과 같아서 털끝만큼이라도 함부로 올리거나 내려서는 안 된다. 만약 사정(私情)에 이끌리거나 혹은 뇌물을 받아서 (형량이) 무거운 죄를 가벼운 죄로 줄여주거나, 아니면 가벼운 죄를 무거운 죄로 속인다면 반드시 화(禍)가 이를 것이다.[186]

책상 앞에 두고 조용히 그들의 말을 살펴 사실이 충분하지 않으면 법을 세워 그 마음을 살피고 좌문(左問 : 반대로 질문하는 것)하여 그 답을 듣는 등 진정(眞情)과 실범을 얻으려 노력하면 백성들에게 원망하고 억울해 하는 일이 생기지 않을 것이다.(獄不厭細, 所以求其眞情, 推不厭精, 所以得其實犯. 故凡推讞之際, 宜和顔悅色, 悉心聽之, 辨其是非, 詳其虛實, 勿假獄 卒之虓嚇, 勿憑胥吏之傳言. 名於几案之前, 從容審察其語, 有未實者, 立法以觀其心, 左問以聽其答, 務得眞情實犯, 乃無冤抑)"

185) 추언(推讞) : 추(推)는 추구, 언(讞)은 죄옥(罪獄)을 평의하는 뜻으로 추언은 옥송(獄訟)을 잘 조사하여 재판하는 일을 말한다.

112

　또한 무거움과 가벼움은 법전(法典)에 규정된 죄목뿐만 아니라, 사안에 따라서도 결정된다. 공(公)과 관련된 범죄는 무겁고 사(私)와 연관된 범죄는 가벼우며, 사람에 대한 죄는 무겁고 사물과 관련된 것은 가볍다. 완급(緩急)과 선후(先後), 대소(大小) 긴헐(緊歇)[187] 등에 따라 모두 각기 가벼움과 무거움의 차이가 있으니, 이 모든 것은 정치를 행하는 자[行政者]의 신중한 살핌에 달려 있다.

　오리 이원익이 말했다. "고을에서 (어떤 사람의) 착한 행위를 칭찬하는 등장(等狀)[188]이나 혹은 악한 행위를 징벌하라는 등장이 올라오면 상세히 살펴, 중요한 경우에는 감사에게 보고하고 가벼운 사례는 상과 벌을 스스로 판단하여 내린다."[189]

---

186) 여기까지가 『목민심감』 '심경중(審輕重)'에서 추린 부분이다. '심경중(審輕重)'의 원문은 다음과 같다.
　　"백성들이 죄를 범한 것이 그 실정이 가벼우면 형벌도 가볍고 실정이 무거우면 그에 대한 형벌도 무겁다. 그것은 마치 물건의 무게를 재는 저울에 털끝만큼의 사사로움이 개입되어서는 안 되는 것과 같다. 조금이라도 편파적이면 백성들이 반드시 비난할 것이다. 그러므로 심문을 할 때에 지극히 공정하고 명백하게 함으로써 가벼운 범법자는 가벼운 형을 받고 무거운 범죄자는 무거운 형을 받도록 한다. 그런 연후에야 위로는 천리(天理)와 부합하고 아래로는 사사로움에 치우치지 않게 되며, 속으로는 양심에 부끄럽지 않고 밖으로는 후환이 없게 된다. 혹 사사로움을 쫓아 뇌물을 받고서 무거운 형을 줄여 가볍게 하고 가벼운 형을 속여 무겁게 만든다면 화가 이를 것이다. 그러므로 반드시 실정을 정확히 살펴야 한다.(人之所犯, 情輕則法輕, 情重則法重. 猶稱物之權衡, 不可加毫釐之私於其間者也. 稍有偏徇, 人必非之, 故當問之以至公至明, 使輕者受輕, 重者受重. 然後上合天理, 下無偏私, 中無愧心, 外無後患. 苟或循私納賄, 減重爲輕, 誣輕作重, 則禍立至. 故必在乎審實焉)"
187) 국립본에는 완급·선후·대소, 『거관요람』에는 긴헐(緊歇), 『선각록』에는 완급·선후·대소·긴헐로 표기되어 있다.
188) 등장(等狀) : 민인들이 연명으로 작성한 소장.
189) 『오리집보유(梧里集補遺)』, 「서증이생덕기지임(書贈李甥德沂之任)」, "鄕中等狀, 或

✖ 공평함을 유지함[存公平] ✖

법을 어긴 사람에게 법을 적용할 때, 나와 친하다고 해서 가볍게 적용해서
도 안 되고 또 나와 원수 사이라 해서 무겁게 적용해서도 안 된다. 오직
내 마음이 순수하게 천리(天理)에 따르고 순후하게 국법(國法)에 의거하여
한 터럭의 사사로움도 남아 있지 않은 뒤에야 '공평함을 유지한다'고 할
수 있다.190)

또 '공평'이란 두 글자는 다만 법을 적용할 때뿐만 아니라 무슨 일을
처리하든 간에 항상 견지해야 한다.

오리 이원익이 말했다. "수령이 너무 강하면 부러지고, 너무 부드러우면
무너지니, 강함과 부드러움이 적절함을 얻을 때 일을 잘 처리할 수 있다.
천하의 모든 일은 인심을 잃으면 모두 잘못되니, 반드시 인심을 밝게

褒善, 或治惡者, <則卽更爲>詳覈, 重者報監司, 輕者自斷賞罰." 국립본에서 < >
속 몇 글자는 빠져 있다.
190) 여기까지가 『목민심감』 '존공평(存公平)'에 해당한다. 『목민심감』의 원문은 다음
과 같다.
"사람들이 잘못을 범하는 것은 위로는 국법(國法)에 어긋나며 아래로는 인정(人情)
을 거스르는 일이다. 그러므로 지은 죄에 대해 형벌을 가하는 것은 그 사람이
스스로 불러온 것에 말미암는다. 내가 법을 집행하는 책임을 맡음에, 사람들에게
사사로운 친교나 원한으로 대해서는 안 된다. 만약 친한 사람인 경우, 그가
지은 죄가 무거운데도 나와 친하다고 하여 가볍게 다루어서는 안 된다. 만약
원한이 있는 사람인 경우 그가 지은 죄가 가벼운데도 나와 원한이 있다고 하여
무겁게 다루어서는 안 된다. 오직 나의 마음으로 하여금 천리(天理)와 일치하고
국법과 일치하도록 해서 털끝만치의 사사로움이 나의 허물이 되는 일이 없어야
'공평을 유지하는 것'이라 하겠다.(人之所犯, 上違國法, 下逆人情. 故以罪加, 由彼自
致. 吾任執法之責 於人無親無讎, 苟親矣, 其罪宜重, 不可因吾之親而輕之. 苟讎矣,
其罪宜輕, 不加以吾之讎而重之. 惟俾吾心, 純乎天理, 純乎國法, 無一毫之私爲吾累,
斯謂之存公平)"

114

살펴 그들이 배척하거나[違拂] 원망하는 지경에 이르지 않도록 한다. 인심을 얻으려면 먼저 '백성들을 아끼고 사랑함[仁民愛物]'을 위주로 하여, 형벌을 가하고 상을 내리며 호령하는 일[刑賞號令]을 공평무사하게 하면 인심은 절로 즐거워할 것이다. 옛 사람이 말하길, '오직 공(公)만이 사람을 감복시킬 수 있다'고 했다."191)

오리 이원익이 말했다.192) "청송(聽訟)하는 방도는 오직 공정함에 달려 있을 뿐이니, 청탁은 굳게 거절해야 한다. 심리에 들어간 후 원정(原情)193)을 예봉(例捧)받아, 자세히 보고 상세히 살핀 뒤 피고와 원고에게 의문 나는 점을 묶어 친히 질문할 목록[問目]을 만들고, 간사함과 거짓에 대해 고르게 물으면[鉤問] 시시비비를 분명하게 가려낼 수 있다. 관가의 모든 일은 본래 직접 처리해야 하는데, (특히) 사송(詞訟) 문서는 하리(下吏)들에게 맡겨서는 절대 안 되며, 또한 하리가 글을 작성하지 못하게 해야 한다. 그런 뒤에야 반드시 송사에 패한 사람에게서 원망하는 말이 나오지 않을 것이다."

---

191) 『오리집보유(梧里集補遺)』, 「서증이생덕기지임(書贈李甥德沂之任)」, "凡爲吏, 太剛則折, 太柔則廢. 剛柔得中, 斯可濟事. 天下萬事, <以人心爲本.> 苟失人和(心), 萬事皆非. <一縣雖少, 亦有吏胥民人, 自有上下之體. 居民之上,> 必須詞察人心, 使不至於違拂咨怨."得人之心, <其道無他. 我之心> 先以仁民愛物爲主, 而刑賞號令公平無私, 則人心自悅. 古人云惟公可以服人". 국립본에서 < > 속 글자는 빠져 있고, 밑줄 친 부분은 ( ) 속 글자로 바뀌었다.
192) 이 내용은 『오리집(梧里集)』에 실려 있지 않다.
193) 원정(原情) : 사정을 하소연함. 여기서는 하소연하여 올린 글을 말한다.

사건이 확대되는 것을 경계함[戒延蔓]

한 사람으로부터 기인하지만 여러 사람이 연루된 옥사(獄事)의 경우, 그 시초를 파고 들면 분명 작용자(作俑者)[194]가 있다. 옥사를 처리하는 수령은 반드시 그 근본을 파고들어 수창자(首唱者)를 찾아 법대로 다스리고 나머지 죄를 범한 사람은 경중에 따라 분간하여(分揀)[195] 적절히 처벌해야 무고(無辜)한 백성에게 벌이 근거없이 미치는 일이 생기지 않게 된다.[196]

옥사를 다룰 때, 사건이 확대되어 나갈 가능성에 유의하지 않는다면, 한 사람 두 사람 서로 끌어들이는 가운데 의심스럽고 괴이한 일이 쏟아져 나와[百出] 덩굴처럼 얽히게 되어, 작은 일이 큰 옥사가 되고 작은 사건이 사죄(死罪)에 이르게 되니, 이는 두려운 일이다.

또 혹 사건이 확대되어 나갈 가능성을 지나치게 염려한다면 당연히 물어야 할 것도 묻지 아니하고 캐내야 할 것도 캐내지 아니하여, 사실을 제대로 밝히지 못하고 그 근본을 다스리지 못하게 된다. 이렇게 되면 화가 도리어 옥사(獄事)를 다스리는 관장에게 미치게 되니, 이 또한 두려운

---

194) 작용자(作俑者) : 처음 나쁜 일을 꾸민 자.

195) 분간(分揀) : 죄상을 보아 적절히 처결함.

196) 여기까지 『목민심감』의 '계연만(戒延蔓)'과 유사하다. 『목민심감』의 원문은 다음과 같다.
"옥은 한 사람에 의해 일어난 것이 있고 여러 사람에 의해 일어난 경우가 있다. 그러나 그 처음을 캐어보면 반드시 일을 꾸며 우두머리가 된 자가 있으며, 나머지는 잘못 이끌려 들어간 자들이다. 옥을 다스리는 사람은 반드시 일을 계획하여 실행에 옮긴 무리를 찾아 법으로 처리하고, 뒤따르거나 잘못 속임을 당한 자들은 반드시 분간하여 가벼이 처벌해야 한다. 그렇게 되면 무고(無辜)한 사람에게 벌이 근거없이 미치지 않을 것이며 국가의 어진 은혜가 아래로 미치게 될 것이다. (獄有起於一人者, 有起於多人者. 然原其初, 必有作俑者爲之首, 餘則詿誤濫及者也. 治獄之人, 必當究其造意下手之徒, 以置於法. 其於爲從及詿誤者, 必宜分揀而輕之, 庶不濫及於無辜, 而國家仁恩, 可及於下矣)"

116

일이다.

사건의 대소를 막론하고, 당초 소지(所志)·의송(議送)197)·통문(通文)198)·
완문(完文)199)·단자(單子)200) 등의 문서에 글을 써준 사람을 먼저 붙잡아
들여 엄중히 조사하면 사건의 근본을 알아낼 수 있다. 사건의 근본을
알게 되면 대소(大小)·경중(輕重)·허실(虛實)·완급(緩急)을 자연스레 쉽게
판단할 수 있다. 그렇게 되면 무고한 사람에게 죄가 미쳐 이들이 탄식하게
되는 일도 없어지고, 또 화가 관장에게 미칠 염려도 사라진다.

　오리 이원익이 말했다. "관속(官屬)의 일족(一族)인 경우, 근래 도망한
자를 제외한, 오랫동안 도망한 자 및 일족이 없음에도 전혀 상관없는
사람에게 궐액(闕額)을 남징하는 것은 아울러 마땅히 분간(分揀)해야 한
다."201)

---

197) 의송(議送) : 백성이 고을 수령의 결정에 승복하지 못하고 다시 관찰사에게 상소하
　　던 일.
198) 통문(通文) : 여러 사람이 돌려보는 통지문(通知文).
199) 완문(完文) : 관부(官府)에서 향교·서원·결사(結社)·촌(村)·개인 등에게 발급하는
　　문서. 어떠한 사실의 확인 또는 권리나 특권의 인정을 위한 확인서, 인정서의
　　성격을 가진다. 완문은 관부에서 일방적으로 발급하는 경우도 있었으나, 대개는
　　당사자 또는 관계 단체의 진정 또는 청원에 의하여 발급하였다.
200) 단자(單子) : 타인에게 보낼 물품이나 어떠한 사실을 조목조목 적어 받을 사람에게
　　올리는 문서. 대개는 매 조목을 별행으로 썼다.
201) 『오리집보유(梧里集補遺)』, 「서증이생덕기지임(書贈李甥德沂之任)」, "官屬一族,
　　<則>近年逃亡者外, 年久者及無一族而濫徵闕於不干<人>者, 竝宜分揀." 국립본
　　에는 < > 속 글자가 빠져 있다. 한편 『칠사문답』에는 이 구절이 "官屬一族,
　　近年逃亡者, 及無一族而濫徵遡於不干者, 竝宜勿揀"으로 되어 있다.

⚔ 형구를 신중하게 사용함[謹刑具] ⚔

범죄의 경중에 따라 형구(形具)도 등급을 구분하여 사용한다.202)

형구의 크기[尺寸]와 무게[斤量]는 반드시 『흠휼전칙(欽恤典則)』203)에 맞추어 만드는 것이 마땅하다.

또한 군문(軍門)과 금송(禁松)204)에 관한 일 외에 곤(棍)을 사용해서는 안 되며,205) 국가의 곡물을 축내는 범죄 외에 용형(用刑)해서는 안 된다.206)

---

202) 여기까지가 『목민심감』의 '근형구(謹刑具)' 내용과 연관이 있다. 『목민심감』 본문의 내용은 다음과 같다.
  "사람이 짓는 죄에는 경중(輕重)이 있기 때문에 형구(形具)에도 등급이 있다. 태(笞)·장(杖)·신(訊) 이 세 가지를 어찌 멋대로 사용하겠는가? 쇄(鎖)·요(鐐)·가(枷) 등은 오형(五刑)에서 각각 높고 낮은 등급이 있으므로 법물(法物)에 이름을 붙임에 경중을 달리 하는 것은 마땅하다. 서로 다른 길이와 무게는 반드시 법에 따라 비교하고 살펴서 털끝만큼이라도 어긋남이 없게 하고, 관봉(官封)을 엄히 하고 화인(火印)으로 낙기(烙記)한 후에 시행한다면 치옥(治獄)을 신중히 하는 것이라 하겠다.(人罪有輕重, 故形具有等則. 曰笞, 曰杖, 曰訊, 三者烏可妄施. 若鎖, 若鐐, 若枷, 五刑各有高下, 故名法物, 輕重異宜. 有尺寸之分, 有斤數之別, 必當依法而輛勘, 俾無纖毫之過差, 嚴以官封, 烙以火印, 然後施行焉, 乃爲愼獄者)"
203) 『흠휼전칙(欽恤典則)』: 1778년(정조 2) 형구(刑具)의 규격 및 품제를 정해 준행하도록 조처한 율서(律書). 1777년, 정조의 명을 받아 홍국영(洪國榮) 등이 『대명률(大明律)』과 『경국대전』·『속대전』을 비교, 참작해 각 형구의 규격과 형의 경중에 따른 품제를 정하였다. 1778년 정월 중외장판(中外藏板)으로 간행하여 새로이 만든 유척(鍮尺)과 함께 경외에 반포하였다.
204) 금송(禁松): 조선에서는 국초 이래 선재 관곽 건축 자재의 원활한 확보를 위해 다양한 방법으로 송금이 시행되었다. 그러나 송금 정책이 의도한 만큼 큰 효과를 거두지는 못했는데, 18세기로 들어와 송금을 강력하게 시행하고자 했다. 『만기요람(萬機要覽)』, 「재용편(財用編) 5」, 송정(松政), 총례(總例)에서는 "대개 소나무를 심는 데 적당한 곳은 다 그 수효가 있고, 금양(禁養)하는 절목(節目)도 또한 그 법이 있으니, 숙종 갑자(숙종 10년, 1684)에 절목을 특별히 찬정(撰定)하여 제도(諸道)에 반시(頒示)하고, 정종 무신(정조 12년, 1788)에 고쳐 찬정하여 반행(頒行)하였다"고 하여 조선후기의 송금책의 추이를 설명하고 있다. 『목민고』에는 「금송작계절목(禁松作契節目)」이 실려 있어 지방에서의 금송이 어떻게 이루어지고 있었던가를 자세히 알 수 있다.

수령의 권한은 태형(笞刑) 50대를 집행하는데 불과하다.[207)]

🗙 채찍으로 매질하는 것을 신중히 함[愼鞭扑] 🗙

채찍으로 매질[鞭]하는 것을 관형(官刑)으로 정한[鞭作官刑][208)] 이유는 과오를 범한 사람으로 하여금 부끄러움을 느끼게 하고 경계할 줄을 알게 하여 바르지 못한 마음을 바로잡도록 하기 위해서 일뿐이다. 세상에 벼슬하는 자가 흔히 자신의 노여움을 참지 못하여 (죄의) 경중(輕重)을 논하지 아니하고 망령되게 채찍질하여 인명(人命)을 해치니, 뉘우친들 무슨 소용이 있겠는가?[209)]

---

205) 곤(棍) : 곤은 태(笞)나 장(杖)보다 무거운 형구로, 『대명률』에 규정된 오형(五刑)에 사용하는 형구에는 들어 있지 않았다. 조선에서도 초기에는 곤을 활용한 치죄가 『경국대전』 등 법전에 규정되지 않았다. 곤(棍)에 관한 조항이 법전에 나타나는 것은 정조대의 『대전통편』부터인데, 이 책의 「형전(刑典)」 '용형(用刑)'에서는 군무(軍務)에 관련된 범죄와 대궐문에 허가 없이 함부로 들어간 사람에게만 이 형벌을 사용하게 했다. 곤을 만드는 법은 『흠휼전칙』의 규정에 따랐으며, 버드나무를 사용했다. 폭과 넓이·길이는 영조척(營造尺)을 이용하여 정했다. 곤에는 중곤(重棍)·대곤(大棍)·중곤(中棍)·소곤(小棍)·치도곤(治盜棍) 등 네 종류가 있었다.

206) 용형(用刑) : 형장(刑杖)을 가하는 것을 말한다.

207) 수령의 권한은 태형(笞刑) 50대를 집행하는데 불과하다 : 태형은 5형 가운데 가장 등급이 낮았다. 태형에도 죄질에 따라 10대부터 20대, 30대, 40대, 50대까지 다섯 등급으로 구분하여 집행했다. 태형 50대는 수령이 실행할 수 있는 최고의 형벌이었다.

208) 채찍으로 매질[鞭]하는 것을 관형(官刑)으로 정한[鞭作官刑] : 『서경』 「요전(堯典)」에 나온다. "象以典刑, 流宥五刑. 鞭作官刑, 扑作敎刑, 金作贖刑. 眚災肆赦, 怙終賊刑. 欽哉! 欽哉! 惟刑之恤哉"

209) 여기까지 『목민심감』의 '신편복(愼鞭扑)' 전반부의 내용과 유사하다. 『목민심감』의 원문은 다음과 같다.
"채찍으로 매질하는 것을 관형(官刑)으로 둔 이유는 사람들로 하여금 부끄러움과 경계해야할 것을 알게 하고 그 잘못된 마음을 고치게 하기 위해서 일뿐이다.

혹 말투가 공손하지 못하다고 해서, 혹 행동이 고분고분하지 않다고 해서 화를 내어 매질하기가 쉽다. 그럴 경우 죄와 형벌이 서로 합당하게 되지 못하는 일이 생길 뿐만이 아니다.

만약 병든 사람이 이 형장(刑杖) 때문에 죽게 된다면, 살인의 누명은 그만두고라도 그 후회를 어찌 감당하겠는가? 차라리 분함을 참고 잡아 가두어 둔다면 며칠 지난 뒤 나의 노여움은 이미 풀어지고 그가 병들었다는 사실도 알게 되어 그에 대한 처결이 절로 합당하게 된다. 이를 일러 '채찍으로 매질하는 것을 신중히 함'이라 한다.[此之謂愼鞭扑]

또 소송에서 패한[落訟] 자가 혹 시끄럽게 하는 일이 발생하더라도 절대 매질하여 쫓아내어서는 안 된다. 그로 하여금 할 말을 다하게 한 뒤, 패소한 사유를 충분히 설명하여 원망하는 마음을 갖지 않도록 해야 한다. 아무리 사무치게 미워하는 일이 있더라도 절대 치죄(治罪)하지 말아야 한다.

또 죄가 비록 무겁더라도 죽어야 할 죄에 해당하지 않으면 그의 사람된

벼슬하는 사람들 가운데 다수가 자신의 분노 때문에 죄의 경중을 따지지도 않고 일시 기분에 취하여 망령스럽게 채찍질하여 인명을 치상(致傷)하게 하니, 후회한들 어쩌겠는가?

또 권한을 아랫사람에게 주어 이졸(吏卒)을 믿고 따르고 사사로움을 영위하여 재화를 취하고 공을 빙자하여 위력을 시행하되 다른 사람의 피부가 나와 얼마나 다른지는 전혀 알지 못한다. 나라의 형법을시행하며 그 어찌 다른 사람의 의견을 따르겠는가? 모두 마땅히 그 경중을 헤아려 스스로 재단해야 한다. 강력한 악행을 여러 차례 범한 자는 통렬하게 징치하고 과오를 잘 뉘우친 자는 간단히 처벌하여 선을 권한다. 이졸에게 위력을 위임하지 않고 노여움을 지나치게 드러내어 사람을 다치지 않게 해야 결옥(決獄)을 잘 하는 것이 될 것이다(鞭作官刑, 所以令人知恥知戒, 格其非心而已. 世之仕者, 多由己怒, 不輸重輕, 取快一時, 妄意鞭撻, 致傷人命, 其悔何追. 又有權在下人, 信從吏卒, 營私取貨, 假公施威, 殊不知人之肌膚, 與己何異. 國之刑法, 豈宜從人, 皆當審其重輕, 裁斷自我. 强惡累犯者, 痛快以懲, 良善過誤者, 千決以勸. 無借威於吏卒, 無暴怒而傷人, 斯爲善決獄矣)"

형상을 자세히 살펴보아, 약골(弱骨)이거나 병약자, 혹은 나이가 많을 경우에는 매질하는 수[杖數]를 줄여 중하게 벌을 내리는 처벌을 면제해 주는 것이 좋다.

오리 이원익이 말했다. "형벌은 신중하게 하지 않으면 안 된다. 분노에 사로잡혀 목숨을 해치는 일이 흔히 있으니, 어찌 애석하지 않은가? 가벼운 죄는 부과(付過)[210]하고 중대한 죄는 수금(囚禁)했다가, 뒤에 천천히 생각하여 처리한다."[211]

🟦 신속히 소송을 판결함[早疏決] 🟦

구속되어 있는 죄수에게 하루는 매우 긴 시간처럼 느껴진다. 중죄인은 불쌍히 여길 필요가 없으나, 가벼운 죄를 지은 죄인이 오래 구속되어 있는 사실은 마땅히 염두에 두어야 한다.[212]

---

210) 부과(付過) : 잘못된 행동 등 허물을 적어 둠.
211)『오리집보유(梧里集補遺)』,「서증이생덕기지임(書贈李甥德沂之任)」, "刑罰<切>不可不愼, <爲官者,> 多有乘怒致傷人命 <而終身廢棄者>, 豈非可惜? 微罪付過, 重罪囚禁, 隨後徐思<而>處之". 국립본에는 < > 속 글자가 빠져 있다.
212) 여기까지『목민심감』'조소결(早疏決)'의 내용을 간추렸다.『목민심감』의 원문은 다음과 같다.
　"옥에 갇혀 있는 죄수는 하루가 삼추(三秋)와 같다. 그러나 그를 조사할 때에는 마땅히 선악(善惡)을 구별하여 악한 자라면 불쌍히 여길 것도 없지만 선한 자일 경우에는 마땅히 더욱 가련하게 여겨야 한다. 대개 감옥에 깊이 구금되어 몸에 형구(刑具)를 차고, 더럽고 악취 나는 곳에 있게 되면 슬프고 답답한 마음을 품게 된다. 배고프고 목마른데다가 상한 감정으로 찬바람과 덥고 습한 기운을 받게 되면 병이 없던 사람은 쉽게 병이 들고 병이 있는 사람은 쉽게 위독해진다. 그러므로 옛날의 군자는 형인(刑人)이 감옥에 있으면 집에 가서 잠을 자지 않았다고 했으니, 이는 진실로 어진 사람의 행동이라 하겠다. 급하게 해야 할 일은 문서를 완성하도록 독촉하여 곧장 소결(疏決)하여 (죄수를) 오랫동안 가두어 사무가 많아 혹 잊어버리고 그대로 방치해 둘 수도 있는데 이는 우려스럽다. 반드시 형리(刑吏)로 하여금 매일 업무가 시작될 때[朝仕] 이름을 기록하여 보고하게 하고, 급한지 아닌지를 가려 곧바로 처결하는 것 또한 하나의 덕정(德政)이 된다.

또 옥에 갇힌 죄수[獄囚] 중에는 일반 죄수뿐만 아니라 중죄인으로 상사(上司)에서 처리할 사람도 있으니, 간수(看守)를 철저히 하고 수시로 간사한 행동을 찾아 염찰해야 한다. 또 대체로 백성은 오랫동안 가두어서도 안 되고 도둑은 빨리 석방해서도 안 된다.

✄ 몸소 옥사(獄舍)를 살핌[親視獄] ✄

감옥은 사람의 목숨이 달려 있는 곳이다. 반드시 정결히 하여 (죄인에게) 지은 죄 이외의 고통을 주어서는 안 된다.[213] 만약 옥사 안이 더러우면 청소하고, 악취가 나면 깨끗이 하며, 습기가 차면 건조하게 하고, 어두우면 밝게 하며, 문과 창호의 자물쇠는 견고하고 또 엄격하게 관리한다. 의복과 음식은 그들이 필요로 하는 대로 사용하게 하며, 병이 있으면 치료하도록

죽거나 다치지 않게 하는 것이다. 만약 마음을 쓰지 않아서 죄수가 병으로 죽게 되면, 죽은 자가 원한을 품게 될 뿐 아니라 또한 나의 죄를 어찌 숨기겠는가? 그러므로 능히 신중할 수 있다면 이 또한 하나의 덕이라 하겠다.(在繫之囚, 日如三秋. 然考其人, 當別善惡, 惡者固不足憫, 善者所宜可憐. 蓋囹圄深拘, 刑具在體, 處汚穢臭惡之地, 懷憂愁鬱結之心. 以飢渴傷感之情, 受風寒暑習之氣, 無疾易感, 有疾易危. 故古君子, 有刑人於獄而不家寢者, 誠仁人之也. 所宜急, 促文完, 卽爲疏決, 無俾淹繫, 以致死傷. 拘不介心, 致有病故, 非惟死者含怨, 抑亦吾罪何逸. 故能愼之, 亦一德也")

213) 국립본의 원문은 "獄者人命之所繫, 必當淨潔, (俾無罪外之). 若獄舍之內垢穢, 則除之"인데, 밑줄 친 부분을 『거관대요』는 "獄者人命之所繫, 必當淨潔, (俾無罪外之獄). 獄舍之內垢穢, 則除之", 『칠사문답』은 "獄者人命之所繫, 必當淨潔, (俾無罪外之苦). 獄舍之內垢穢, 則除之"로 표기하고 있다. 『칠사문답』을 따른다.

곧 보석(保釋)하여 주고, 아침저녁으로 순찰을 돌아 옥졸(獄卒)들이 눈을
속이는[欺瞞] 폐단이 생기지 않게 한다.214)

혹 세시(歲時)215)·절일(節日)216)과 삭망(朔望)217) 등 음식물을 많이 줄
때가 되면 믿을만한 관속으로 하여금 나누어 주게 하고 간곡하게 타이르며,
"무슨 죄를 지었기에 지금까지 석방되지 아니하는가?"라고 묻는다. 이것은
비록 작은 은혜를 베푸는 일에 불과하지만, 갇혀 있는 죄인에게는 감화
되는 마음이 생기지 않을 수 없을 것이다.

---

214) 여기까지가 『목민심감』 '친시옥(親視獄)'의 내용과 유사하나, 다른 점도 있다.
원문은 다음과 같다.
"옥은 사람의 목숨이 달려 있는 곳이어서 살려 주고자 하면 살고 죽이고자
하면 죽으니, 모든 것이 형법을 관장하는 사람의 마음이 어떠한가에 달려 있다.
비록 그 사람의 죄가 죽을 죄에 해당한다하더라도 내 능히 '불사(不死)'의 도리로서
그를 대한다면 나의 마음이 지극해질 것이다. 그러므로 옥사 안이 더러우면
청소하고 악취가 나면 깨끗이 하고 눅눅하면 상쾌하게 하며 어두우면 열어서
밝게 한다. 문호와 자물쇠는 굳고 엄하게 하고 의복과 음식은 그 쓰임에 따르고
수갑과 족쇄는 한 죄인에게만 사용해야 한다. 질병이 있으면 반드시 양의의
진찰을 받게 하며, 약을 쓸 때에는 진맥하고 의방에 따른다. 또한 옥에 갇혀
있는 사람들이 옥졸의 학대를 받지 않도록 아침 저녁으로 순찰하고 점검하여
속이고 능멸하는 옥졸이 있으면 통렬히 징치하여 법으로 조치한다. 능히 이와
같이 하면 죄수들은 죄 밖의 고통을 겪지 않을 것이며 나에게는 그들의 진심어린
보답이 있게 될 것이다.(獄者人命之所繫, 欲生則生, 欲死則死, 在乎掌刑者之心何如
耳. 雖其人之罪當死, 而我能以不死之道待之, 則吾之心至矣. 故若獄舍之內垢穢, 則除
之, 臭惡則淨之, 卑濕則爲之亢爽, 幽暗則爲之開明. 門戶局鐍, 則固而嚴, 衣服飮食,
則從其用. 枷鎖則分其輕重, 杻械必施於强惡. 有疾則督良醫之診視, 用藥則必驗脈而
依方. 俾左繫之人, 無獄卒之虐, 朝巡暮點, 以察以詢, 其有獄卒妄肆欺凌, 則必痛懲而
置之法. 能如是, 則人無非外之苦, 而我有盡心之報矣)"
215) 세시(歲時) : 설. 새해의 처음.
216) 절일(節日) : 임금이 태어난 날.
217) 삭망(朔望) : 음력 초하룻날과 보름날을 아울러 이르는 말.

⚔ 검시를 엄중하게 함[重視屍] ⚔

살인 사건은 매우 중요한 일인데, 어찌 오작인(仵作人)[218]에게 (검험을) 맡겨두고 멀찌감치 앉아 향만 태우며 그가 하는 말만 들어서야 되겠는가? 더럽다고 꺼리지 말고 반드시 자신이 직접 (시신을) 이리 저리 뒤집으며 상세히 검사하여 상처의 유무와 치명상인지 아닌지의 여부를 살피고, 상처의 흔적을 자로 재어, 상처의 깊이가 깊고 얕은지, 상처의 길이가 길고 짧은지, 상처의 넓이는 어떻게 되는지를 조사한다. 또 상처가 혹 살아 있을 때 생겼는지 아니면 죽은 뒤에 생겼는지의 여부를 모두 분명하게 조사한다.[219]

---

218) 오작인(仵作人) : 지방 관아에 속하여 수령(守令)이 시체(屍體)를 검안할 때 시중드는 사람. 실제로는 이들이 검안을 담당하는 경우가 많았다.

219) 여기까지가 『목민심감』 '중시시(重視屍)'의 내용과 유사하다. 『목민심감』의 원문은 다음과 같다.

"죽은 사람을 발견하게 되면 시체를 그대로 둔 뒤 관에 보고하고 오직 분명한 검험에 기초하여 형벌의 경중을 논한다. 근래 벼슬하는 사람들이 직접 시신을 검시하는 것을 허문(虛文)으로 여기고는 오작 오작인에게만 맡겨두고는 향을 피우고 멀리 앉아 아우성치는 소리만 들으며 일하는 것을 보게 된다. 오작인은 천인으로 오직 이로움만 취할 뿐, 인명의 중요함을 묻거나 다른 사람에게 누를 끼치는 것을 염려하지 않는다는 사실을 모르는 것이다. 그래서 죄를 짓는 자가 많다. 검시를 하게 되면 반드시 몸소 시체를 이리 저리 뒤집으며 자세히 살펴, 상처가 있는지 없는지, 치명상인지 아닌지를 살피고, 그 상처의 흔적에서 상처의 크기와 깊이, 장단, 폭을 헤아려 이것이 죽음에 이르게 한 원인인지를 따진다. 또 혹 살아 있을 때의 상처인지 아니면 죽은 뒤에 날조한 것인지 등등을 모두 분명히 하여 사정을 깊이 살핀다. 더럽다고 꺼리지 않고 이졸들에게 속지 않은 뒤에야 죽은 자는 원한이 남지 않게 되고 살아 있는 자는 죄를 승복할 것이며 나 또한 근심하지 않게 될 것이다.(人有死者, 停屍告官, 全憑檢驗分明, 以爲刑論輕重. 比見仕者, 往往視爲虛文親視屍, 惟憑仵作, 焚香遠坐, 止聽喝聲. 殊不知仵作賤人, 惟利是取, 豈問人命之重, 豈廬負累他人. 是致獲罪者多矣. 當檢視之際, 必當躬親翻覆詳驗, 有傷無傷, 致命不致命, 量其傷之痕跡, 分寸深淺, 長短廣狹, 是否致命之源, 或誠生前所傷, 或係死後所捏, 皆須極其明白, 察事究情. 勿爲汚穢之嫌, 勿爲吏卒所惑, 然後死者無怨, 生者服罪, 而吾亦無慮矣)"

　　문안(文案)을 작성할 즈음에는 한 글자 한 마디도 더하거나 빼서는 안
되며, 일체 『무원록(無冤錄)』220)에 근거하여 문안을 만든다. 그렇게 하면
하리(下吏)들의 속임에 넘어가지 않고 충분히 신중하게 살필 수 있게 된다.
그런 뒤에야 죽은 자도 억울하지 않게 되고 산자도 죄를 자복해서 나의
근심을 없애줄 것이다.

　　오리 이원익이 말했다. "사람이 살해되었다는 신고가 들어오면 곧바로
용맹한 군인[猛牌]을 신고한 사람과 함께 보내어 범인을 비밀리에 붙잡도록
한다. 범인의 사간(事干 : 공범) 또한 붙잡되, 관련이 없는 먼 이웃들에게는
소란을 피우지 않도록 한다. (관장은) 몸소 직접 달려가서 초검(初檢)221)하
고 감사에게 보고한다. 검시 규식은 『무원록(無冤錄)』에 실려 있으니 이
책을 미리 구해 익히도록 한다."222)

---

220) 『무원록(無冤錄)』: 중국 송나라 때의 『세원록(洗冤錄)』과 『평원록(平冤錄)』·『결안
　　정식(結案程式)』을 1308년 원나라 왕여(王與)가 종합해 편찬한 책이다. 조선에서
　　는 일찍부터 이 책을 주목하였으며, 1440년(세종 22)에 최치운(崔致雲)이 왕명을
　　받아 여기에 주해(註解)를 가한 『신주무원록(新註無冤錄)』을 간행하여 활용했다.
　　이후 1748년(영조 24) 『증수무원록』(구본)을 간행하고, 1790년(정조 14) 여기에
　　한글로 토를 달고 필요한 주석을 붙이는 작업을 가하여 1792년(정조 16)에 『무원록
　　언해』란 이름으로 간행하였다.
221) 초검(初檢) : 타살 혹은 자살로 사람이 죽은 경우, 관가에서 시신을 처음 검시하는
　　일을 말한다. 사건이 제대로 해결되지 않으면 재검 삼검을 했다.
222) 『오리집보유(梧里集補遺)』,「서증이생덕기지임(書贈李甥德沂之任)」,"<境內>以
　　被殺來告者, 則卽發(刑吏)猛牌, 同元告祕密跟捕. 犯人之事干, 亦爲捉捕, 而但<勿>
　　令騷擾於不干遠隣. 躬卽馳往初檢, 報于監司. 檢屍規式, 在無冤錄, 此冊(覓得預爲)講
　　究." 국립본에서 < > 속 단어는 빠져 있으며, 밑줄 친 단어는 '預爲覓得'으로
　　표기되어 있다.

✠ 친족간 송사를 완화함[緩親訟] ✠

　종족 또는 인친(姻親) 사이에 쟁송(爭訟)하여 관에까지 고소하는 것은
반드시 토지·노비와 같은 재산 분배223)가 공평하지 못하다고 하여 소장을
올리고 관가에 오는 지경에 이른 경우이다. 사건이 중대하면 그 곡직(曲直)
에 따라 법대로 처결한다. 혹 사소한 일로서 서로 쟁송을 한다면 그 복제(服
制)의 경중224)과 존비(尊卑)의 고하(高下)를 헤아려 책망하여 다스리되,
'골육은 중요하고 재산은 가볍다'는 뜻으로 간절하게 타일러 훈계하는
것이 마땅하다.225)

---

223) 토지·노비와 같은 재산 분배 :『목민심감』'완친송(緩親訟)'에는 이 내용이 "종족
　　인척간에 서로 고발하는 경우가 있는데, 이는 혹 재산과 물업(物業)으로 말미암아
　　분쟁하고 다투다가(人有宗族姻親, 互相告擧, 或由財産物業, 分爭不平)"로 되어 있
　　다. 조선과 중국에서의 재산 분배와 관련된 분쟁의 요인이 조금 달랐음을 짐작하
　　게 되는데, 16세기 초반에 나온『경민편(警民編)』에서도 형제간의 분쟁이 토지·노
　　비의 분배를 둘러싸고 벌어진다고 적시하였다.
224) 복제(服制)의 경중 : 상복을 입을 때 망자와 복을 입는 자와의 관계 곧 촌수에
　　따라 상복을 입는 방식과 기간이 각기 달랐다. 여기서는 소송 당사자간의 촌수가
　　어떠한가를 따져본다는 의미이다.
225) 여기까지가『목민심감』'완친송(緩親訟)'의 내용을 간추렸다. 원문은 다음과 같다.
　　"종족 인척간에 서로 고발하는 경우가 있는데, 이는 혹 재산과 물업(物業)으로
　　말미암아 분쟁하고 다투다가 소장을 내어 관에 이른 것이다. 일에는 경중이
　　있으니 악을 행한 지가 오래되고 법을 위반하여 죄가 깊은 경우 원래의 실정을
　　헤아려 보아 이치상 용서할 수 없다면 마땅히 법에 따라 다스려야 한다.
　　아주 사소한 일로 다투다가 마침내 서로 잘못을 들추어내는데, 혹 오랜 세월
　　지체되거나 혹는 많은 사람이 연루된 경우에는 반드시 그 복제의 심천(深淺)을
　　살피고 존비의 고하를 따져서 옛날 사람의 효의(孝義)의 일로서 논하고 지금의
　　법률의 마땅함으로 참작하여 각각 마음 속으로 생각하게 해서 대의를 손상하지
　　않게 하고, 골육을 중요하게 생각하고 재물을 가벼이 여기도록 하여 인도와
　　천륜은 한시도 마음대로 할 수 없다는 것을 알게 한다. 그리하여 잘못을 회개한다
　　면 모두가 송사를 그만두기를 바랄 것이고 그리하여 윤상을 거의 잃게 되지
　　않을 것이며 또한 풍속을 두터이 하도록 권장하는 일이 되기도 할 것이니, 덕으로
　　서 백성을 교화하는데 뜻을 둔 자는 마땅히 이것을 알아야 할 것이다.(人有宗族姻

오리 이원익이 말했다. "부모와 형제간의 인륜을 무너뜨리는, 풍속의 교화에 관련되는 일이라면 또한 관차(官差)[226)를 보내는 것이 마땅하다."[227)

⚔ 부역의 근원을 찾아냄[原賦役] ⚔

부세는 전토(田土)에 부과하므로 전토가 있으면 부세를 물어야 한다. 신역(身役)은 장정에게 부담시키므로 장정이 있으면 신역을 져야 한다. 그러므로 전토와 장정은 부세와 신역을 부과하는 근본이 된다. 먼저 근본을 정밀하고 상세히 파악하면 부세와 신역이 자연 균평해진다.[228)

균평하게 하는 근본은 다음과 같다. 전토의 경우, 폐허로 변했지만 이를 재해로 처리하지 않아 '재(災)'를 '실(實)'로 만들고,[229) 또 서원(書員)[230)들이

親, 互相告擧, 或由財産物業, 分爭不平, 陳訴到官. 事有輕重, 其果積惡日久, 違法罪深, 揆律原情, 理不可恕, 則宜衣法治之. 其有纖毫爭競, 逐相論訐, 或淹繫年深, 或牽累人多, 必當度其服制淺深, 尊卑高下, 論以古人孝義之事, 酌以當今法律之宜, 俾各內思勿傷大義, 務以骨肉爲重, 財物爲輕, 使知人道天倫, 不可一時任意. 果能悔過, 皆願息詞庶不失倫理之常, 且可爲厚俗之勸. 果志於以德化民者而知此哉)"

226) 관차(官差) : 관아에서 파견하던 군뢰(軍牢), 사령(使令) 등의 아전.

227) 『오리집보유(梧里集補遺)』, 「서증이생덕기지임(書贈李甥德沂之任)」, "父母兄弟倫紀, <間>有關風敎事, <則>發官差亦當." 국립본에서 < > 속 단어는 빠져 있다.

228) 여기까지가 『목민심감』의 '원부역(原賦役)'과 비슷하다. 『목민심감』 원문의 후반부는 인정(人丁)과 전토(田土)를 파악하는 방법을 매우 자세하게 제시하고 있다. 그러나 조선의 관행과는 많이 다르다.

229) 재(災)를 실(實)로 만들고 : 재해를 입은 토지는 '재'로, 재해를 입지 않은 토지는 '실'로 파악하는데, 농간을 부려 재해 입은 것을 재해를 입지 않은 것으로 파악한다는 의미.

230) 서원(書員) : 중앙과 지방의 각 관서에 배속되어 주로 행정 실무를 담당한 이속(吏屬). 지방에서의 서원은 부(府)·대도호부(大都護府)·목(牧)·도호부·군·현에 배속되었다. 그리고 이들은 해당 지역의 수령과 육방아전의 지시를 받으면서 세금징수·손실답험(損實踏驗) 등의 행정 실무를 담당하였다. 각 관아별 배속 인원은 『경국대전』에 부는 34인, 대도호부·목은 30인, 도호부는 26인, 군은 22인, 현은

농간을 부려 '실(實)'을 '재(災)'로 하는 폐단이 있으니, 이를 제거해야 한다.

장정의 경우, 사망자에게 군포(軍布)를 징수하거나, 강보에 싸인 유아(幼兒)를 장정으로 충정하거나, 한 사람의 몸에 두 역을 부담시키거나, 부자(富者)를 끼고 그들의 군역을 면제해 주거나, 세력에 의탁하여 군역에서 빠져나오지 못하게 한다.

이 두 가지 사항에서 허술한 폐단이 없어진 뒤에라야 부세와 신역이 공평해진다.

오리 이원익이 말했다. "수군과 육군, 각색(各色) 속오군(束伍軍)[231]을 하나의 책으로 묶고, 도망한 자[逃亡者]와 죽은 자[物故者]를 충정하지 않은 경우에는 그 사실을 이름 아래에 기록한 뒤 통 속에 넣어 두었다가 항상 열어 살피고, 한정(閑丁)을 얻으면 점차 충정하여 민간을 소란스럽게 만들지 않는다. 군사가 도망했다면 그 일족의 원근(遠近)·친소(親疎)를 변별하여 명백하게 분정(分定)하고 함부로 거두지 않게 한다."[232]

오리 이원익이 말했다.[233] "군정(軍政)은 속오군(束伍軍)[234]의 예에 따라

18인으로 명문화되었으며, 이 인원이 한말까지 계속되었다.

231) 속오군(束伍軍) : 『수령칠사』에는 각색군(各色軍)으로 되어 있다.

232) 『오리집보유(梧里集補遺)』, 「서증이생덕기지임(書贈李甥德沂之任)」, "水陸軍, 各色(軍班)束伍軍, 爲一貼冊. 逃故未充定, 懸錄於名下, 藏諸紙筒, 常常搜閱, 得閑丁漸次充定, 勿令騷擾<於>民間", "軍士逃亡者一族, 卞別遠近親疏, 明白分定, 勿令濫<雜侵>徵." 국립본에서 두 문단은 하나로 붙어 있으며, < > 속 단어는 빠져 있다.

233) 이 내용은 『오리집(梧里集)』에 실려 있지 않다.

234) 속오군(束伍軍) : 조선후기 양인·공사천인(公私賤人)으로 조직된 군대이다. 편오군(編伍軍), 삼수군(三手軍), 초군(哨軍) 등으로도 불리었으며, 지방군의 중추를 형성했다. '속오'란 '대오를 단속함', 즉 군대의 편제를 의미하는 것으로서 '편오(編伍)'와도 같은 뜻이다.

가을이 되면 관가에서 도망한 자[逃亡者]와 죽은 자[物故者]를 점고한다. 군졸들이 관문에 한꺼번에 모일 경우 그 폐단이 적지 않으므로, 풍약배(風約輩)235)들로 하여금 각각 그 면을 맡아 점고하게 한 뒤 도망한 자와 죽은 자는 그 명단을 책으로 작성[成冊]하여 바치게 한다.

　도망한 자와 죽은 자가 있다면 그들이 살았던 통(統)에서 대정(代定)236)하게 하고, 통 안에 대정할 만한 사람이 없을 경우 그 이웃 통에서 충정하도록 하면, 도망한 자는 다시 나타나고 죽은 자는 다시 살아온다. 그 가운데 실제 도망하거나 죽은 자가 있으면 해당 통에서 각각 스스로 맞추어 인원을 채우게 된다.

　또 한정(閑丁)의 형편이 매우 어려울 경우, 면임배(面任輩)237)를 시켜 그로 하여금 도망한 자와 죽은 자를 대정하게 하면, 거주하는 자를 도망갔다고 하고 살아있는 자를 죽었다고 하는 폐단은 자연스럽게 사라질 것이다. 실제 도망한 자와 죽은 자의 경우 그 수가 많지 않으면 이방(吏房)으로 하여금 각 청(廳)의 제역리(除役里)238)를 대·중·소로 3등분하여 써서 바치게 한 뒤,239) 대리(大里)는 3명, 중리는 2명, 소리는 1명씩 분정(分定)하고, 각 이임(里任)240)으로 하여금 착실한 장정들을 봉초(捧招)241)하여 성책(成

---

235) 풍약배(風約輩) : 풍헌(風憲)과 약정(約正)으로, 이들은 면이나 이(里)의 직임이었다.
236) 대정(代定) : 다른 사람으로 바꾸어 대신 채움.
237) 면임배(面任輩) : 풍헌과 약정으로, 풍약배(風約輩)라고도 했다.
238) 제역리(除役里) : 부역을 면제해 주는 리.
239) 국립본에서 이 구절은 "使吏房騰納各廳除役里大中小三等"이라고 되어 있으나, 『선각록』에서는 "使吏房騰納各廳除役里大中小三等後"라고 되어 있다.
240) 이임(里任) : 지방의 동·리에서 호적 기타의 공공 사무를 맡아 보던 사역(使役)의 하나. 이장(里長).
241) 봉초(捧招) : 원 뜻은 죄인을 문초하여 구두로 진술을 받던 일을 말하나, 여기서는 이임이 일일이 만나 그 사람을 확인하는 것을 의미한다.

冊)하여 바치게 한다.

　이임은 또한 자기 이름으로 봉초(捧招)하는데, '거짓으로 아약자(兒弱者)를 적어 올렸다가 혹 탄로 나면 해당 이임은 군역에 충당한다'는 뜻을 엄하고 분명하게 분부하여 성책을 봉초하게 한다. 정한 숫자에 따라 시간을 못 박아 바치도록 독려한 뒤, 색리(色吏)에게 붓을 잡게 하고 관장이 친히 숫자를 나누어 궐액을 충정한다. 그리하면 세초(歲抄)242)가 허술하거나 소략해지는 폐단이 사라지고 민간에서도 탄식하며 소요하는 일이 없어질 것이다. 다만 이 방법을 사용할 경우 색리가 실수를 저지를 위험이 크다.

　병영(兵營)243)에서 마감할 즈음, 들어가는 인정(人情)244)과 잡비의 수가 적지 아니하니, 군역의 고헐처(苦歇處)를 분송(分送)하는 일 등을 담당 아전에게 맡겨 그로 하여금 인정의 비용을 쓰도록 해도 무방하다.

　제역리에 한정을 분정하는 것은, 제역리에는 대개 각 청에서 두호(斗護)해 주어서 백정(白丁)으로 들어와 사는 자가 많으므로, 실제 묘법이 된다. 만약 군관배로 하여금 후보자를 추천하게 하면[望納] 붙잡아 올 때 난리가 난 듯한 상황이 벌어질 뿐만 아니라, 소·말·돈·베가 담당 아전의 집에 넘치게 되고, 붙잡혀 오는 자 가운데 절반 이상은 허소(虛疎)한 사람일 것이다."

　오리 이원익이 말했다.245) "전정(田政)은 달리 좋은 방책이 없다. 한결같이 전례에 따라 각 면의 서원(書員)에게 엄하게 분부하여 재해가 난 곳은

---

242) 세초(歲抄) : 군인 중 사망·도망·질병자를 조사하여 6월과 12월에 군병 또는 군보 (軍保)의 결원을 보충하던 제도.

243) 병영(兵營) : 조선시기 병마절도사가 주둔하고 있던 관서.

244) 인정(人情) : 일을 매끄럽게 처리하기 위해 쓰는 뇌물.

245) 이 내용은 『오리집(梧里集)』에 실려 있지 않다.

실상에 따라 급재(給災)하여246) '재(災)'라 기록하고, 성천(成川)247)·복사(覆沙)248)가 된 곳은 사목(事目)에 따라 급재(給災)하게 한다.249) 서원배가 농간을 부려 급재하지 않는다면 해당 전토의 주인으로 하여금 하나하나 관가에 고발하게 하고, 그 소장의 내용에 따라 그를 무겁게 다스리면 아마도 민간에서 원망하며 울부짖는 폐단이 사라질 것이다."

▨ 관수(官需)를 공평하게 구함[平需求] ▨

관수로 쓰이는 것에는 각각 그 수량이 정해져 있고 또 이를 관장(管掌)하는 자가 있다. 그러나 해당 색리(色吏)와 고지기[庫直] 등이 관수를 빙자하여 저렴한 가격으로 강제로 구입하고 또 공사[公]를 빙자하여 사사로운 이익을 구하는[營私] 폐단이 흔히 발생하니, 그 피해는 소민(小民)에게 미치고 원망은 관가에 이르게 된다.250)

---

246) 급재(給災) : 재상(災傷)을 입은 전지(田地)에 대하여 전세(田稅) 등을 감면, 혹은 면제해 주는 것. 피해를 입은 정도에 따라 급재의 규모가 달랐다.『경국대전(經國大典)』호전(戶典) 수세(收稅)조 참조.

247) 성천(成川) : 홍수에 휩쓸려 논밭의 형체가 무너져 개천으로 변한 곳.

248) 복사(覆沙) : 홍수 등으로 전답이 모래가 덮인 곳.

249) 국립본에는 "事目給災"라 되어 있는데,『선각록』에는 "依事目給災"라 되어 있다. 『선각록』에 따른다.

250)『목민심감』의 '평수구(平需求)' 조항의 내용을 원용하여 문장을 만들었다. '해당 색리(色吏)와 고지기[庫直]'와 같은 표현은 없다.『목민심감』의 원문은 다음과 같다.
"위에서의 수요에는 반드시 수량을 정해두어야 하고 백성들이 나누어 부담하는 것은 오직 공평해야 한다. 내가 만약 마음을 다하지 않는다면 그 일에 반드시 폐단이 생길 것이니, 그 원인이 이전(吏典)에 있지 아니하면 반드시 이서(吏胥)에게 있기 때문이다. 부과하는 양의 고하(高下)가 고르지 않으면 백성들이 그 해를 입게 되며, 징수하는 일이 이미 탐욕으로 그릇되면 화가 뒤따르게 된다. 그러므로 무릇 과차(科次)의 명령이 내려왔을 때 값이 있는 물건이면 시가(市價)대로 사들여 관장이 된 사람으로서 이 어찌 유념하지 않을 수 있겠는가? 반드시 먼저 엄중히 분부하여 이러한 폐단이 없게 한다. 혹은 담당 아전[該色]과 교리(校吏) 수임(首任)에게 순문(詢問)하여, 그 시절에 따르고 그 생산하는 바를 따라 미리 사두었다가 앞으로의 쓰임에 대비하게 하는 것도 아주 무방하다.

▨ 수납(收納)을 잘함[善收納] ▨

나라에서 쓰는 것[國之需用]은 백성들이 부담한다. 그 백성들에게서 받은 것을 상사(上司)에 바치는 자가 수령이다.[251]

서 백성들에게 손해를 입히지 말고 값이 없는 것이면 정량(丁糧 : 丁男)을 조사해서 고르게 분담해서 부담을 짐에 고하의 차이가 나지 않도록 한다. 수요는 하나인데 둘을 부과해서는 안 되며, 공용(公用)을 빙자하여 자기의 이익을 꾀해서는 안 된다.

만약 약한 백성의 힘을 착취해서 자기의 집을 살찌게 하거나 상부의 이름을 빙자해서 이를 틈타 이익을 얻으려고 하면 백성들의 원망을 하늘이 느껴 재앙과 참화를 반드시 내릴 것이다. 삼가고 경계해야 선정(善政)이라 할 수 있다.(上之所需, 必有其數, 下之所派, 惟在公平. 在我苟不盡心, 其事必至生弊, 不在吏典, 必在吏胥. 高下不均, 民受其害, 事旣耽惧, 禍逆隨之. 故凡科次之來. 有價者依市價平買. 勿損於民. 無價者. 驗丁粮均科. 勿致高下. 不可以一而科二, 不可假公而營私. 若掊小民之力, 而入己肥家, 托在上之名, 而乘時射利, 怨咨所感, 災咎必加. 愼而戒之, 斯爲善政")

251) 여기까지가 『목민심감』의 '선수납(善受納)'과 비슷하다. 『목민심감』의 원문은 다음과 같다.

"나라의 수용(需用)은 민에게서 나오고 민이 바치는 것은 나로 말미암으니, 그 물품을 받아들일 때에는 의당 잘 살펴야 한다. 자로 재는 포백(布帛)은 길이로, 두곡(斗斛)으로 거두는 오곡은 분량으로, 무게를 다는 금은(金銀)은 무게를 가지고 간사한 짓을 벌이고 이익을 구하니, 이 모두 마음을 기울여야 한다. 그러므로 여러 물품을 거둘 때에는 널리 공직무사(公直無私)한 사람을 구해 그 일을 관장하게 한다. 물건이 좋으면 바로 수납하여 정체로 인해 간폐가 생기지 않도록 하고 물건이 나쁘면 바로 퇴검(退檢)하여 장사꾼의 청탁으로 말미암아 관이 손해를 입지 않게 한다. 장척에 단장이 없게 하고 두곡에 대소가 없게 하며 근중에

  너무 많이 받아 백성의 원망을 사서도 안 되고 또 너무 적게 받아 상사(上司)에 (불필요한) 일을 만들어도 안 된다.[252] 포백의 길이[尺數], 곡물의 양[斗量], 금은과 약재의 분량[斤量]은 반드시 사목(事目)[253]에 의거하여 봉상(捧上)하되,[254] 조금이라도 기준을 넘거나 미치지 못해서는 안 되며 반드시 잘 익어 단단한 것을 골라서 바친다. 또 청탁을 위한 뇌물을 일체 엄금한 뒤에야 정밀한 것과 거칠고 잡된 것이 서로 뒤섞이는 폐단이 없어질 것이다. 먼저 이러한 뜻을 해당 감색(監色)에게 엄중히 분부하여 납부해야 할 백성들에게 전령하게 한다.

  그리고 모든 상납하는 군포(軍布)와 전미(錢米)는 백성에게서 나와 면임(面任)의 손에 들어가고 또 면임에게서 나와 면주인(面主人)의 손에 들어가며 면주인에게서 나와 담당 아전[色吏]의 손에 들어간다. 그리고 담당 아전에게서 나온 뒤 비로소 상납(上納)하게 된다. 그 사이 기간을 어기게 되면 관령(官令)을 분분(紛紛)하게 발동하게 되는데, 그 고을의 풍속을

  고저가 없게 한다. 조등으로 어려움이 생기지 않게 하고 사사로운 이익을 구하지 못하게 하며 비용을 줄이도록 힘쓰고 관이 백성을 손상하지 않는 것, 이것이 수납을 잘하는 것이니, 그렇게 되면 사람들은 누구나 그 공변됨을 칭찬할 것이다. (國之需用, 出於民, 民之供億, 由乎己, 收受其物, 宜爛察之. 若布帛之有丈尺者, 則或長或短, 可以成弊. 五穀之有斗斛者, 則或盛或胸, 可以爲奸. 金銀之有斤重者, 則或高或低, 可以媒利, 是皆宜究心者也. 故當收受諸物之際, 必加詢訪公直無私之人, 委之掌管其事, 觀其所納物, 善卽與交收, 勿容停滯以生奸弊, 物惡卽令退檢, 勿容買囑以損于官. 丈尺不可使短長, 斗斛不可有大小, 斤重不可使低. 禁其刁蹬以留難, 絶其營私而過取, 務在虛費, 官不損民, 斯可爲善收納者, 而人無不稱其公矣)"

252) 국립본의 원문은 "不可過重捧之, 取怨於民人, 亦可輕歇捧之, 生事於上司"이고,『거관요람』은 "不可重捧之, 取怨於民人, 亦不可輕捧, 生事於上司"로 되어 있다.『거관요람』을 참조하면 국립본의 '亦可'는 '亦不可'가 적절하다.

253) 사목(事目) : 정부에서 공사(公事) 제도(制度) 법제(法制)에 관하여 정한 규정(規定) 또는 규칙(規則).

254) 사목(事目)에~수납하되 : 국립본의 원문은 "必依事捧上"이다.『거관요람』은 "必依事目捧上"으로 되어 있다.『거관요람』을 따른다.

보고 일이 돌아가는 형편을 잘 살펴, 편의에 따라 처리하도록 한다.

오리 이원익이 말했다.[255] "각 영문(營門)에서 거행하는 일과 각 아문(衙門)의 경각사(京各司)[256]에 해마다 바쳐야 하는 물품 가운데 아직 거두지 못한 것이 있으면 반드시 해유(解由)[257]에 어려움이 있을 것이다. 그런데도 관장이 잊어먹기 때문에, 해당 아전이 매번 이리 저리 꿰어 맞추기 일쑤다. 이방에게 각별히 분부하여 '작청(作廳)'[258]의 벽에 나란히 펼쳐 적어 두고 하나하나 품정(稟定)하여 거행하도록 한다."

오리 이원익이 말했다.[259] "각 종의 환자[還上] 및 저치미(儲置米)에는 혹 세월이 오래되어 허록(虛錄)[260]한 폐단이 있을 수 있으므로 부임한

---

255) 이 내용은 『오리집(梧里集)』에 실려 있지 않다.
256) 국립본에는 '京各司'로, 『선각록』에는 '各衙門京各司'로 표기되어 있다. 『선각록』을 따라 보충했다.
257) 해유(解由) : 관원의 교체시 전임자와 후임자 사이에 인수·인계하는 법률적 절차. 후임자에게 그 사무와 소관 물건을 인계하고 재직 중의 회계(會計)와 물품 관리에 대한 책임을 면하는 제도이다. 재정·현물·군기(軍器)에 관계되는 것이므로 호조·병조의 소관이었으며, 해유를 받지 못하면 전직(轉職)·승진·녹봉에 제약을 받았다. 특히 전곡(錢穀)의 출납을 맡아보던 관청의 관원이나 지방관의 해유는 더욱 엄격하였다.[『비변사등록(備邊司謄錄)』숙종 28년 9월 17일, 「해유규식증손별단(解由規式增損別單)」 참조]
258) '작청(作廳)' : 아전이 집무하는 청사로서 '作廳'이라 쓰지만 부르기는 '질청'이라 했다. 길청(吉廳) 또는 연청(椽廳)이라고 한다. 조선의 아전은 실무를 담당한 중간 관리층으로서 실제적인 사무의 처리는 이들에게서 이루어졌으므로 이들이 모여 있는 곳이 바로 업무가 이루어지는 곳이란 의미에서 이렇게 호칭하였다.
259) 이 내용은 『오리집(梧里集)』에 실려 있지 않다.
260) 국립본에는 '虛踈', 『선각록』에는 '虛錄'으로 표기되어 있다. 의미상 『선각록』이 적절하므로 이를 따른다. 허록(虛錄)은 없는 것을 있는 것처럼 거짓으로 꾸며 기록하는 것을 뜻한다. 『속대전(續大典)』 호전(戶典) 창고(倉庫) 조항에 이에 대한 처벌 규정이 수록되어 있다. "倉庫… 虛錄反作者, 重勘. 虛錄守令, 徒三年定配,

뒤 상세히 조사하여 미리 조처하고, 대동저치미(大同儲置米)[261]는 절대로 '미봉(未捧)'[262]이나 '나이(那移)'[263]를 인정하지 못하게 한다."

오리 이원익이 말했다. "창고 곡식으로 응당 받아야 할 것[倉穀應納者]은 반드시 곡식이 있을 때를 좇아 받도록 한다. 만약 지연되면 관곡이 줄어들 뿐만 아니라 민인들이 침해를 받아 불편해진다."[264]

오리 이원익이 말했다. "관청의 잡물(雜物)을 봉상(捧上)할 때에는[265] 친히 직접 봉상하되 절대 너무 두텁게 하지 말며, 이익을 남겨 사사로운 일에 마음대로 쓰겠다는 마음을 일절 갖지 말라."[266]

오리 이원익이 말했다. "송사를 판결한 후 법례에 따라 입안(立案)[267]·입

又五年禁錮…."

261) 대동저치미(大同儲置米) : 대동저치(大同儲置)라고도 한다. 대동법은 지방의 특산물을 바치던 공납제의 폐단을 시정하기 위해 전(田) 1결당 12두(斗) 씩의 쌀을 거둔 제도를 말하는데, 이때 거둔 쌀은 대동미라 했다. 대동미는 지방에서 관리하던 저치미(儲置米)와 중앙에 상납하던 상납미로 나뉘어 운용되었다.

262) 미봉(未捧) : 아직 거두지 않은 것.

263) 나이(那移) : 옮겨 대용하는 것.

264) 『오리집보유(梧里集補遺)』, 「서증이생덕기지임(書贈李甥德沂之任)」에는 다음과 같이 실려 있다. "倉(糴)應納者, 必(趁)有穀時捧之,<此意預爲申飭於民人可也.> 若遲延<過時>, 則非但官穀之縮<數>, (民)<亦重>被侵(督之害)矣." 국립본에서 ( ) 속 글자는, '糴'은 '穀', '趁'은 '及', '民'은 '民人', '督之害'는 '不便'으로 표기되어 있고, < > 속 글자는 빠져 있다.

265) 『선각록』의 「선각(先覺)」에는 잡물(雜物)이 빠져 있다.

266) 『오리집보유(梧里集補遺)』, 「서증이생덕기지임(書贈李甥德沂之任)」, "官廳(雜物), <必>親自捧納, 切勿高重, 切勿以漁取剩餘, 濫用於(私)爲心." 국립본에서 괄호 속의 '雜物'은 '捧上時', '私'는 '私事'로 표기되어 있으며, < > 속 글자는 빠져 있다.

267) 입안(立案) : 관부(官府)에서 개인의 청원에 따라 발급하는 문서.

지(立旨)[268]를 만들어 발급한다. 수수료[作紙][269] 징수는 관식(官式)을 따른다. 수수료는 스스로 원하는 대로 받되 또한 지정해서 받아서는 안 된다."[270]

오리 이원익이 말했다.[271] "부임하고 며칠이 지난 뒤,[272] 반드시 환자(還上)와 대동(大同)의 허실(虛實)을 조사해야 한다. 도수(都數)는 원장부(元帳簿)[273]에 실려 있으므로 받은 것과 받지 않은 것을 쉽게 알 수 있다. 그런데

---

268) 입지(立旨) : 개인이 청원한 사실에 대하여 청원서 말미에 청원 사실을 입증하는 뜻을 부기(附記)한 관부의 증명. 별도의 종이가 필요하지 않았다.

269) 수수료[作紙] : 관부에서 결송에 소비된 종이 값을 거둬들이는 것을 말한다.

270) 국립본에서 이 문장과 환자·대동의 허실 조사를 다룬 아래의 문장을 섞고 하나로 통합하여 "訟事處決後, 還上大同不可不査其虛實…"라고 표기했으나, 문맥이 잘 통하지 않아 매우 어색하다. 반면 『선각록』에서는 두 내용으로 나뉘어져 있으며 문장도 어느 정도 깔끔하다. 여기서는 『선각록』을 따라 해석했다.
  『선각록』의 원문은 "訟事處決後, 依法例, 決立案立旨成給. 捧作紙則依官式. 捧作紙, 隨自願捧之, 而亦勿點擇"이다. 그런데 이 내용은 『오리집(梧里集)』에 실린 편지 내용과 유사하지만 많이 다르다. 『선각록』의 문장은 이 편지를 참고하면 이해하기 편하다.
  이원익 편지의 원문은 다음과 같다. "상송(相訟)일 경우에는 원고와 피고를 붙잡아 온 뒤에 송사를 시작하고 다짐[侤音]을 받는 것은 법례에 따른다. 상송이 아니라면, 양측을 심문하여 사실을 확인한 후, 소지에 입지(立旨)를 붙여 이긴 사람에게 제사를 내린다. 법례에 따라 입안(立案)해 주기를 원할 경우 역시 들어준다. 입지로 판결을 쓰면 수수료[作紙]를 받지 않으며, 관식(官式)으로 판결을 작성하면 관식에 의하여 수수료를 징수한다. 목면으로 받을 것인지 종이로 받을 것인지는 원하는 대로 하고 지정해서는 안 된다.(相訟呈狀, 則隻人推捉後, 始訟, 捧侤音, 依法例爲之. 不關相訟, 則兩邊推覈後, 呈狀粘連立旨, 題給於勝者可也. 自願依法例決立案, 則聽. 立旨決折, 則勿捧作紙, 依官式決折, 則依式捧作紙. 或木或紙, 隨自願捧之, 而亦勿點擇)"

271) 이 내용은 『오리집(梧里集)』에 실려 있지 않다.

272) 부임하고 며칠이 지난 뒤 : 원문은 "到官數日後"이다. 국립본에는 이 구절이 빠져 있다.

273) 원장부(元帳簿) : 근본(根本)이 되는 장부(帳簿)로서, 원장(元帳)에 있는 전답을 원장부전이라 한다.

관장이 꼴찌 성적 받음을 염려하여274) 혹 아직 바치지 않은 것을 바친 것으로 기록하여 스스로 허록(虛錄)하는 지경에 빠지기도 한다. 사실을 밝힐 때에는 영문(營門)의 회초(回草)를 추고(推考)한 뒤 허실(虛實)을 분명히 조사할 수 있다."

오리 이원익이 말했다.275) "수령은 모든 일을 반드시 직접 친히 처리해야 하며 향색(鄕色)276)에게 위임해서는 안 된다. 조적(糶糴)은 더욱 더 직접 검속해야 한다. 그렇게 한 뒤에야 (환자를) 마음대로 거두거나 줄여서 지급하는 폐단이 사라질 것이다. 환자를 받는 방법은 양반이 먹은 것은 양반끼리 묶고, 상한(常漢)이 먹은 것은 상한끼리 묶는다. 1리씩 합하여 받되, 1개 이(里) 안에 한 되라도 걷히지 않았으면 곧 물리쳐 받지 않으며, 이를 여러 차례 하면 정해진 기일 안에 모두 거둘 수 있다."

⚔ 기한을 헤아림[量期限] ⚔277)

모든 물품의 생산에는 각기 정해진 시기가 있고, 관부(官府)에서 물건을 사용하는 것에도 그 날이 있다. 계절에 따라 생산[時産]되는 시간의 이르고 늦음[早晚]을 헤아리지 아니하고 도로(道路)의 원근(遠近)을 헤아리지 아니하며 백성의 빈부(貧富)를 헤아리지 아니하고 불시에 바치도록 한다면,278)

---

274) 관장이 꼴찌 성적 받음을 염려하여 : 환자·대동의 징수 성과 때문에 '포폄(褒貶) 등제(等第)'에서 나쁜 성적을 받을 것을 염려한다는 의미이다. 조선에서는 수령, 찰방 등의 근무 성적을 정기적으로 평가하였다. 상, 중, 하 3등급의 성적으로 주어지는 성적은 임기가 끝난 뒤의 인사이동에 중요한 근거로 활용되었다.
275) 이 내용은 『오리집(梧里集)』에 실려 있지 않다.
276) 『칠사문답』에는 '해색(該色)'으로 되어 있다.
277) 『목민심감』의 제목은 '양한기(量限期)'이다.

관청의 위령(威令)이 제대로 서지 않을 뿐 아니라 간사한 아전들이 중간에서
폐단을 부리기 때문에 그 해가 백성에게 미치게 된다. 그러므로 모든
기한을 사전에 전령(傳令)하여, 시간에 쫓겨[窘急 : 군색하고 급함] 백성들
이 기한을 어기는 폐단이 없도록 해야 한다.

또한 상납(上納)해야 할 모든 것은 그 이익이 폐단을 제거하는데 있으
나,279) 돈으로 바꾸려다가 기한을 놓쳐 문제를 일으키는 경우가 흔히
있으니, 이것을 일절 하지 못하도록 막아야 한다. 혹 친분 때문에 방납(防
納)280)하게 한다면 매번 낭패를 볼 것이다.

---

278) 여기까지가 『목민심감』의 '양한기(量限期)'와 내용이 유사하다. 『목민심감』의
  원문은 다음과 같다.
  "모든 물품의 산출에는 때가 있고 관부에서 그것을 쓸 때에는 그 날이 있으니
  모두 완급(緩急)을 적절히 헤아린 뒤에 시행해야 한다. 또 도로의 원근이 동일하지
  않고 인민의 빈부가 한결같지 않으며 수목(數目)의 다과가 고르지 않으니, 이
  또한 적절히 헤아려야 한다. 그 일을 결정하는 것은 나에게 달려 있으니 도로가
  가까우면 또한 기한을 짧게 도로가 멀면 기한 또한 길게, 부자에게는 기한을
  짧게 하여 지급하고 빈자에게는 기한을 넉넉히 하여 지급한다. 수가 많은 자에게
  는 두 차례로 기한을 주고 수가 적으면 한번 기한을 정하여 바꾸지 않는다.
  그런 연후에야 정치가 공평해지고 백성이 불평하며 원망하지 않는다. 원근과
  빈부, 다과를 살피거나 헤아리지 않고 기한을 일률적으로 정해 독촉하면 정치가
  불공평해질 뿐만 아니라 백성들은 분명 내가 사리를 잘 헤아리지 못하는 자라고
  비방할 것이다.(凡物出産, 必有其時, 官府用之, 必有其日, 皆宜度量緩急, 然後施行.
  且道路有遠近之不同, 人民有貧富之不一, 數目有多寡之不齊, 是宜酌量. 其柄在我,
  必使道近者亦近, 遠遠者限亦遠. 富者宜與之限急, 貧者宜與之限寬. 數多者兩次爲期,
  數少者一限易. 然後其政公平, 民無咎怨. 苟不量其遠近, 不問其富貧, 不察其多寡,
  而惟一槪立期以督之, 非惟政不公平, 而民必訾我爲無分曉者矣)"
279) 상납(上納)해야~있으나 : 국립본의 원문은 "凡諸上納, 利於除弊"이다. 『거관요람』
  은 "凡諸上納, 利在於除弊"로 되어 있다. 『거관요람』을 따른다.
280) 방납(防納) : 지방 군현의 조세 상납에 대해 중앙 각사(各司)의 서리, 상인 등이
  공납 의무의 대행을 통해 이익을 취하는 행위이다. 조선전기는 주로 진상 공물에
  대한 방납이 행해졌으나 조선후기는 전결세에 대해서도 행해졌다. 여기서는
  지방 군현에서 이서배가 민인에게 자신이 조세 납부를 대행해주겠다고 하고
  돈을 받아 중간에 떼어먹는 등으로 이익을 얻는 행위를 가리킨다. 『신편 목민고』

138

❀ 윗상관 섬기기를 잘함[善事上] ❀

상관을 뵐 즈음에는 예수(禮數)[281]와 언어를 구사함에 반드시 극진히
공손하고 신중해야 한다. 사명(使命)[282]에는 크고 작은 구별이 있지만 비록
사전(赦典)의 차사원(差使員)[赦差員]이라 할지라도 이들 또한 왕명을 받든
사신이니 가볍게 대할 수 없다.[283]

상사(上司)에 상납해야 하는 물품이 있다면 이를 기한에 맞추어 처리하는
것도 윗상관을 잘 섬기는 방도이다. 혹자는 말하기를 "상관(上官) 공경하기
를 부형(父兄)을 섬기는 일 같이 해야 한다"[284]고 하였다.

평일에 말이 영문(營門)에 미치게 될 때에는 반드시 존칭(尊稱)을 사용
하며, 상사(上司)에서 공문이 내려오면 즉시 등사를 하여 날듯이 빠르게
전달한다.

객사(客舍)[285]에 포진(鋪陳)하는 병풍과 장막 등 꼭 배포(排布)해야 하는
물품은 전부 새것으로 갖추되, 새것으로 갖추기가 어려우면 세탁을 하도록

의 '환자를 받아들이는 법[還上還捧法]'에서는 방납의 방법과 폐단을 자세히
논하고 있다. "감색배가 방납(防納)이라 일컫고 돈[錢]으로 받아서 많은 양을
훔쳐 먹은 후에 아직 받지 못하였다고 칭하고 자신의 이름 아래 옮겨 적어
문서를 꾸며내고, 장차 탕감의 은전이 있기를 바란다. 이처럼 돈으로 받고 방납하
는 폐단은 각별히 몰래 살펴서 엄금하여 농간을 부리는 것을 막을 것."
281) 예수(禮數) : 신분에 따라 각각 다른 예의 대우.
282) 사명(使命) : 사자에게 내리는 왕명.
283) 『목민심감』에는 「사상(事上)」편 아래에 '각수직(恪守職)', '추성심(推誠心)', '가예모
(加禮貌)', '봉조약(奉條約)', '절비방(絶非謗)', '심패리(審悖理)' 6항목이 실려 있다.
『선각』에서는 이 6항목의 내용을 압축하여 '선사상(善事上)'의 항목으로 만들었
다. 이 구절까지가 해당 내용이다.
284) 『거관요람』과 『선각록』에는 '사부형(事父兄)'이라 했고 국립본에는 '父兄'이 빠져
있다.
285) 객사(客舍) : 고려·조선시기, 궐패(闕牌)를 모셔두고, 왕명을 받들고 내려오는
벼슬아치를 묵게 하던 집이다. 고을마다 두었으며, 객관(客館)이라고도 했다.

한다. 통인(通引)·다모(茶母)286)·사령(使令) 등의 의복과 갓도 모두 깨끗하게 하고, 기치(旗幟)와 곤장(棍杖) 또한 새롭게 갖추며, 반상(盤床)과 기명(器皿)도 정결하게 해야 한다.

비장(裨將)287)과 영리(營吏),288) 역졸(驛卒)들에게 지공(支供)하는 일도 특별히 신경 써서 잘 대접하도록 한다.289)

이것이 모두 상관을 잘 섬기는 도리에 속하는 일이다. 경서에 이르길 "윗사람의 신임을 얻지 못하면, 아랫사람을 부릴 수 없다[經曰, 不得於上, 無以使下]"하였다.290)

🛡 아랫사람을 잘 부림[善馭下] 🛡

아랫사람을 부리는 도리는 염(廉)·신(愼)·공(公)·명(明)에 있지, 엄형(嚴刑)이나 중벌(重罰)에 달려 있지 않다.291)

---

286) 다모(茶母) : 혜민국(惠民局 : 세조 12년 1월 惠民署로 개칭)에 소속되어 있는 관비(官婢)로서 차를 끓이는 등의 일을 하였다. 관청의 식모 노릇하는 천비(賤婢).
287) 비장(裨將) : 조선시기 감사·절도사 등 지방장관이 데리고 다니던 막료(幕僚). 조선후기에는 의주·동래·강계·제주의 수령 및 방어사를 겸한 모든 수령들이 비장을 거느리는 것을 관례화하였다. 감사나 절도사 등은 수령에 대하여 연명(延命 : 새로 부임한 감사 등을 맞이하는 인사)의 예(禮)를 비장으로 하여금 대신하게 한다든가, 민정에 대한 염탐을 비장을 시켜서 하기도 하였다.
288) 영리(營吏) : 감영(監營)이나 군영(軍營) 등의 본영(本營)에 딸린 이속(吏屬).
289) 『거관요람』과 『선각록』에는 "必另勅善待之"라 했고 국립본에서는 "必另念善待之"라 했다.
290) 경서에 이르길~하였다 : 『이치정람』에는 두 줄의 협주(挾註)로 표기되어 있다.
291) 『목민심감』에서는 「어하(馭下)」편을 '처이서(處吏胥)'·'계이갑(戒里甲)'·'신기로(愼耆老)'·'엄예졸(嚴隷卒)'·'척참간(斥讒間)'·'절궤유(絶饋遺)'·'두간청(杜干請)'·'심재사(審在使)'·'상위임(詳委任)' 9항목으로 구성했다. 그런데 『선각』에서는 이 가운데 '처이서(處吏胥)'의 일부 내용을 택하여 '선어하(善馭下)'란 이름으로 정리했다. 하지만 양자의 내용은 많이 다르다. 『목민심감』의 '처이서(處吏胥)'의 원문은

140

민간에서 바치는 관고(官庫)의 소용물을 원래 정해진 수[元定數] 이외에
더 징수하지 않고 더 사용하지 않는 것, 그것이 염(廉)이다.

말을 할 때는 반드시 신중히 하고, 일을 처리할 때는 근실히 하는 것이
신(愼)이다.

공정한 마음으로 판결을 내리고[處決], 공평한 의논으로 차임(差任 : 선
임)하며, 치우치게 믿는 사람을 두지 않고, 치우치게 일을 맡기는 사람도
없는 것이 공(公)이다.

부책(簿冊)을 명백하게 살피고, 시비를 분명히 하며, 상벌을 적절하게
하는 것이 명(明)이다.

다음과 같다.

"이서들이 부서(簿書)를 관장하는 것은 예나 이제나 없을 수 없지만, 오직 적합한
사람을 뽑아서 합당한 도리로서 그들을 대해야 지방 행정에 해롭지 않고 나라에
도움이 될 것이다. 진실로 합당한 도리로 대하지 않고 적합한 사람을 쓰지 않는다
면, 백성들에게 해가 될 뿐만 아니라 또 장차 그것이 (나에게도) 해가 될 것이다.
그러므로 서리들을 잘 다스리려면 반드시 나를 잘 다스려야 한다. 나를 다스리는
도는 신(愼)과 염(廉)이며 일을 처리하는 도는 공(公)과 명(明)이니, 이렇게 하면
서리들은 굳이 다스리지 않아도 절로 복종하게 된다.
그렇다면 그들을 어떻게 다스릴 것인가? 다음과 같다. 내가 이미 염(廉)·신(愼)·공
(公)·명(明)하게 되었다면, 다시 그들을 은혜로써 대하고 또한 위엄으로써 아우르
며, 몸소 먼저 가르치고 말로써 나중에 가르치며, 신밀(愼密)의 도로써 그들이
비행을 저지르는 것을 막아야 한다. 이렇게 다스렸는데도 가르침을 따르지 않는
다면 그때는 형벌로서 다스린다. 그렇게 한다면 복종하지 않는 서리가 없을
것이다. 이와 같이 하지 않고 정사를 그들에게 한결같이 위임하여 맡기면 곧
권력을 맡긴 꼴이 되어 관정(官政)이 잘못될 것이니, 이는 나라와 백성에게 해가
될 뿐만 아니라 나의 몸 또한 끝내 해를 입을 것이다. 신중하고 신중할 지어다(胥吏
之掌簿書, 古今不能無者, 惟用之得其人, 處之得其道, 斯不害於政, 而有益於國. 苟處非
其道, 用非其人, 則不獨爲民害, 且將爲之害矣. 故善處吏者, 必先處己焉. 處己之道, 以愼
以廉, 處事之道, 以公以明, 則吏不待處而自服矣. 然則何以處之. 曰. 吾旣廉愼公明, 復待
之以恩, 兼之以威, 以身敎之于先, 以言敎之于後, 以愼密之道, 關防之于中. 如此處之,
而不率敎, 然後齊之以刑, 則吏未有不服者也. 不能如是, 乃以政事, 一委託之, 則太阿倒
持, 官政錯繆, 非徒害於國, 害於民, 而吾之身, 終必爲其所害矣. 愼之, 愼之")

이 네 가지 가운데 한 가지도 부족하지 않고 또 내가 권한을 쥐고 있으면 굳이 형장(刑杖)을 가하지 않아도 아랫사람들을 쉽게 복종시키고 제어할 수 있다.

혹자는 말하길, "관가의 하인을 혹 서울로 보내거나 혹 먼 지방으로 보낼 때에는 비록 이것이 전례는 아니더라도 어느 정도 식량과 신발을 지급하는 것이 좋다"고 하였다.

❇ 맡기고 부리는 것을 살핌[審任使] ❇²⁹²⁾

옛 사람이 말하길, "탐욕스런 사람, 어리석은 사람, 지혜로운 사람, 어진 사람²⁹³⁾의 등용 여부는 오직 사람을 쓰는 방법에 달려 있다"고 했다. 좌수(座首)²⁹⁴⁾의 경우, 향로(鄕老)에게 탐문하여 한 고을에서 추천하는 자를 임명하

---

292) 『목민심감』에는 '심좌사(審左使)'라 하였다. 『선각』에서는 제목뿐만 아니라 내용도 전혀 다르게 재구성했다. 『목민심감』의 원문은 다음과 같다.
    "간사한 아전의 무리들은 내가 공정해서 흔들리지 않는 까닭으로 감히 사사로이 범하지 못한다. 그래서 그들이 부정을 행하려고 할 때에는 도리어 계략을 써서 좌설(左說 : 반대로 하는 말)을 쓰는 일이 있다. 만약 그가 갑(甲)의 죄를 구하려고 할 경우, 이내 고의로 그의 비리를 극언(極言)해서 내가 그 극언을 들으려 하지 않게 하려 한다. 그럴 경우 자연스럽게 갑은 벌을 면하게 된다. 또 만약 을(乙)을 해치고자 할 경우, 이내 고의로 그의 선행(善行)을 극언해서 내가 그 말을 들으려 하지 않게 하려 한다. 그럴 경우 반드시 스스로 그 사람(을)에게 해를 가하게 된다. 이와 같은 부류는 모두 마땅히 진실인가 거짓인가를 자세히 살핀 후 법에 따라 처리하여 그 계책에 빠지지 말아야 한다(黠吏之輩, 以吾公正不搖, 不敢以私相干. 乃於其所欲汙, 反加用計左說. 如彼將救某甲之罪, 乃故極言其罪, 欲吾不聽其語, 則自然免之. 又如將害某乙, 乃故極言其善, 欲吾不聽其語, 則必自加害其人. 如斯之類, 皆宜詳察, 或實或詐, 從法而行, 勿墮其計)"
293) 『거관요람』에는 "使貪使愚使智使賢"이라고 했고, 『선각록』과 국립본에는 "使貪使愚賢愚"라고 했다. 『거관요람』을 따른다.
294) 좌수(座首) : 조선시기 지방의 주, 부, 군, 현에 두었던 향청(鄕廳)의 우두머리. 아관(亞官), 수향(首鄕)이라고도 했다. 향청에서는 그 군현내의 유향품관이나

면 백성들도 믿을 바가 있고 관장에게도 이익이 있을 것이다.

혹자는 말하길, "삼반하인(三班下人)[295]을 환방(換房)[296]하여 임무를 맡길 때, 아속(衙屬)들로 하여금 간섭하지 못하도록 하고, 그들에 대한 추천과 차출을 수임(首任)에게 일임하여 관장이 특별히 임명하지 아니하면, 이들이 죄를 지어 파면시켜야 할 경우가 생겨도 조금도 구애됨이 없을 것이다. 창고 담당자[倉色], 관청 담당자[官廳色] 등을 유임시켜 결손이 생긴 것[逋欠]을 매끄럽게 손질하게 해서는 절대 안 된다"고 하였다.

혹자는 말하길, "삼향소(三鄕所)[297]로 하여금 각각 재주가 있는 쓸 만한 사람 2~3인을 추천하게 한 뒤, 그 추천된 사람들을 모두 불러서 그들의 사람 됨됨이를 살펴보고 결원이 생기는 대로 임용하는 것이 좋다"고 하였다.

오리 이원익이 말했다. "고을 일은 유식한 향소를 얻으면 반드시 큰 도움을 받게 된다. 향소를 비록 다 가려 선택할 수는 없지만 좌수가 되기에 합당한, 공평하며 조심성 있는 사람을 미리 알고 난 뒤 그 성명을 기록하였다가 서서히 살펴서 차출하고, 일이 있으면 그에게 순문(詢問)한다."[298]

나이가 많고 덕망이 있는 선비를 선임하여 수령의 자문에 응하고 풍속을 단속하며 향리(鄕吏)를 규찰하였다.

295) 삼반하인(三班下人) : 삼반관속(三班官屬)을 이르는 말이다. 지방 관아(官衙)에 딸린 아전(衙前)·장교(將校)·관노(官奴)·사령(使令) 등 하리(下吏)의 총칭. 삼반은 중국 제도에서 유래한 말로 지방 관아의 탐색(探索)을 맡은 쾌반(快班), 수포(搜捕)를 맡은 장반(壯班), 간옥(看獄)·고장(拷杖)을 맡은 조반(皁班) 3자를 지칭했다.

296) 환방(換房) : 소속을 바꾸어 업무를 달리하게 함.

297) 삼향소(三鄕所) : 유향소의 세 품관. 유향소 품관의 인원은 처음에는 부 이상 5인, 군 4인, 현 3인이었다가 성종 때는 부 4인, 군 3인, 현 2인으로 조정되었다. 후기에 와서 현은 1인을 늘려 3인이 되는데, 좌수 1인, 별감 2인의 3인을 삼향소(三鄕所)라고 하였다. '유향소'·'삼향소'는 모두 사람을 가리키는 말인 동시에 청사를 의미하기도 하였다.

298) 『오리집보유(梧里集補遺)』, 「서증이생덕기지임(書贈李甥德沂之任)」, "邑中之事,

🞩 이웃 고을의 관속과 화목하게 지냄[睦隣屬] 🞩

이웃 고을과 화목하게 지내는 것은 좋은 풍속일 뿐만이 아니다. 이로 인하여 환란을 서로 구제해 주고 완급(緩急)을 서로 구원해 주며 정교(政敎)는 서로 의논하고 재물은 서로 도와주며 기계(器械)는 서로 사용할 수 있게 된다.[299]

심지어 (이 일은) 송사하는 백성을 찾아서 잡아올 때 영문(營門)으로 가서 주선하는 일에 큰 보탬이 될 것이다.

혹자는 말하길, "화목하게 지내는 도리는 다른 사람에게 있는 것이 아니요 자기 자신에게 달려 있으니, 다른 사람으로 하여금 갖추도록 책망하지 말고 다만 스스로 공손하고 삼가할 따름이다"고 하였다.

倘＜得＞有識鄕所, 則必多有賴. 鄕所雖不能盡擇, 而座首可合公平操心之人, 預爲聞見, 錄其姓名＜以去, 到官後＞, (徐徐詳察), ＜時任者不合, 則好樣易之,＞ 有事詢問"로 되어 있다. 국립본에서 ＜ ＞ 속 내용은 빠져 있으며, ( ) 속 '徐徐詳察'은 '徐徐詳察差役而'로 표기되어 있다.

[299] 여기까지가 『목민심감』의 '목인속(睦隣屬)'과 내용이 유사하다. 『목민심감』의 원문은 다음과 같다.
"이웃 고을과 화목하게 사이좋게 지내는 것은 『춘추』의 대의로 기록되어 있다. 토지를 접하고 교외를 공유하며 인민의 동족이 같이 살고 있으므로, 환난을 서로 구제할 수 있고, 유무를 상통할 수 있으며, 완급을 서로 도울 수 있으며, 정교를 서로 익힐 수 있다. 그러므로 군자는 이웃 고을과 화목하게 지내는 것을 중시한다. 정사를 맡은 이후 곧바로 이웃 고을을 순급(詢及)하여 예를 갖추어 편지를 보내 나의 공경이 닿게 해야 한다. 그것은 뒷날 서로간의 정치가 얽히면 공변되이 의논할 수 있고, 일에 어려운 문제가 생기면 참여하여 같이 풀 수도 있고, 백성들 사이에 다툼이 생길 경우 각자 번갈아 살필 수 있고, 각 관청의 좋은 점을 보면 모방하여 실행할 수 있고 나쁜 점은 경계로 삼을 수 있기 때문이다. 이것이 이웃마을과 화목하게 지내는 것의 이익이다.(睦隣修好, 春秋之大義所書. 接壤共郊, 人民之族類同處, 患難可以相濟, 有無可以相通, 急緩可以相須, 政敎可以相習, 故君子之所重也. 凡署政之後, 宜卽詢及隣邦, 備禮致書, 以達吾敬. 盖恐他日政有相干, 可以公議, 事有疑難, 可以參詳, 民有兩爭, 可以交審, 及見各官之善者, 可倣而行之, 惡者則以之爲戒. 此睦隣之益也.)"

✖ 참된 현자를 존중함[重眞賢] ✖

사군자(士君子)[300]로서 `현명한 자가 혹 다른 고을로부터 오거나 혹 자신의 경내(境內)에 거주한다면[301] 마땅히 예의를 갖추어 대우하여 내가 인(仁)을 키움에 도움이 되도록 한다. 혹은 나의 재주가 미치지 못하거나, 혹은 나의 학문이 이르지 못하거나, 혹은 나의 모사(謀事)가 통하지 못하거나, 혹은 나의 의심이 풀리지 못하는 바가 있을 경우, 그들에게 자문을 구하여 나의 지혜를 돕게 한다면, 이 어찌 아름다운 일이 아니겠는가?[302]

---

300) 사군자(士君子) : 덕망이 높고 학문에 통달한 사람.

301) 현명한 자가~ 한다면 : 국립본에는 "士君子之賢者, 或自他邑來", 『거관대요』에서는 "士君子之賢者, 或自他邑來居境內者"로 표기하고 있다. 『목민심감』 '중진현(重眞賢)'의 내용에 비추어 국립본에 따른다.

302) 여기까지가 『목민심감』의 '중진현(重眞賢)'과 내용이 비슷하다. 그런데 『목민심감』과 『선각』이 강조하는 내용은 서로 다르다. 『목민심감』의 원문은 다음과 같다. "사군자(士君子) 가운데 어진 사람이 혹 사방(四方)에서 오거나 혹 경내(境內)에 거주하면 마땅히 예를 갖추어 대우함으로써 나의 어짊을 돕게 해야 한다. 혹 나의 재주가 모자란 점이 있거나 혹 나의 학문이 이르지 못한 점이 있거나 혹 나의 생각이 미치지 못하는 점이 있거나 혹 일을 하며 의문이 풀리지 않는 점이 있는 경우에 그들은 모두 내게 도움을 줄 수 있는 사람들이다. 그러므로 마땅히 마음을 다하여 그들을 방문하고 지극한 예로써 나의 공경을 다하며, 급박한 사정에 처해 있다면 구원하여 그의 부족함을 도와주어야 한다. 이렇게 하여 그의 선이 옮겨져 나의 선이 되게 하고 그의 능력을 나의 능력으로 빌릴 수 있게 되면 이것이 현명한 하사(下士)를 예우하여 얻는 이익이다. 비록 주공(周公)과 같은 성인도 한번 머리 감을 때에 세 번 머리를 감아쥐고 한번 밥 먹을 때에 세 번 뱉어 내었으니(一沐三握髮, 一飯三吐哺) 하물며 그보다 못한 사람들임에랴! 진실로 그 사람의 재덕과 학식이 남보다 뛰어나다면 마땅히 상부에 천거하여 국가에서 등용하게 하는 것은 더욱 지극히 공정한 논의인데, 이렇게 되면 사람들은 또한 내가 어질다고 칭송할 것이다.(士君子之賢者, 或來四方, 或居境內, 宜加禮待, 以輔吾仁. 或吾之才有所未長, 或吾之學有所未至, 或吾之謀有所未及, 或事之疑有所未通, 彼皆可以資助於我者也. 故當悉心以訪之, 致禮以盡吾之恭, 周急以助其不足, 使彼之善移爲我之善, 借彼之能以爲我之能, 此禮賢下士之益也. 雖周公聖人, 猶一沐三握髮, 一飯三吐哺, 況其下者哉. 苟其人之才德學識, 過於人者, 則當擧而薦之于上, 以爲國家之用, 尤至公之論也, 而人亦稱我之賢矣)"

또 한 고을이 추앙하는 현명한 자를 예의로 대우하면 이 역시 백성의 마음을 진정시키는 일단이 된다.

𒀭 멀리 내다보는 계획을 세움[立遠圖] 𒀭

건물을 짓거나 보수를 할 때에는, 어느 경우든 구차하고 갑작스럽게 한갓 눈앞의 아름다움만을 생각해서는 안 된다. 반드시 연구 검토하여 그 건물이 긴 시간 오래 유지될 수 있는 방법을 생각해야 하며, 나무 하나라도 반드시 견실하게 흙 한 삽이라도 단단하게 하여, 재력을 헛되이 소비하지 말고 민력(民力)을 쓸데없이 허비하지 말아야 할 것이다.[303]

---

303) 『목민심감』의 '입원도(立遠圖)'의 내용을 추려서 정리했다. 『목민심감』의 원문은 다음과 같다.

"일은 한 때에 일으키지만 그 이익은 후세에까지 미치는 것이니 구차하게 또 창졸간에 행해서 한갓 목전의 아름다움만을 추구해서는 안 된다. 반드시 물자의 수량을 짐작해 보고 계획의 가부를 생각해 보고 경영에 대해 여러 의견을 물어 장기적인 계획을 수립해야 한다. 나무 하나를 쓰는데도 질이 견고하고 훌륭한 것을 선택하고, 한줌 흙의 공정에서도 소홀히 처리하지 못하도록 경계해야 하니, 그 이유가 무엇인가? 대개 이미 백성들을 수고롭게 하는 일을 벌였고 이미 백성들을 수고롭게 한다는 이름을 지고 있는 상태에서, 마음대로 황당한 일을 하여 구차하게 날짜를 지연시키면, 물자를 허비할 뿐 만드는 것은 볼품 없게 될 것이다. 시일이 얼마 지나지 않아 그 물건은 훼손되어 다시 백성을 수고롭게 하고 전날의 공정을 아무 것도 아닌 것으로 만들 것이다.

이와 같이 하면 백성들의 원심을 불러일으킬 뿐만 아니라 실제로 목민자인 나에게는 실정(失政)이 된다. 그러므로 부지런히 실정을 살피고 여러 가지로 마음을 써서 물자를 선택하고 공정을 헤아려 보아서 영구히 허물어지지 않는 규정을 만들려고 힘써야 한다. 거칠고 소루하며 흠이 많은 공사를 하지 않은 연후에야 위로는 국가를 이롭게 하고 아래로는 백성을 헛되이 수고롭게 하지 않게 될 것이다.(事有興于一時, 而利及後世者, 不可苟且倉卒, 而徒爲觀美於目前也. 必當斟酌量度, 謀其可否, 諮詢經營, 立爲久計. 一木之料, 必擇其堅佳, 一土之工, 必戒 其率易, 何也. 盖已作勞民之事, 已負勞民之名, 而乃縱其荒唐, 苟延月日, 物料則虛費, 製度則不佳, 歲月未多, 其物已壞, 復勞民力, 徒費前工. 若此者, 非惟致民之怨心, 實爲

146

오래된 폐단[舊弊]을 혁파하거나 새로운 법[新法]을 창정(創定)하는 일에 이르러서는 이를 경솔하게 해서는 안 된다. 혹 국정(國政)과 관계가 있거나 혹 민막(民瘼)304)에 관련되어 부득이하게 급히 시행해야 할 일이 생긴다면, 먼저 영문(營門)305)과 상의하고 뒤에 그 사실을 보고하여[先議於營門, 後報其事實] 반드시 허락하는 문서[許題]306)를 얻은 다음에 비로소 시행해야 한다. 하지만 법이 오래되면 폐단이 생기는 것은 예로부터 그러했다. 오늘날 새로 제정하는 법이 후일 폐가 되지 않으리라고 누가 장담할 수 있겠는가?

일에는, 이쪽에 유리해도 저쪽에는 해가 되는 것이 있고, 또 한 사람에게 유리해도 다른 사람에게는 해로움을 주는 것이 있고, 또 올해에는 이로워도 내년에는 이익이 되지 않는 것이 있으며, 또 올해에는 시행할 만해도 내년에는 폐지해야 하는 것이 있다. 만약 생각해 보지도 헤아려 보지도 않고 경솔히 새 법을 만든다면, 그 뒤에 생기는 폐단이 도리어 오늘의 폐단보다 더 심하게 될 터이니, 어찌 두렵지 않겠는가?

먼저 유종(有終)의 미를 생각하여 반드시 그 시작을 신중하게 해야 하니, 이를 일러 멀리 내다보는 계획[遠圖]이라고 하고, 이름이 널리 알려지는 것을 구하지 아니하고 오직 백성만을 이롭게 하고자 하니 이를 두고 양리(良吏)라 한다.307)

在我之失政. 故宜孜孜用情, 種種垂意, 擇物擇料, 度工度程, 務爲久不壞之規, 勿作龘率架漏之事. 然後上有益國, 而下不徒勞於民也)"

304) 민막(民瘼) : 백성을 괴롭히고 나라를 망치는 폐단.
305) 영문(營門) : 감영(監營)이나 군영(軍營)을 일컫는 말. 여기서는 감영을 말한다.
306) 허락하는 문서[許題] : 공식적인 보고와 요청 절차를 따라 공식적인 허락 공문을 받는다는 의미이다. 이 과정은 급하게 일을 시작함으로 해서 일어날 수 있는 불만을 미연에 방지하는 효과가 있다. 그러나 긴 시간의 공력이 소요되므로 일이 매우 지체된다.
307) 『거관요람』에는 이 항목까지만 실려 있다. 글의 말미에 '율곡선생이 생질에게 보낸 편지 57조[栗谷先生之甥姪書五七條]'라 표기했다. 이 표현은 두 가지 점에서

✖ 노비를 엄하게 관리함[嚴皂隷] ✖308)

노비란 족속은 매일 매일 눈앞에서 가깝게 부리는 자들이다. 형세상 쉽게 친하고 쉽게 정이 통하게 된다. 만약 그들을 믿어 심복으로 삼는다면, 그 뒤에 일을 함에 반드시 속임을 당할 것이다.309)

만약 그들을 독하게 대우하여 형장(刑杖)으로 다스린다면 이로 인해 (이들은) 원망하는 마음을 가지고 반드시 화를 만들게 된다. 그들 가운데 어떤 사람이 유순하고 성실하고 건강한지, 또 간사하고 거짓되며 완고하고 사나운지를 잘 관찰하여, 엄외(嚴畏)를 주로 하고 은애(恩愛)를 그 다음으로

문제가 있다. 첫째, 57항목으로 실려 있는 내용은 모두 『목민심감』과 연관이 있다. '율곡선생의 글'이라 한 것은 사실에 부합하지 않는다. 둘째, '율곡선생이 생질에게 보낸 편지'라는 것은 이원익의 '생질 이덕기를 계칙하며 보낸 편지'를 모방하여 이 책자의 성격을 규정하고자 한 것이다. 『거관요람』의 57항목은 편지가 아니며, 이이도 이런 편지를 쓴 적이 없다. 한편, 『거관요람』에는 이원익이 쓴 편지글이 하나도 실려 있지 않다. 이에 반해 국립본이나 『선각록』에서는 해당 항목마다 '오리왈(梧里曰)'이란 표현으로 이원익의 편지글을 덧붙여 놓았다.

308) 『목민심감』의 항목명은 '엄예졸(嚴隷卒)'이다. '嚴皂隷'의 '皂隷'란 노비의 다른 표현이다.

309) 여기까지가 『목민심감』의 내용과 비슷하다. 『목민심감』의 원문은 다음과 같다. "조예(皂隷)의 무리는 나를 시중들며 나와 가까이 있으므로 쉽게 정이 들고 쉽게 친해진다. 그들을 복심으로 여겨 일을 맡기면 제멋대로 일을 처리하되 반드시 나를 속일 것이며, 짐짓 온화한 빛으로 대하면 이를 빌미로 간사함을 길러 반드시 화를 낳을 것이다. 소인은 기르기 힘든 것이다. 군자는 자신을 바르게 하고 마음을 깨끗하게 하여 그들에게 속이지 말라고 훈계하고 공도를 가르치며, 온화한 빛은 조금도 보이지 말고 사소한 청도 받아들이지 말아야 한다. 조금이라도 넘치거나 모자라면 반드시 징계한다. 이와 같이 한다면 우환을 막을 수 있다. 그들을 가인(家人) 수족(手足)처럼 대한다면, 내외에서 생기는 폐단이 말할 수 없이 많아지고 형화(刑禍)의 곤란함 또한 말할 수 없이 많아진다(皂隷之屬, 侍我近我, 其情易洽, 其勢易親. 委之以腹心, 則從而取事, 而必見欺, 假之以詞色, 則因而長奸, 而必生禍. 此小人之難養也. 君子者正其己, 潔其心, 訓之以勿欺, 敎之以公道, 不如纖毫之詞色, 勿容斯須之請求. 稍有過差, 必懲必戒, 如此庶可絶其患. 如苟待之, 若家人手足, 則內外之弊, 有不可言, 而刑禍之累, 亦不可言也)"

148

하여 그 인품에 맞추어 사역하는 것이 마땅하다.

또한 아전배(衙前輩)는 혹 종종 점고하거나 혹 불시에 소집하여 임의로 출입하지 못하게 하고, 잠시라도 그들의 업무처를 떠나지 못하게 한다. 맡고 있는 모든 일들은 미리 갖추게 하고 담당하고 있는 문서를 분명하게 작성하여 감히 한시도 방심하지 않게 한다. 응당 먹여야 하는 음식물의 경우, 먹을 수 있는 곳에서 일일이 지급하고 조금이라도 빼앗아 해를 주지 않는다면 은혜와 위엄이 병행하여[恩威竝行] 관사(官事)가 지체되는 일이 사라질 것이다.

관노(官奴)와 급창배(及唱輩)[310]는 마땅히 엄격함을 앞세우고 은혜는 뒤로 하며[先嚴後恩], 말하는 사이 조그만 일이라도 거짓을 꾸미고 속이며 숨기는 단서가 하나라도 있다면 반드시 엄하게 다스려 그것이 점점 커지는 것을 막도록 한다. 덥거나 추운 계절, 혹 음식을 먹을 때가 있으면, 구휼하여 먹이기를[恤而饋] 가노(家奴)와 같이 대한다면 그들 또한 관장을 상전(上典)으로 알고 뜻밖의 변고는 일으키지 않을 것이다.

사령배(使令輩)[311]에게는 더욱 더 엄하게 위엄을 부려, 입번(入番)한 사람들이 잠시라도 마음대로 자리를 뜨지 못하게 한다. 또한 관정(官庭)에 출입할 때나 대답하여 소리 지를 때 방심한 상태로 이를 거행하지 않도록 하며, 한 명이라도 죄를 지으면 한결같이 도사령(都使令)[312]과 더불어 다스린다. 마땅히 먹여야 할 음식 또한 곧바로 지급하여 (그들의 힘을) 부지하게

---

310) 급창배(及唱輩) : 급창은 관아에 딸린 사령의 하나. 섬돌 위에 서서 관장(官長)의 명령을 간접으로 받아서 큰 소리로 전달하는 일을 맡아서 하였다.

311) 사령배 : 사령(使令)은 각 관아에서 심부름하는 사람을 가리키는 범칭(汎稱)이다. 사령의 임무를 맡은 조예(皂隸)와 나장(羅將)이 직접 사령이란 별칭으로 불리기도 하였다.

312) 도사령(都使令) : 각 관아에서 심부름 따위를 하는 사령(使令) 가운데 서열이 가장 높은 우두머리 사령.

하면 은혜와 위엄이 병행하게 되고[恩威竝行], 문을 단속하는 일이 자연
엄하게 되며, 또한 송사(訟事)하는 백성들이 지체하게 되는 폐단이 사라질
것이다.

통인배(通引輩)는 마땅히 은혜를 먼저하고 위엄을 뒤로 한다.[先恩後嚴]
덥고 추운 계절 반드시 음식을 자애롭게 나누어 먹인다. 문서에 인장을
찍을 때[313]와 문서를 내고 받아들일 때, 그리고 청소·필묵(筆墨)·지지(紙
地)·포석(布席) 등의 일에 이르러서는 반드시 규모 있게 하도록 한다. 그런데
한 가지라도 법식에서 어긋날 경우, 당사자와 수통인(首通引)[314]을 반드시
맹렬하게 매질한다. 그렇게 하면 관가의 정체(政體)가 외간에 자연스럽게
파급되어 사사로운 말들이 유입되는 폐단이 사라지게 된다.

기생배는 마땅히 은혜를 먼저하고 위엄을 뒤로 해야 한다. 그러나 은혜는
쉬이 두터이 베풀게 되고 위엄은 행하기 어렵다.[315] 말을 주고받는 사이,
관사(官事)와 민사(民事) 등의 일을 언급한다면 반드시 맹렬하게 매질하여
마치 인정이라고는 없는 사람처럼 한 뒤에야 사사로움이 끼어드는 폐단이
사라지고 추악한 말을 듣는 욕스러움 또한 면할 수 있게 된다.

✖ 참소하여 이간질하는 짓을 배척함[斥讒間] ✖

사람을 참소(讒訴)하는 말은 사실 여부를 믿기 어려우니, 들어도 답하지

---

313) 국립본에는 "文字之時"로, 『선각록』에는 "文書踏印之時"로 되어 있다. 『선각록』을
     따른다.
314) 수통인(首通引) : 조선에서 관아의 관장(官長) 앞에 딸리어 잔심부름하던 이속(吏屬)
     가운데 우두머리 자. 수령(守令)의 신변에서 호소(呼召)·사환(使喚)에 응하였다.
315) 기생배는~행하기 어렵다. : 국립본의 원문은 "妓生輩, 則當恩先嚴, 而恩易厚矣,
     嚴難行矣"이다. 『정요』의 경우, 이 구절이 "妓生輩, 則當先恩後嚴"으로 되어 있고
     "而恩易厚矣, 嚴難行矣"는 빠져 있다. 국립본의 '當恩先嚴'은 『정요』를 따른다.

말고 시간이 지난 뒤에 자세히 살피는 것이 마땅하다.316)

익명서(匿名書)를 관아[衙中]에 던져넣는 폐단이 도처에서 생긴다. 만약 이를 주워 본다면 뒤에 생길 폐단을 막기 어려우므로, 그 모든 것을 불살라 없앤다.[付丙] 그렇게 하면 참소하여 이간질하는 행동이 절로 사라지게 된다.

참소하여 이간하는 말은 흔히 재물(財物)과 여색(女色)과 소임(所任) 문제에서 나온다. 이 세 가지를 가지고 조사해 보면 거짓과 사실 여부를 판단할 수 있다.

---

316)『목민심감』의 항목만 빌렸을 뿐, 내용은『목민심감』의 그것과는 전혀 다르다. 『목민심감』의 원문은 다음과 같다.

"나에게는 상사가 있고 또 부속·서리·동료가 있다. 혹 아랫사람으로서 서로 맞지 않는 경우에는 갑자기 비방하는 말을 하고 간혹 시비를 가리려고 하는 경우가 있는데, 내가 그것을 들었다면 반드시 조용히 듣고 깊이 생각하여 그 까닭을 살펴본다. 과연 그런 점이 있다면 비방한 사람은 군자이며, 그런 사실이 없다면 그 사람은 정말 소인이다. 그러한 사실이 있다면 모두 내 스스로 알기만 할뿐 드러내어 나쁜 소문을 낼 필요가 없다. 와서 그 사실을 알려주는 사람을 타이르기를 '일이 너하고는 상관이 없는데 너는 무슨 말을 하는가? 그가 옳다면 너는 참소하는 사람이 되고 그에게 그런 사실이 없다면 너는 배척하는 사람이 된다'고 배척하여 쫓는다. 시간이 조금 지나 조용해지면, 비방을 받게 된 사람과 만나 과연 소문이 사실이면 고치게 하고 사실이 아니라면 비방한 사람을 통렬히 문책한다.

어떤 사람이 와서 충언을 한다며 나의 단점을 거론하며 밖에서 들은 말을 빌려 나의 잘못을 조목조목 이야기한다면, 마땅히 두려워하며 자성하고 허물을 나의 것으로 돌리고 가르침을 받은 것에 대해 고마움을 표한다. 반성하고 고쳐 나의 덕을 완성해야 하며, 도리어 그 사람에게 분노하며 나를 돌이켜 허물을 바로잡는 길을 끊어버려서는 안 된다. 능히 이와 같이 한다면 군자 되는 길을 잃지 않을 것이다.(吾有上司, 且有部屬, 及有胥吏, 復有同寅. 或在下之人, 有與不相合者, 輒生謗語, 間諜是非, 在吾聞之, 必當默聽潛思, 推究其理. 果有此否, 如彼人者, 素君子也, 不宜有此, 彼人者,誠小人也. 宜其有之, 皆須吾心自知, 不可因而揚白, 播其惡聲. 卽戒來語之人, 曰事不預汝, 汝何言邪. 彼實則汝爲讒人, 彼虛則汝爲排陷, 斥而遣之. 稍久從容之際, 乃達被謗之人, 果實則改之, 虛則痛責謗者. 其有人獻忠言, 指吾之短假, 託外聞之語, 陳吾不善之條, 則當惕焉自省, 歸咎己身, 謝其見敎之言, 以悔以改, 成我之德, 不可返怒其人, 以絶省躬改過之道. 能若是, 斯不失爲君子也)"

🗡 선물을 거절함[絶饋遺] 🗡

나에게 예물로 물품을 바치는 사람이 있는데, 혹 명분 없이 주기도
하고 혹 줄만한 근거가 있어 그렇게 하기도 한다. 명분 없는 물품은 논할
바도 없거니와, 비록 사소하더라도 (그 사람이) 줄만한 근거가 있는 일이
있다하더라도 결코 받아서는 안 된다. 이 길이 한번 열리면 뇌물로 유혹하는
문을 닫아 걸 수 없게 된다.[317)

타인의 물품을 받아 챙기고 다른 사람의 청탁을 들어줄 경우 내 마음을
굳게 지킬 수가 없게 된다. 이 때문에 곧은 것을 굽었다 하고 굽은 것을
곧다고 하게 되면, 사람들이 비방하는 말을 어떻게 감당할 것인가? 후환(後
患)은 또 어찌할 것인가? 처음부터 끊어 막아야 한다. 신중하고 또 경계할

---

317) 『목민심감』의 '절궤유(絶饋遺)'를 추려서 정리했다. 『선각』과 『목민심감』의 두
항목은 비슷한 부분도 있지만, 전혀 다른 내용도 있다. 원문은 다음과 같다.
"사람이 물건으로 예를 차리는 것은 나에게 공경을 표시하려는 것이다. 비록
그의 마음이 정성스럽다 하더라도 결코 받아서는 안 된다. 진실로 청납(聽納)하는
마음이 한번 열리면 뇌물로 유혹하는 길이 반드시 열리게 된다. 이는 한 방울의
물이 강하(江河)를 이루고 조그마한 깜부기불이 맹렬한 불길이 되는 것과 같아,
장차 막을 수 없는 일이 생길 것이다. 대개 물욕은 비록 적다하더라도 중대한
천리를 해칠 수 있으니 이는 한 조각의 구름이 비록 적지만 태양 빛을 가릴
수 있는 것과 같다. 남의 물건을 받으면 곧 남의 부탁을 듣게 되어 바른 것을
비뚤어진 것으로 하고 옳은 것을 그른 것으로 하게 되니, 그렇게 되면 국법을
행할 수 없을 뿐더러 자기 자신에게 미칠 화 또한 면할 수 없게 된다. 아, 청렴함을
삼가 지켜 남에게 조금도 오염되지 않게 되어 나의 깨끗한 기풍과 굳은 절개가
천지 사이에 길이 행해지도록 해야 하지 않겠는가? 능히 이와 같이 한다면
사람마다 나를 공경할 뿐만 아니라 귀신도 나를 공경할 것이다. 관직에 있는
군자들은 이를 보배로 삼아야 하지 않겠는가?(人有以物爲禮, 將敬於吾, 雖其心誠,
決不可納. 苟聽納之心一啓, 則賄誘之路必開. 涓滴之水成江河, 寸燼之火成熱焰, 其來
有不遏者. 盖物欲雖小, 能害天理之大, 猶片雲雖小, 能掩太陽之輝. 凡受人之物, 卽聽
人之囑, 以直爲曲, 以是爲非, 國家之法不能行, 而在己之禍, 從不免. 吁, 何不恪守廉潔,
一毫不以染於人, 而使吾淸風勁節, 長行於天地之間耶. 能如是, 則非惟人人敬之, 雖鬼
神亦敬我矣. 有官君子, 其寶之哉)"

지로다.

🜀 신관을 예로 대우함[禮新官] 🜀

서로 (관장) 임무를 교대하는 사람들 사이에는 형제의 정의(情義)가 있다. 신관이 처음 임지에 도착했을 때는 모든 물품이 아직 갖추어져 있지 않으므로, 내가 오랫동안 쓰던 물품 가운데 낡기는 해도 긴요한 것을 헤아려 적절히[略略] 남겨 둔다.

그리고 영문(營門)에 보고해야 하나 아직 완료하지 않은 일, 명령을 내렸으나 아직 시행되지 않은 일, 시작은 했으나 마무리가 되지 않은 일, 신관과 구관이 교체할 즈음에 간사한 아전배들이 농간을 부릴 수 있는 일 등을 하나하나 신관에게 말해 주거나 혹은 책자에 써서 전해주어 그가 모두 알고 시행하게 한다면, 서로 어긋나는 폐단이 생기지 않는다. 또한 신관이 나를 의심하는 단서도 사라진다.

내가 관에 있는 몇 년 동안, 전곡(錢穀)과 인물(人物)에 대해 온 마음을 다 기울여 조금이라도 착오가 없게 했으나, 문적(文跡)이 명확하지 않아 사람들이 시비를 걸게 되면,318) 이를 해명해야 하는[分疏] 부끄러운 일이 생기게 된다. 뿐만 아니라 그에 대한 해명도 관장으로 있을 때와는 같게 되지 않을 것이다. 임지를 떠날 때가 가까이 오면 반드시 다시 더 자세히 살피고 손질하여 뒷말이 생기지 않게 해야 한다.319)

---

318) 국립본의 원문은 "致有人之是非"이다. 『선각록』에서는 "致有後人之是非"라고 했다.

319) 『목민심감』의 '예신관(禮新官)' '고구정(告舊政)' '위행탁(委行橐)' 항목을 '예신관(禮新官)'이란 이름으로 정리했다. 『목민심감』에는 '선종(善終)' 편목으로 '예신관(禮新官)' '고구정(告舊政)' '위행탁(委行橐)' 3항목을 설정하였는데, 여기서는 다른 편목과 달리 여러 항목을 하나로 묶어 설명했다. 『목민심감』과 『선각』의 전체 내용은

🎴 금령을 살핌[審禁令] 🎴[320]

금령의 경우, 조정에서 내려온 명령이나 순영(巡營)에서 내려온 명령 할 것 없이, 즉각 거행하고 마음 깊이 새겨 봉행한다. 우금(牛禁)·주금(酒禁)·송금(松禁) 이 세 가지 금령은 본래 나라에서 금하는 규정[邦禁]이므로 더욱 착실하게 거행해야 하지만 (상황에 따라) 변통하는 방도[闊狹之道]가

유사하면서도 다른 점이 많이 있다. 특히, 『선각』에 있는 "서로 (관장) 임무를 교대하는 사람들 사이에는 형제의 정의(情義)가 있다"는 내용은 『목민심감』에는 나타나지 않는다. 『목민심감』의 원문은 다음과 같다.

"고적이 이미 끝나면 이임하는 방법에는 세 가지가 있다. 신관이 오는 것은 나를 대신하기 위함이니, 그 행관(行館)이 주밀하지 못하여 여러 물품을 갖추지 못하고 있다. 내가 전에 가지고 있던 것을 모두 물려주어야 한다. 이것이 그 첫째이다.

지난 임기 때 반드시 시행하다 끝맺지 못한 것과 꼭 거행해야 할 것, 마땅히 고쳐야 할 것, 마땅히 경계해야 할 것 등이 있으니, 모두 일일이 신관에게 말하고, 책자에 써서 기록하여 신관으로 하여금 알고 일을 행하게 한다면 아마 전후의 정사가 그릇되지 않고 처음과 끝의 일이 서로 이어질 것이다. 이것이 두 번째이다.

임지를 떠나는 날, 관청에는 관물 가운데 마땅히 넘겨주어야 할 것과 자기의 물품 가운데 가지고 가기에 알맞지 않은 것을 모두 신관에게 주어야 한다. 가지고 가서 뜻밖의 비방을 일으켜서는 안 된다. 이것이 세 번째이다.

내가 수령으로 있던 3년 동안 이미 정사에 마음을 다했고, 백성들에 대해서도 하나의 오점이 없이 대했다면, 염한(廉翰)하다는 명성이 이미 드러났을 것이다. 처음과 끝을 분명히 하여 내가 떠난 뒤, 사사물물마다 다른 사람으로 하여금 보고 생각하게 하고 물의가 일지 않도록 한 연후에야 나의 마음에 부끄러움이 없고 또한 옛날의 군자에 대해서도 부끄러움이 없게 될 것이다. 이것이 처음과 끝을 잘하는 길이다.(考績既及, 謝政之道, 亦有三焉. 新官之至, 所以代我, 其行館未周, 諸物未備, 凡吾之舊有者, 宜悉遺之, 一也. 舊任之政, 必有行未絶者, 有合革者, 有宜改者, 有當戒者, 皆頃──爲新官言之, 書于冊以記之, 令其知而行之, 庶幾前後之政不訛, 首尾之事相接, 二也. 起程之日, 凡公廨之內, 有官物當交割者, 有己物不足帶者, 皆宜付之新官, 不可持歸以興薏苡之謗, 三也. 吾在官三年, 既皆於政盡心, 於民無染, 廉翰之名已著. 始終必當分明, 使吾去後, 事事令人見思, 物物無一可議, 然後無愧於吾心, 亦無愧於古君子, 此善始善終之道也)"

154

없을 수 없다.

우금(牛禁). 혹 향회(鄕會)라 핑계대고 혹 계회(契會)를 빙자하여 농우(農牛)를 억지로 **빼앗아** 도살하는 일이 있으니, 이는 각 면에 전령하여 엄하게 금해야 한다. 그러나 세시(歲時)[321]·절일(節日)[322]에 서로 매매하여 소를 도살한다면 굳이 금할 필요는 없다.

병들거나 노쇠하여 농사일을 감당할 수 없는 소라면 이 소의 판매를 막을 이유가 전혀 없다. 병들고 노쇠한 소를 팔아 건실한 소로 바꾸는 것은 농가에 이익이 된다. 값이 비싼 소를 팔고 싼 소를 사는 일 또한 생민(生民)에게 이익이 된다. 그러므로 이것을 엄하게 금하여 막는 것은 백성을 위한 정치[爲民之政]가 아니다.

설령 금한다 할지라도 금령을 범한 사람에게 곤장을 쳐서 징려(懲勵)[323]하는 편이 좋으며, 속전(贖錢)[324]을 거두는 일은 도리어 백성의 생업에 해를 끼치므로 차마 할 수 없다.

주금(酒禁).[325] 예로부터 행하기 힘든 명령이다. 술 빚는 것을 금하려다가 도리어 생민들에게 폐해를 끼쳐서는 안 된다. 다만 흉년에는 술을 많이

---

321) 세시(歲時) : 한 해와 사시를 말함. 세성(歲星)의 운행과 사시(四時)의 순환에서 온 말이다.
322) 절일(節日) : ① 명절(名節)로 치는 날. 원단(元旦), 상원(上元), 한식(寒食), 상사(上巳), 욕불(浴佛), 단오(端午), 유두(流頭), 추석(秋夕), 중양(重陽), 동지(冬至), 납평(臘平)들을 일컬음. ② 한철의 명절. 곧 인일(人日)·상사(上巳)·단오·칠석·중양(重陽) 따위. ③ 임금이 태어난 날.
323) 징려(懲勵) : 엄하게 징계하여 힘쓰게 함.
324) 속전(贖錢) : 죄를 면하기 위하여 바치는 돈. 우금을 범한 사람이 내는 속전은 우속(牛贖)이라 했으며, 지역별로 그 바치는 돈의 액수가 달랐다.(『숙종실록』 숙종 36년, 5월 6일 경오)
325) 주금(酒禁) : 주금은 영조대 특히 강조되었다. 금주령을 내려 금주를 강조하던 영조는 1762년(영조 38)에 한글로 된 『어제경민음(御製敬民音)』을 목활자로 찍어 반포, 백성들이 금주령을 준수할 것을 당부했다.

빚지 못하게 하여 낭비를 줄이면 반드시 시장가격[市値]에 큰 도움이 된다. 이러한 뜻을 각 면에 전령하여 마을 마을마다 잘 알게 해야 한다. 읍내와 장시(場市)에서 술 담그는 사람들을 종종 잡아다 다스리는 것도 주금(酒禁)의 한 가지 방법이다.

송금(松禁).[326] 송전(松田)[327]이 있는 고을에서는 감색(監色)[328]과 각 마을의 산지기를 신칙하여 법에 따라 엄하게 금한다. 비록 개인이 기르는 소나무 산[私養山]이라 할지라도 벌채를 금할 수 있는데, 관가에서 벌채를 금할 경우 반드시 적간(摘奸)[329]하게 되고 적간한다면 반드시 민폐를 끼치게 된다. 차라리 각 면에 전령하여 그 면에서 자체적으로 금송계(禁松契)[330]를 설치하거나 혹 동계(洞契)를 만들어 벌채를 금하도록 하되, 만약 금령(禁令)을 따르지 않는 자가 있으면 해당 면에서 이름을 적어 첩보하게 하여 그를 징려(懲勵)하는 편이 더 낫다.

송전에서 금령을 어기는 자를 적간할 때 1~2그루 베었다고 하여 본인 및 감관과 산지기들을 붙잡아 죄를 다스린다면 중간에 들어가는 쓸데없는 비용이 반드시 많아지게 된다. 그 들어가는 쓸데없는 비용을 마련할 길이 없다면 (이들은) 형세 상 송전에 손을 댈 것이며 이때 손대는 소나무는 1~2그루에 그치지 않게 된다. 한갓 적간하여 붙잡아 들이는 일만을 엄하게

---

326) 여기에 실려 있는 송금(松禁)의 내용은 『목민고』, 『임관정요』에 실려 있는 「송금작계절목(禁松作契節目)」과 비교된다. 『만기요람(萬機要覽)』, 「재용편(財用編)」 5, 송정(松政), 총례(總例)에 따르면, "대개 소나무를 심는 데 적당한 곳은 다 그 수효가 있고, 금양(禁養)하는 절목(節目)도 또한 그 법이 있으니, 숙종 갑자(숙종 10, 1684)에 절목을 특별히 찬정(撰定)하여 제도(諸道)에 반시(頒示)하고, 정종 무신(정조 12, 1788)에 고쳐 찬정하여 반행(頒行)하였다"고 했다.

327) 송전(松田) : 소나무가 무성하게 자라는 숲.

328) 감색(監色) : 감독을 책임진 사람.

329) 적간(摘奸) : 난잡한 행동이나 부정한 사실의 유무를 조사·적발함.

330) 금송계(禁松契) : 조선후기 소나무 숲을 지키고 관리할 목적으로 만든 계.

시행한다면, 송전은 장차 동탁(童濯)331)으로 변한다. 수령은 이 점을 매우
유념해야 한다.

---

331) 동탁(童濯) : 산에 초목이 씻은 듯 아주 없어지는 것을 이름.

선각(先覺) 하(下)

추록(追錄)

첨록(添錄)

추록(追錄)

160

❌ 조적(糶糴) 20조 ❌

1. 조적(糶籴)을 시행하는 방법으로는 결환(結還)¹⁾이 있고 통환(統還)²⁾이 있는데, 통환은 곧 호환(戶還)이다. 호환은 더욱 어지럽고 복잡하니, 허명(虛 名)과 공각(空殼)³⁾은 모두 호환 때 농간[幻弄]을 부린 결과이다. 충분히 상세히 살펴 반드시 잘 여문 곡식을 기한 전에⁴⁾ 모두 받아들여 줄어서 축나는 폐단[欠縮之幣]이 생기지 않도록 해야 한다. 호수(戶數)와 환곡의 총량[穀總]을 잘 맞추고 등급에 따라 지급하여, 순서대로 다 배분하지 못하는 근심[絶巡之患)]⁵⁾이 생기지 않도록 해야 한다.

환곡을 받아들이는 업무가 시작되었을 때[捧還坐起時]에는 납부하는

---

1) 결환(結還) : 전결(田結)을 기준으로 환곡을 배당하는 것을 결환(結還)이라 한다. 대개 매 결에 4, 5두, 많은 경우는 7, 8두였다. 이에 대해서는 『승정원일기(承政院日 記)』 고종(高宗) 19년 임오(1882, 광서 8) 8월 30일(계미) 기사가 참고된다. "환곡이란 본래는 불의의 사태에 대비하기 위해 모아두는 것이고, 그 모조(耗條)는 지방(支放)의 비용에 공급하는 것으로, 민호(民戶)마다 각기 7두(斗) 5도(刀) 7합(合) 을 정식으로 한 것이 몇 백 년이 되었습니다. 그런데 근래 들어 호환(戶還)을 혁파하고 가을에 쌀을 거두어들일 때에는 두(斗)와 곡(穀)을 정확히 재어 그에 준해 받아들이면서, 봄에 쌀을 방출할 때에는 두나 곡은 계산하지도 않고 단지 원래 총 수량이 몇 섬인가만 계산합니다. 거기에는 축난 것이 대부분으로 온전한 섬이 없으며, 심지어 빌려가지도 않았는데 납입해야 하는 지경에까지 이르기도 하니, 어찌 통탄스럽지 않겠습니까. 민결(民結)마다 환곡을 분배하되 본전은 결주(結主)에게 돌려주고 해마다 모조를 취하여 지방의 비용으로 삼는다면 간사 한 아전이 농간을 부리는 폐단과 호향이 포흠을 범하는 습속이 자연 종식될 것입니다."
2) 통환(統還) : 호(戶)를 단위로 환곡을 나누어 주는 것. 호환(戶還)이라 함.
3) 공각(空殼) : 알맹이 없는 빈 껍질.
4) 국립본의 원문은 '限前必捧'이며, 『거관요람』에는 "限歲前畢捧"으로 되어 있다.
5) 순서대로 다 분배되지 못하는 근심[絶巡之患] : 『거관요람』에는 "絶旬之患"이라 했다.

사람과 받아들이는 업무를 담당한 관속(官屬) 이외에 잡인들이 드나들지 못하게 막고 시끄럽게 떠들지 못하도록 엄중히 금하여 창고 마당이 조용해진 뒤에 받아들인다. 곡물의 품질[穀品]이 떨어진다고 너무 심하게 점퇴(點退)⁶⁾하면 백성들이 억울하게 생각할 것이고, 조금이라도 소홀히 하면 쭉정이[空殼]가 반을 넘게 되므로 반드시 알맞게 하여 받아야 한다.

흩어지는 곡식이 너무 많으면 백성들이 억울하다고 여기므로 일절 엄금해야 한다. 그러나 관속들이 이 땅에 떨어진 곡물을 가지고 환곡을 거두는 수고비 등에 충당하므로[渠還之類],⁷⁾ 뜰에 떨어지는 곡식이 한 톨도 없으면 큰 낭패를 보게 된다. 이 또한 고려하지 아니할 수 없으니, 또한 알맞게 하여 받아야 한다.

진창(賑倉)의 곡물은 품질을 엄격히 검사하여 받아들이고 조금이라도 함부로 흩지[濫散] 않도록 해야 한다.⁸⁾

1. 색락곡(色落穀)⁹⁾은 그것을 받아먹기로 한 사람[當食之人]으로 하여금 거두어 모으게 한 뒤에 모은 곡식을 본래의 환곡[元還]과 같이 섬으로 꾸려[作石] 매일 별고(別庫)에 쌓아 두도록 한다. 그 수납이 완료되면[垂畢之際] 이를 차지하기로 한 사람에게 줄 환자를 계산하여 빼두고, 만약 남을 경우 관속배(官屬輩)들의 환자로 옮겨 기록하면 관속(官屬)들의 환자가 비게 되는 폐단 또한 사라지고 또 쭉정이[空殼]가 뒤섞이는 폐단도 없어질

---

6) 점퇴(點退) : 기준에 맞지 않아 퇴짜를 놓는 것.
7) 거환(渠還) : 환곡의 출납을 담당하는 괴수.
8) 『거관요람』에는 "진창(賑倉)의 곡물은 품질을 엄하게 가려 받아들이고 조금이라도 함부로 흩어지지 않도록 해야 한다"는 구절이 빠져 있다.
9) 색락곡(色落穀) : 환곡 또는 세곡을 수납할 때 간색(看色) 또는 감모(減耗) 보충용으로 얼마를 가외(加外)로 받는 곡물로, 간색과 낙정(落廷)을 붙여서 나온 말.

것이다. 색락곡을 거두어 모을 때에는 별도로 믿을 만한 장교(將校) 두 사람을 지정해서 교대로 지키게 하여 한 톨도 밖으로 나가지 못하게 해야 한다.10)

1. 창고 건물을 미리 보수하여 비가 새거나 무너진 곳이 없도록 하고, 자물쇠·열쇠·장벽 등을 일일이 수리한다. 석자(石子)11)와 망고(網罟 : 그물) 는 미리 분부하여 반드시 견고하고 촘촘하게 손보아 새지 않도록 한다. 창고 문의 지도리 또한 자세히 살펴야 한다.12)

1. 매일 창고에 곡식을 들여 놓다 보면 해가 저물기 십상이니, 여유를 갖고 상세히 살펴서 계산을 분명히 하여 입고(入庫)하고, 입고된 수량은 창고의 담당자[倉色]가 으레 기록하여 보고하게 하되, 반드시 비밀 장부를 두어 그 수량을 대조하고, 별도로 믿을 만한 장교를 지정하여 잡인이 함부로 들어와서 작간(作奸)13)하지 못하도록 자세히 살펴야 한다.14)

---

10) 『신편 목민고』에 다음과 같이 유사한 내용이 나온다.
　　"창고 담당자가 곡물을 가지고 간사한 짓을 저지르는 것을 막기에 가을에 곡물을 거두어들일 때만큼 좋은 시간은 없다. 그들이 당연히 차지하기로 되어 있는 색락미(色落米) 등과 같은 곡물을 원래의 환자처럼 섬으로 꾸려서[作石] 별도의 창고에 넣어 두고 그들과 약속하기를 '환자를 나누어 주는 일이 끝난 뒤에 만약 줄어든 것이 없으면 당연히 너희들에게 지급하겠지만 만약 줄어든 것이 있으면 이것으로 부족분을 채우겠다. 가을·겨울에는 곡식이 흔하고 봄·여름에는 곡식이 귀하다. 만약 줄어든 것이 없으면 곡식이 귀한 때 너희들이 전액을 받아 쓸 수 있으니 너희들에게도 유익할 것이다'라고 해두는 것이 좋다."

11) 석자(石子) : 곡물을 담는 섬.

12) 『거관요람』에는 "창고 문의 지도리 또한 자세히 살펴야 한다"는 구절이 없다.

13) 작간(作奸) : 간사한 짓을 하는 것.

14) 이 내용은 국립본에는 없으며, 『거관요람』과 『선각록』에 실려 있다.

1. 읍내(邑內)에서 바치는 환자곡과 양반들이 바치는 환자곡은 대부분 잘 여물지 않아 품질이 나쁘다. 환자를 거두는 것을 마무리할 때가 되면[垂畢之際] 대부분 쭉정이[空殼]를 바치고 받아먹을 때는 반드시 단단히 여문 알곡으로 받아가니 참으로 통탄할 일이다. 읍내의 환자를 엄격히 감독하여 먼저 받는다면 이러한 폐단이 생기지 않는다.

1. 내외(內外) 창고를 막론하고 고을 안에 살고 있는 양반들이 창고 건물[倉舍]로 들어가 감관(監官)과 같이 앉아서는 혹 주육(酒肉)을 토식(討食)하며 쭉정이[空殼]를 받아달라고 청탁을 하는 등 아주 시끄럽게 군다. 날을 하루 잡아, 창고를 열 시간을 내외 창고에 전령하고 그 시간을 대문에 게시하도록 한다. 그리하여 수시로 적간(摘奸)하여 혹은 쫓아버리거나 혹은 붙잡아 들여 통렬하게 금지시킨다.

1. 환곡을 받아들이기 가장 어려운 무리는 관가의 아전[官吏]과 양반호[班戶]15)이다. 풍력(風力)16)이 있는 사대부가 세도에 의지하여 납부하기를 거부한다면 '지중(至重)한 국곡(國穀)을 사대부의 집에서 이렇게 하는 것은 부당하다'는 뜻을 예리(禮吏)17)나 창색(倉色)18)을 통해 조목조목 알려 납부하도록 독촉하거나 혹은 일을 맡아 처리하는 노자(奴子)를 잡아다가 거듭거듭 타일러 먼저 납부한다는 점을 약속하게 하면,19) 그 나머지 소민(小民)

---

15) 관리(官吏)와 양반호[班戶] : 국립본과 『선각록』에는 "官吏及班戶", 『거관요람』에는 "官屬及兩班"으로 되어 있다.
16) 풍력(風力) : 주변에 큰 영향을 줄 정도의 위력 혹은 남을 도덕적으로 감화시키는 힘.
17) 예리(禮吏) : 예방의 아전.
18) 창색(倉色) : 창고 담당자.

들은 모두 자진해서 바치고, 또 쭉정이[空殼]로 인해 부실해지는 폐해도
없어질 것이다.

　　1. 전토와 노복(奴僕)이 없는 매우 가난한 양반호[班戶]는 양반이면서도
남의 땅을 부쳐 먹으며 사니, 이는 친척과 향당(鄕黨)의 호의 때문이다.
(가난한 양반호가 환곡을 바치지 않는다면) '장차 이 사람을 옥귀(獄鬼)[20]가
되게 해서는 결코 안 된다'라는 뜻으로 소작을 준 양반[作矣兩班]에게
거듭 교유(敎諭)한다. 그렇게 되면, 그 가운데에서 어쩔 수 없이 구처(區處)하
여 납부하게 된다.[21]

　　1. 관가의 아전이 환자를 받을 경우, 혹 차명(借名)하거나 개명(改名)하여
받는 까닭으로, 어떤 아전이 받았는지 알지 못하게 된다. 그러므로 수납을
마칠 즈음, 매양 혼란스럽게 되고 부족해지는[逋欠] 폐단이 생기니 미리
이방(吏房) 및 창고의 색리(色吏) 등에게 엄중히 분부하여, 관리가 차명으로
받은 것을 일일이 초록(抄錄)하고 이것을 책상 위에 두도록 한다. 그런
뒤 그들의 빈부(貧富) 여부를 물어 넉넉히 비납(備納)할 수 있는 자라면,
조속히 납부하여 중죄를 면하라는 뜻으로 조용히 분부한다. 그렇게 하면
그도 이 같은 은혜에 감복하고 그 죄를 두려워할 것이므로 어렵지 않게
거둬들일 수 있다.

---

19) 노자(奴子)를~약속하게 하면 : 국립본에는 "申申曉諭, 期於先納",『거관요람』에는
　　"申申曉諭先納"으로 되어 있다.

20) 옥귀(獄鬼) : 옥중에서 죽은 귀신.

21) 이 문장의 원문은 다음과 같다. "無田土奴僕至貧班戶則以兩班作矣以親戚連姻鄕黨
　　之好誼將此人作獄鬼大不可之意敎諭于作矣兩班則自其中不得已區處以納矣." 이해
　　하기 어려운 구절이 많은데, 여기서는 일단 '以兩班作矣'와 '作矣兩班'을 각기
　　'양반으로서 소작을 하다', '소작을 준 양반'으로 해석했다.

상환할 곡식량[石數]은 많은데 빈궁하여 어쩌지 못하는 사람의 경우에는, 먼저 그 가산(家産)을 몰수한 뒤에 그 일가붙이에게 징수하는 일 외달리 좋은 대책[善策]이 없다. 그러나 혹 좋은 담당자[所任]를 차출하여 그가 먹은 곡물[其所食之物]을 조금 담당하게 하면, 좋은 소임이 있다는 사실을 보고 아래에서 두루 변통하려는 형세가 나타나고 또 구해주려는 사람도 생길 것이니, 이 또한 받을 수 있는 방법이 된다.

1. 만약 오랫동안 포흠(逋欠)[22]하는 아전이 있으면 소동을 피울 필요 없이 조용히 조금씩 조금씩 거두어야[收殺] 한다.[23] 만약 갑자기 다 받아내기 어려운데, 상사(上司)가 적간(摘奸)하여 탈을 잡힐 염려가 있으면, 어쩔 수 없이 영문(營門)에 보고하여 잡아 가두고 형추(刑推)하도록 하여 받아내어야 한다. 그러나 아전들도 또한 백성이므로, '부득이 어쩔 수 없었다'는 뜻을 그들에게 보여야 원한에 사무친 마음이 풀리고 환자를 받을 길도 열릴 것이다. 임시로 변통하는 길은 오직 수령의 수단에 달려 있다.

1. 새로 받아들인 곡식을 각 창고에 보관하여 오래된 곡식과 섞이지 않도록 하면, 환곡을 분급할 때 새 곡식[新穀]으로 바꾸어 나눠주는 폐단이 생기지 않는다. 환자를 나이(那移)하는 일[24]은 일절 하지 말아야 한다. 관가의 용도가 부족하면 비록 늠미(廩米)[25]를 바꾸어 쓸지언정 환자를

---

22) 포흠(逋欠) : 관가의 물건을 빌리고 돌려주지 않는 것. 또는 국가의 조세를 납부하지 않는 것을 말한다. 혹은 이로 인한 결손액도 포흠이라 한다.
23) 국립본의 원문은 "如有久逋吏, 不必騷動, 從容收殺, 可也"이다.『거관요람』에는 "如有久逋欠, 不必騷動, 從容收刷, 可也"로 되어 있다.
24) 나이(那移)하는 일 : 돈이나 물건을 잠시 둘러대는 것을 말한다.
25) 늠미(廩米) : 봉급용의 쌀.

빌려 써서는 안 된다. 환자에 한번 손을 대게 되면 온갖 폐단이 뒤따라 생기게 된다.

1. 환곡을 나누어 줄 때에는 환곡을 받을 때와 마찬가지로 창고 마당을 조용하게 한다. 이방(吏房), 호장(戶長) 및 창감(倉監)[26]과 색리(色吏)에게 미리 분부하여 민호(民戶)의 총수와 각 창고 곡물의 총수[27]를 일일이 써서 들이게 한 뒤에 1년간 나눠줄 결환(結還) 및 통환(統還)의 수량과 등급을 적절하게 구분하여 준비한다. 원분(元分)[28] 이외에도 제방을 수축하는 역사(役事)·전답이 무너지고 터진 것을 보수하는 역사·분산(墳山 : 산소)의 붕괴를 수축하는 역사·농량(農糧 : 농사에 필요한 식량)과 혼인·상사[婚喪] 등의 일로 백성들이 요구하면 부득불 허락하지 않을 수 없는 곡식을 각별히 유의하여 적당히 마련함으로써 창고에 남겨두는 곡식[留庫條]은 손대지 않도록 해야 한다.

혹 그 모곡(耗穀)[29]이 유리하다 하여 고의로 더 나누어 주는 경우가 있는데 이는 큰 잘못이다. 모곡에서 얻는 수익은 적지만 탈(頉) 잡혀 욕보는 낭패는 크니, 어찌 이렇게 하겠는가? 더욱 주의하여 하지 말아야 한다.

1. 환곡을 나누어 줄 때에는 멀리 떨어진 면에서 온 사람부터 먼저 지급하며, 문밖에 그 차례를 써서 붙이고 함부로 들어오지 못하게 분부한다.

---

26) 창감(倉監) : 창고 관리를 책임지는 아전.
27) 민호(民戶)의 총수와 각 창고 곡물의 총수 : 국립본에는 "민호의 총수와 각각의 총수(民戶都數, 各摠)"라 되어 있다. 『선각록』에는 "각 창고 곡물의 총수(民戶都數, 各倉穀摠)"라 하였다.
28) 원분(元分) : 기본적으로 나누어 줄 곡식.
29) 모곡(耗穀) : 환자 곡식을 받을 때, 곡식을 쌓아둘 동안 축이 날 것을 미리 짐작하여 한 섬에 몇 되씩을 덧붙여 받던 곡식.

곡식 섬을 져내는 백성을 감히 가려 뽑지 못하게 하고 차례로 져내게
하되, 창고에 있는 곡식을 절대로 차거나 밟지 못하도록 해야 한다. 만약
다 채워지지 못한 섬[不完石]이 있으면 관장(官長) 앞에 가져오게 한 뒤,
창고에 떨어져 있는 곡식으로 채워 거두어 두었다가, 다음 날 다시 나누어
주도록 한다. 창고 근처에서 술 파는 사람이 있으면 단속하여 쫓아내어야
한다.

1. 별환(別還)30)을 금지하라는 명령이 있으면 일절 금지해야 한다. 재임
(齋任)31)들이 제향(祭享) 때의 공용(公用)을 빙자하여 별환을 간청하거나,
세력이 있는 사대부(士大夫)가 혼인·상사[婚喪]의 대사를 핑계 삼아 찾아와
서 별환을 청한다면, 법을 어길 수 없다는 뜻으로 굳게 거절하여야 한다.
　　하지만, 나누어 받는 환자를 합해서 받기를 요청하면[還上合巡之請],
그들에게 사정을 호소하는 소장을 올리게 하여 융통성 있게 처리할 방도를
찾을 수밖에 없다.

1. 환자를 나누어 준 상황을 기록한 장부[分給成冊]를 정리한 뒤에 각
면의 풍약(風約)과 이임(里任)을 불러들여 각기 해당 면의 장부를 주어
다른 면의 민인들이 섞여 들어와[混入] 있는지를 조사하게 한다면, 감관과
색리가 허명(虛名)으로 가록(加錄)32)하는 폐단이 절로 방지될 것이다. (또한)
장부내의 섬수[石數]를 계산하여 '도이상(都已上)'33)의 섬수와 서로 맞추어

---

30) 별환(別還) : 별도로 나누어주는 환자곡.
31) 재임(齋任) : 향교의 임원.
32) 가록(加錄) : ① 홍문관(弘文館)의 관원을 추천함에 있어서 빠진 사람을 의정부(議
　　政府)에서 추가하여 기입하는 일 혹은 ② 문부(文簿)를 정리할 때에 금전 또는
　　물품을 추가로 기입하는 일을 가리킨다. 여기서는 ②가 해당됨.

본다면, 감관과 색리가 '도이상(都已上)'에 첨록(添錄)하는 폐단이 절로 방지
될 것이다.

백성들이 제방·수축 등의 일로 올린 소장에 제급(題給)하기로 허락하였
으면 바로 그 자리에서 일일이 해당 면의 장부에 기재한다. 또 별환(別還)이
나 별건(別件)의 장부를 없애버리면 간리(奸吏)들이 손을 쓸 곳이 없어질
것이다. 이와 같이 하면 환곡을 회수할 때 조금도 현혹되거나 혼란스러워지
는 폐단이 없어진다.

이렇게 해도 만약 뒷 탈(頉)이 생기면 그대들 스스로 책임을 져야 한다는
뜻으로, 각 면의 면주인(面主人)[34]과 면임(面任)들에게 다짐을 받아두는
것이 좋다. 이것이 이른 바, "그 처음이 좋으면 반드시 그 끝이 있다"
함이다.[35]

1. 환자곡을 다 받아들였거나 혹은 분급(分給)을 완료한 뒤 또는 신·구관
(新·舊官)이 교대한 뒤 창고의 보관된 물품을 장부와 대조하여 검사할
때에[反庫時],[36] 영문(營門)에서 마감(磨勘)하여 보내온 공문 및 도회관(都
會官)[37]이 마감한 장부를 살펴보면, 각 아문(衙門)에서 보유한 곡물의 수량
을 알 수 있다.

봄에는 지난 해의 동등(冬等)[38] 문서(文書)를 살펴보고, 여름에는 춘등(春

---

33) 도이상(都已上) : '이상의 총합'이란 뜻이다.
34) 『거관요람』과 『선각록』에는 '면주인(面主人)'이 빠졌다.
35) 『거관요람』과 『선각록』에는 "이것이 이른 바, '그 처음이 좋으면 반드시 그
   끝이 있을 것이다'라는 것이다"는 구절이 없다.
36) 검사할 때에[反庫] : '反庫'는 '번고'라고 읽으며, 조사하다는 의미이다.
37) 도회관(都會官) : 회계 사무를 관리하는 책임자.
38) 동등(冬等) : 한 해를 봄·여름·가을·겨울의 네 기간으로 나누었을 경우, 그 네
   번째 기간. 혹은 겨울철분의 세금이나 경비. 춘등(春等), 하등(夏等), 추등(秋等)의

等) 문서, 가을에는 하등(夏等) 문서, 겨울에는 추등(秋等) 문서를 살펴보아야 한다.39)

창고의 저장품을 검사할 때, 불완전한 곡식 섬이 있으면 일일이 창고 안에 떨어진 곡식으로 보충해야 한다. 비록 약간의 서축(鼠縮)40)이 있다 하여도 창고 안에는 습한 기운이 있기 때문에 축날 리가 없으므로 곡식 섬을 채우는 일이 어렵지 않다.

1. 대동저치미(大同儲置米)41)의 재고 조사 또한 환자곡의 재고 조사 방식에 따라 시행하되, 저치미는 모든 환곡에 비해 더 중요하므로, 결코 나이(那移) 대용(貸用)해서는 안 된다.

1. 각 고을에는 처음에 제정한 대동절목(大同節目)42)을 갖고 있는 곳도 있고 없는 곳도 있으니, 이는 반드시 영문(營門)이나 선혜청(宣惠廳)43)에서

의미도 동등의 뜻으로 유추할 수 있다.

39) 『거관요람』에는 "봄에는 지난 겨울철[冬期]의 문서를 살펴본다.(春則, 考見去冬等文書)"는 구절만 있다.

40) 서축(鼠縮) : 쥐가 먹어 축이 난 양.

41) 대동저치미(大同儲置米) : 대동저치(大同儲置)라고도 함. 대동법은 지방의 특산물을 바치던 공납제의 폐단을 시정하기 위해 전(田) 1결당 12두(斗)씩의 쌀을 거둔 제도를 말하는데, 이를 대동미라 한다. 대동미는 지방에서 관리하던 저치미(儲置米)와 중앙에 상납하던 상납미로 나뉘었다.

42) 대동절목(大同節目) : 일반적으로는 조선후기 대동법 시행을 위해 마련된 규정을 말하는데, 여기서는 각 군현 단위의 대동법 운영을 위해 마련된 규정을 가리키는 것 같다.

43) 선혜청(宣惠廳) : 대동미(大同米)·대동포(大同布)·대동전(大同錢)의 출납을 관장하기 위해 설치한 관청이다. 함경도와 평안도를 제외한 6도에 지청(支廳)을 두었다. 대동법을 지방별로 실험을 거쳐 시행하였기 때문에 설치 연대가 모두 달라, 처음 설치한 경기청(京畿廳)과 마지막으로 설치한 해서청(海西廳)은 꼭 100년의 차이가 난다.

찾아보는 편이 좋다. 노정(路程) 이수(里數)가 얼마인지를 계산하거나[磨鍊] 혹은 쇄가(刷價)⁴⁴)를 얼마로 해야 할지를 계산함에 종종 담당 아전이 임의로 늘이고 줄이는 일이 있다. 일체 옛 절목(節目)에 따라 시행한 뒤라야 저치미가 조금씩 줄어드는[耗縮] 폐단을 방지할 수 있다.⁴⁵)

1. 환자곡을 받아들이거나[捧上] 분급(分給)할 때에 면주인 및 사령배(使令輩)들이 동령(動鈴 : 동냥하는 것)하거나 술과 고기를 매매하는 일을 일절 엄하게 금지해야 한다.

1. 먼저 말·섬·되·홉[斗·斛·升·合]⁴⁶)의 용량을 규정대로 정비한 뒤에야 큰 것과 작은 것을 바꾸어 사용하는 폐단이 생기지 않는다. 각 창고의 두곡(斗斛)을 수합하여 관청의 두곡과 일일이 비교하여 용량을 헤아리고 기준에 맞는 것을 택하며, 어느 정도 물력(物力)이 소요되더라도 네 모서리 [四架]와 바닥판에 단단한 박철(縛鐵)⁴⁷)을 덧대고 사방에 낙인(烙印)을 찍도록 한다. 그 나머지 지나치게 크거나 작아 용기로 쓰기에 적합하지 않은 것들은 모두 폐기해야 한다.

---

44) 쇄가(刷價) : 사람을 부리거나 물건을 운반할 때 드는 비용.
45) 이 구절은『신편 목민고』의 '근수공곡(謹守公穀)'에 똑 같은 내용으로 나온다.
46) 두·곡·승·합(斗·斛·升·合) : 곡(斛)은 한 섬, 두(斗)는 한 말, 승(升)은 한 되, 합(合)은 한 홉.
47) 박철(縛鐵) : 못 박기가 어려운 곳에 겹쳐 대는 쇳조각.

※ 전정(田政) 10조 ※

1. 전정은 한 고을을 다스림에 있어서 가장 중요한 일이지만 실제로는 제대로 시행하기 어렵다. 7월 사이에 백성들에게 체문(帖文)¹⁾을 내려 재해 (災害)에 관한 장부[災成冊]를 거둔다. 이때 체문의 내용은 반드시 엄중하고 명백히 해야 한다.

가을에 곡식이 익은 뒤에는 전례에 따라 각 면의 서원(書員)을 차출하여 재해를 입은 곳[災]과 그렇지 않은 곳[實]을 가려 심사하게 한다. 그 거리의 원근과 면리(面里)의 대소, 재해 정도의 매우 심함[尤甚]과 그 다음[之次] 여부를 헤아려 날짜를 정해 이들을 내려 보내고, 내려 보낼 때에는 '부정 유무를 조사하되, 만약 재해를 입은 곳과 그렇지 않은 곳[災實]이 서로 뒤섞인 부정이 발각되면 마땅히 형벌을 가하고 파면한다'는 뜻을 엄중하고 분명히 분부해야 한다.

그리고 재실성책(災實成冊)이 먼저 도착한 면(面) 가운데 궁벽한 곳을 임의로 뽑아 직접 부정 유무를 조사하는데, 전안(田案)²⁾의 사표(四標)³⁾를 고찰하여 만약 재해를 입은 곳과 그렇지 않은 곳[災實]이 뒤섞여 있으면 해당 면의 서원을 형추(刑推)하여 1차로 파면하고, 다시 다른 서원을 차출하

---

1) 체문(帖文) : ① 상급 관아에서 하급 관아에 보내는 공문. ② 관아에서 발급하는 임명장·증명서·영수증 등을 말함. ③ 수령이 관하(管下)의 면임(面任)·훈장(訓長)· 향교 유생 등에게 유시(諭示)하는 글.
2) 전안(田案) : 토지측량의 결과를 기재하는 장부. 곧 논·밭의 소재지(所在地)·자호 (字號)·위치·등급·형상(形狀)·면적·사표(四標)·소유주(所有主)] 등을 기록한 원장 (原帳). 전적(田籍). 양안(量案).
3) 사표(四標) : 양안 상에 토지 필지를 기록하며 그 위치를 파악할 수 있도록, 사방의 지형지물 혹은 토지가 어떠한지를 기록하는 것을 말한다.

172

여 재차 조사해 오게 한다. 이렇게 한다면, 각 면이 이를 경계하여 재실(災實)이 뒤섞이는 폐단이 발생하지 않을 것이다.

1. 균역청(均役廳)⁴⁾을 설치한 뒤로는 각 고을에 은여결(隱餘結)⁵⁾이 없어졌었으나 지금은 이미 오랜 시간이 흐른 뒤라 은여결이 없는 면이 없다. 이것이 많으면 마땅히 영문(營門)에 보고하여 몰수해야 하지만, 영문에 보고한다면 도리어 고을의 폐단[邑弊]이 될 수도 있으니, 고을 사정을 상세히 살펴서 조처해야 한다.

은여결의 수가 적다면 모르는 척하여 끌어내지 말아야 한다. 끄집어 낸 뒤에 이것을 비록 급재처(給災處)에 쓴다하더라도 일이 혹 발각된다면 도배(徒配)⁶⁾ 또는 금고(禁錮)의 처분을 면하지 못할 터이니, 애초에 알지 못하고 듣지 못함만 같지 않다.

1. 혹자는 말하기를, "누결(漏結)⁷⁾을 찾아내는데 묘책이 있다. 어느 날 갑자기 서원(書員)의 산판책(算板冊)⁸⁾과 행심책(行審冊)⁹⁾을 가져다가 산판책의 내용을 행심책의 상지(裳紙)¹⁰⁾와 비교해 본다. 상지(裳紙)에 '재해를

4) 균역청(均役廳) : 균역법(均役法)의 시행에 대한 사무를 담당하기 위해 영조 26년 (1750)에 설치한 관청으로서 동왕 29년(1753) 선혜청에 통합되었다.
5) 은여결(隱餘結) : 은결(隱結)과 여결(餘結). 부정한 방법으로 조세부과 대상에서 누락시킨 토지이다. 양전할 때 실무자인 지방관·향리에게 뇌물을 주어 경작지를 양안에 기재되지 않도록 은폐하는 것을 은결(隱結)이라 하고, 실제 경작지보다 훨씬 적게 양안에 기재하는 것을 여결(餘結)이라 한다.
6) 도배(徒配) : 도형(徒刑)의 죄목(罪目)으로 귀양감. 도형정배(徒刑定配)의 준말이다.
7) 누결(漏結) : 토지를 양전(量田)할 때 일부 토지가 전체의 면적에서 빠지던 일. 또는 그 면적. 탈세를 목적으로 고의로 누락하는 일이 있었음.
8) 산판책(算板冊) : 토지를 계산하는데 사용하는 책.
9) 행심책(行審冊) : 각 고을의 농사 작황과 재해 정도를 기록한 책.

입은 곳[災]'으로 기록되어 있는 것이 산판책에 들어 있으면 이는 모두 누결(漏結)이다"11)고 하였다.

1. 혹자는 말하기를, "어느 날 갑자기 각 면 서원(書員)의 산판책과 행심책을 모두 거두어서, 그 신구(新舊) 상지(裳紙)를 제거하고, 각 면별로 별도로 양반으로 도감(都監)을 삼고 중인(中人)으로서 일을 잘 아는 자 및 문필(文筆)이 있는 자를 각 1인씩 정한다. 이들에게 각각 그 면의 행심책을 내어주고 각자 다짐을 받은 뒤 엄중히 신칙하여 재해 입은 곳과 그렇지 않은 곳[災實]을 답험하여 일일이 상지(裳紙)에 기록해 오게 한 뒤에 이전의 상지와 비교해 본다면 종전에 서원이 농간을 부려 누락시킨 결수(結數)를 환하게 알게 된다"12)고 하였다.

1. 혹자는 말하기를, "옛날 양전(量田)할 때 묵정밭[陳田]으로 파악되었던 것을 '올해의 진탈[今陳頉]'로 파악하여 '재해 입은 토지[災結]'의 총 면적을

---

10) 상지(裳紙) : 띠지.

11) 『신편 목민고』의 '누결(漏決)을 조사하여 찾아내는 방법(査括漏結法)'에 다음 내용으로 실려 있다. "어느 날, 서원의 산판책(算板冊) 및 행심책(行審冊)을 모두 가져다가 산판과 행심책의 상지(裳紙)를 대조해 본다. 상지에 재해를 입은 곳으로 기록된 곳이 산판에 들어가 있으면 이는 모두 누결이다. 이것은 서원의 호주머니로 들어간다."

12) 『신편 목민고』의 '누결(漏決)을 조사하여 찾아내는 방법(査括漏結法)'에 다음 내용으로 실려 있다. "어느 날, 서원의 산판책(算板冊) 및 행심책(行審冊)을 모두 거두어다 신구 상지(裳紙)를 뜯어낸 뒤, 각 면마다 양반인 도감과 중인 가운데 일을 잘 알면서도 글을 쓸 줄 아는 자를 각각 1명씩 정하여 이들에게 해당 면의 행심책을 나누어 주고, 특별히 신칙하고 다짐을 받은 뒤 재처(灾處)와 실처(實處)를 답험하고 상지에 일일이 기록하도록 한다. 그들이 돌아온 후 이전에 작성했던 상지와 대조해 보면 종전 서원배들의 호주머니와 중간에 누락된 결수를 모두 찾아낼 수 있을 것이다."

174

부풀리는 폐단이 흔히 있다. 답험하고 들어온 뒤에 원래의 장부[原帳冊]와 상지(裳紙)를 서로 비교하여 살펴서, 중간에 도로 기경(起耕)하지 아니한 것은 옛날 양전할 때의 묵정밭이다"[13]라고 하였다.

1. 혹자가 말한 이 세 가지 방법[14]을 사용한다면 서원들이 부리는 농간을 환하게 알 수 있다. 다만 이 일은 정도(正道)가 아니기 때문에, 정법(定法)으로 시행할 수 없고 또 두 번 다시 행할 수 없다. 또한 은여결(隱餘結)이 일일이 드러난 뒤 처리하는 방법도 쉽지 않다. 앞서 말한 '차라리 듣지 못하고 알지 못함이 더 낫다'는 격언이 바로 여기에 해당한다. 다만 수령으로서 이를 전혀 모르고 있으면 안 되며 혹 임시 방도로 쓸 경우도 있다.[或有用權之處] 그러므로 (여기에) 기록하여 남겨둔다.

1. 전정(田政)을 마감한 뒤 비록 상사(上司)가 점검하여 퇴짜 놓는[點退] 일이 발생해도 이에 지나치게 인혐(引嫌)[15]할 필요는 없으며, 점퇴하면 하는 대로 고쳐도 무방하다. 분명히 알지 못하고 또 정확하게 알지도

---

13) 『신편 목민고』, '누결(漏決)을 조사하여 찾아내는 방법(查括漏結法)'에는 다음 내용으로 실려 있다. "구진(久陳)을 금년의 재탈(災頉)로 꾸미는 폐단이 흔히 있다. 날마다 답험기가 들어오면 원장책(元帳冊)과 서로 대조한 뒤, 구진이었는데 금탈(今頉)로 기록되어 있으면 상지(裳紙)를 다시 살핀다. 중간에 다시 기경(起耕)한 곳이 아닌데도 양안(量案)에 진전으로 되어있는 것을 금년의 재탈로 기록했으면 해당 서원을 엄중 처벌한다."

14) 『신편 목민고』에 실려 있는 내용이다. 그러나 『목민고』의 필자와 『선각』 필자의 생각은 전혀 다르다. 『목민고』에서는 서원을 엄중히 처벌해야 할 것으로 강조하였지만 『선각』에서는 이 방법은 정도(正道)가 아니며 정법(定法)으로 사용할 수 없다는 입장을 취하고 있다.

15) 인혐(引嫌) : 혐의(嫌疑)를 피함. 특히 벼슬아치가 혐의 있는 일의 책임을 자기에게 돌리고 그 벼슬을 사양하여 물러가는 것. 또 그러한 청원(請願).

못하는 일인데 어찌 그 알지 못하고 분명하지 않은 것을 두고 억지로 강변하여 처음 보고한 내용이 합당하다고 하며 상사와 다투겠는가?16)

　1. 상사(上司)와 혹 친분이 있다고 해서 '재해 입은 토지[災結]' 총수를 지나치게 많이 보고해서는 안 된다. '재해 입은 토지'를 많이 얻은 뒤에 민간에 나누어 주고도 남는다면 처리하기가 아주 곤란해진다. 혹 이 같은 상황에 처하면 그 남는 것은 보고하고 다시 돌려주어야 한다.

　1. '재해 입은 토지'를 결정할 때에는 (관장이) 직접 살펴서 부정 유무를 조사하고, 사실 그대로 '재해 입은 토지'의 면적을 보고한다. 상사가 그 면적을 지나치게 많이 삭감하면, 각 면의 서원(書員)들로 하여금 다소(多少)를 나누어 담당하게 하고, 다시 민재(民災)를 거론해서는 안 된다.17)

　1. 마감한 뒤에 혹 '재해 입은 곳[災]'을 그렇지 않은 곳[實]'으로 했다는 소장이 들어오면 서원(書員)과 함께 얼굴을 맞대고 조사한 뒤 그 전결을 서원으로 하여금 담당하게 한다. 이어 소지(所志)에 제사(題辭)를 써서 내어 주어, 뒷날 살필 근거로 남기는 것이 좋다.18)

---

16) 상사와 다투겠는가? : 『선각』 필자의 생각과 태도를 잘 알 수 있게 하는 항목으로, '전정'의 6번 조항과 더불어 주목된다.
17) 『선각록』에는 이 내용이 빠져 있다.
18) 『선각록』에는 이 내용이 빠져 있다.

❖ 군정(軍政) 16조 ❖

1. 군정(軍丁)을 대정(代定)[1]하는 방법으로 면리(面里)에서의 대정만한 것이 없다.[2] 어떤 이(里)에 잡탈(雜頉)[3]이 생기면 그 이(里)의 이임(里任)으로 하여금 후보자를 뽑게 하여 대정하되,[4] 해당 이에 만약 한정(閑丁)이 없으면 인근 이(里)에서 대정하게 하고, 이웃 이에도 한정이 없으면 그 면내(面內)에서 대정해야 하며, 결코 다른 면으로 이송(移送)해서는 안 된다.

1. 한정을 대정하여 봉파(捧疤)[5]하는 날, 작은 종이에 '아무 이에 사는 아무개가 어떤 탈이 생겼기에 대신한다'고 써서 충정하는 사유를 적은 종이를 지급하면,[6] 나이를 속여 늙었다고 면제받은 자[老除][7] 혹은 거짓으로 도망·병듦·사망 사실을 말한 자들의 대정을 종종 적발해낼 수 있다.

1. 한정을 봉파할 때에, 면임은 15세 이상된 아이라고 보고하지만, 간사하게 허위를 저지르는 일이 백출(百出)하여 혹은 족속에게서 혹은 이웃 이에서

---

1) 대정(代定) : 결원을 보충하는 것.
2) 국립본과 『선각록』의 원문은 "軍丁代定, 都不如面里代定"이다. 『거관요람』에는 "軍丁代定, 都不如面任代定"이라고 하였다.
3) 잡탈(雜頉) : 여러 원인으로 말미암아 면역하는 경우.
4) 이를 이대정(里代定)이라 한다. 이(里)에서 자기 이(里)의 사람이 군역을 지다가 면제 사유가 생겼을 경우, 이에서 주관하여 같은 이의 사람으로 대신 교체하는 법이다. 이정법(里定法)이라고도 한다.
5) 봉파(捧疤) : 얼굴 생김새와 그 특징을 적은 서류를 만듦.
6) 국립본의 원문은 "卽於小紙書某里某人某頉之代充軍之由書給"이다. 『거관요람』에는 "卽大小紙書某面某人某代之代充軍之由書給"이라고 했다.
7) 노제(老除) : 나이가 들어 의무 연령을 지나 면역되는 경우.

15세 미만의 황구(黃口)[8]를 데리고 와 대신 보이는 경우가 종종 있다. 다방면으로 질문하여 속지 말아야 한다.

1. 군사(軍士)인 자가 노제(老除)와 병폐(病廢)[9]를 빌미로 역을 면제해 달라고[頉] 청하며 또한 신역을 대신할 사람을 데려와 보인다면, 이때는 반드시 직접 살펴본 뒤에 호적을 고찰하여 그 사조(四祖)[10] 및 자녀의 이름을 외우게 하는 등 다방면으로 질문하여 속지 말아야 한다.

1. 군사로서 45년간 생활하여 법대로 실제 군역을 진 자,[11] 도망하여 이미 10년이 지난 자[12]가 역을 면제[頉]해 달라고 요청하면, 도안(都案)[13]과 장적(帳籍)[14]을 상세히 고찰하여 면역을 허락해 준다. 나이가 든 까닭으로 면제를 받은 사람인데 용모가 노쇠하지 않다면 당초에 나이를 속이고 봉파(捧疤)한 자이다. 과연 45년 동안 실역을 치룬 자라면 마땅히 군역을 면제해주어야 한다. 그러나 도망한 사람 중에는, 혹 이웃 고을의 경계에 거처하며 신포(身布)만을 갖추어 바치고[15] 오직 10년이 지나기를 기다리기

---

8) 황구(黃口) : 황구소아(黃口小兒)의 준말. 새 새끼의 주둥이가 노랗다는 뜻에서 왔으며, '어린아이'를 일컫는다. 어린아이에게 군역을 부과할 경우 이를 '황구첨정 (黃口簽丁)'이라 했다.

9) 병폐(病廢) : 병이 들어 면역되는 경우.

10) 사조(四祖) : 부(父)·조부(祖父)·증조부(曾祖父)·외조부(外祖父). 조선에서 새로 임용되는 관원의 신원 조사는 사조를 근거로 하였다.

11) 조선의 군역은 16세에서 60세까지 부담했으므로, 이와 같이 표현했다.

12) 도망한 지 10년이 지나면 정부에서 대정(代定)을 허락했다.

13) 도안(都案) : 정기적으로 몇 해에 한 번씩 각종 군사들을 조사하여 만드는 군안(軍案). 이를 근거로 결원을 보충하거나 보포를 징수하였다.

14) 장적(帳籍) : 호적(戶籍). 장적은 호적·군적(軍籍)·전지(田地)의 양안(量案) 등을 의미하는데 여기서는 호적을 가리킨다. 호적은 3년마다 식년에 만들어졌으므로 식년장적(式年帳籍)이라고도 했다.

도 하니, 특별히 도망한 사실을 분명히 안 뒤에 역을 면제해 주어야 한다.

1. 한정(閑丁)을 봉파할 때에 양반의 후예, 공신의 자손, 선파(璿派)라고 칭하는 자[16]는 그 족보 및 충훈부(忠勳府),[17] 종친부(宗親府)[18]의 단자(單子)[19]를 지참하게 하고 군정의 모든 장적(帳籍)과 대조하여 군역을 면제해 주되[頉給], 그 조부·부·외조부·숙질 형제 중에 군사가 있는지의 여부를 물어서 과연 군명(軍名)이 없으면 역에서 면제해 준다. 역에서 면제된 군병들의 요패(腰牌)는 일일이 거두어들이는 것이 좋다.

---

15) 혹 이웃 고을의 경계에 거처하며 신포(身布)만을 갖추어 바치고 : 이 구절만의 내용은 정확하지 않다. 『신편 목민고』, '이(里)'에서의 군역을 대정하는 것에 관한 절목[里定節目]'에 다음과 같이 나온다.
"도망자는 10년의 기한이 찰 경우 정부에서 대정(代定)을 허용한다. 이른바 도망자라고 하는 사람 중에는 이웃 고을에 자리 잡고는 친족에게 신포를 마련해 주면서 ─ 족징(族徵)을 하므로 도망자가 이같이 친족에게 신포를 마련하여 주었다. ─ 10년의 시한이 차기를 기다리는 자도 있고, 혹 잠시 다른 고을에 도피해 있으면서 사태를 관망하는 자도 많이 있으니, 도망했다는 말을 모두 믿고 들어줘서는 안 된다. 두두인·규찰관에게 책임을 전적으로 맡겨 도망자를 찾아내도록 하고 끝내 그 간 곳을 알아내지 못하면 10년 동안 이징(里徵)한다."
16) 국립본의 원문은 "稱以兩班後裔功臣子孫璿派云者"이다. 『거관요람』에서는 "或稱以西班後裔功臣子孫璿派云者"라 하였다. 선파(璿派)는 전주 이씨 가운데 왕실(王室)에서 갈리어 나온 파(派)를 말한다. 이들의 족보(族譜)를 선원계보(璿源系譜) 또는 선보(璿譜)라고 한다.
17) 충훈부(忠勳府) : 조선시기 공신(功臣)의 훈공을 기록하고 공신과 그 자손을 대우하기 위한 여러 조치들을 관할하던 관청. 처음에는 공신도감(功臣都監)·충훈사(忠勳司)로 부르던 것을 세조 때에 이 이름으로 고쳤다.
18) 종친부(宗親府) : 조선시기 역대(歷代) 국왕의 계보와 초상화를 보관(保管)하고, 국왕과 왕비의 의복을 관리하며, 종실(宗室) 제군(諸君)의 봉작(封爵), 승습(承襲), 관혼상제(冠婚喪祭) 등 왕가의 족친(族親) 관계 일을 맡아보던 관청.
19) 단자(單子) : ①부조나 선사 등 남에게 보내는 물품의 이름과 수량, 또는 보내는 사람의 이름을 적어 받을 사람에게 알리는 종이. ②사주 또는 후보자의 명단이나 물목(物目)을 적은 종이.

1. 각 역의 역리(驛吏)와 역노(驛奴) 등에게 고노(雇奴) 혹은 보인(保人)을 2명씩 정하여 지급하는데, 그 가운데 주호(主戶)[20]가 사망했거나 혹 노제(老除)·도망(逃亡) 등으로 주호가 없는 경우에는 해당 고공과 보인은 말 그대로 공격하지 않아도 스스로 무너지니[不攻自破], 찾아내도록 신칙한다. 또한 역리를 모칭(冒稱)하는 부류들도 조사하여 색출한다.[21]

1. 호적대장을 자세히 살펴 감영(監營)[22]·병영(兵營)[23]·수영(水營)[24]·진영(鎭營) 소속의 각종 군관(軍官) 및 다른 고을의 군교(軍校)와 군병(軍兵)을 뽑아내어 영문(營門)에 올릴 때에는, 영리하고 믿을만한 아전을 보내어 상영(上營 : 감·병·수영)의 군관안(軍官案)을 등사하여 오게 하고, 다른 고을에 해당하는 것은 그 고을에 공문을 보내어 해당 아전으로 하여금 그 군안을 등사해 오도록 하면, 참과 거짓을 알 수 있고, 모칭(冒稱)하는 사람도 가려낼 수 있을 것이다.[25]

1. 혹 원납교생(願納校生)[26]이라 하거나 혹 향교의 가노(假奴)라 일컫거나

---

20) 주호(主戶) : 여기서는 각 역의 역리(驛吏)와 역노(驛奴)를 말한다.
21) 『거관요람』에서 이 문단의 내용은 '군정'의 끝 부분에 기록되어 있다.
22) 감영(監營) : 조선시기 각도 관찰사가 집무하던 관청. 상영(上營), 순영(巡營), 영문(營門)이라고도 했다.
23) 병영(兵營) : 조선시기 주로 병마절도사가 주둔하고 있던 진영.
24) 수영(水營) : 조선시기 주로 수군절도사가 주둔하고 있던 진영.
25) 『거관요람』에서 이 문단의 내용은 '군정'의 끝 부분에 기록되어 있다.
26) 원납교생(願納校生) : 소정의 돈을 내고 교생이 된 사람. 교생은 조선시기 각 고을의 향교에 등록된 학생들을 말한다. 이에 대해 서원(書院)에 등록된 학생을 원생(院生)이라 하였고, 합쳐서 교원생(校院生)이라 불렀다. 교생은 고을의 크기에 따라 정원이 정해져 있었는데, 부·대도호부·목에는 각기 90명, 도호부에는 70명, 군에는 50명, 현에는 30명으로 제한하였다.

180

혹 향청(鄕廳)27)·이교배(吏校輩)의 모입군(募入軍)이라 하는 명목이 있다면 이것은 모두 한정들이 몸을 피해 숨으려 하는 숲과 같은 곳이다. 그 고을의 풍속을 잘 살펴 수색하여 찾아내야 한다. 군역을 면제받는 점리(店里)28) 또한 몸을 피해 숨는 곳이다.

1. 소송을 심리할 때[聽訟]나 호역(戶役)을 부과할 즈음에, 혹 그들의 신역을 묻거나 혹 그들의 입적(入籍) 여부를 물어보면 장적(帳籍)에 누락된 채로 한가하게 노는 사람이 (분명) 있다. 통인(通引)을 시켜 그렇게 밝혀낸 사람의 거주지와 성명을 비밀히 기록하여 두면 한정을 얻을 수 있다.

1. 간사한 아전이 작간(作奸)하여 폐단을 일으키는 단서가 하나 둘이 아니다. 군역에는 힘들고 쉬운 것[苦歇]29)이 있는데 그 힘들고 쉬운 것을 서로 바꾸는 일, 군정을 대정할 때에 붙잡아 온 여러 사람을 '탈급(頉給)'30) 이라고 일컫고는 곧바로 대정하지 않는 일 등은31) 모두 농간을 부리는 것이니, 반드시 군안(軍案)32)을 친히 잡고 즉시 즉시 대정(代定)하여 기록해 두어야 한다.

---

27) 향청(鄕廳) : 조선시기 수령을 보좌하던 자문기관. 조선초기에 설치된 유향소를 임진왜란 이후 대개 향청이라 불렀다.
28) 점리(店里) : 점이 있는 마을.
29) 고헐(苦歇) : 괴롭고 수월함.
30) 탈급(頉給) : 군역을 면제받음.
31) 원문은 다음과 같다. "一丁代定之時, 推捉許多人, 稱以頉給, 不卽代定等事."
32) 군안(軍案) : 군인의 거주지·성명·신분 등을 기록한 장부. 현역으로 복무하는 정군(正軍)과 그 봉족(奉足) 또는 보인(保人)까지 수록하는 군적(軍籍)과 달리 군안은 정군만을 수록하였다. 3월·6월·9월·12월에 유고(有故) 상황을 군안에 기록하여 두었다가 6년마다 한 번씩 개정하여 새로 작성하는 것이 원칙이었다.

1. 영문(營門)에 올리는 군안(軍案)을 마감할 때,33) 정채(情債)34)가 들어간다. 예전에 오리(梧里) 상공(相公)35)이 말하길, "군역의 고헐처(苦歇處)를 분송(分送)할 때 해당 아전으로 하여금 손을 쓰게 한다[用手]"고 했는데,36) 예전과 지금은 차이가 있다. 군역의 고헐처에 대해 해당 아전으로 하여금 손을 쓰게 한다면 그 폐해는 이루 말할 수가 없다.

또 면역을 허락한 사람[頉給之人]에게 의례히 돈을 거두고 또 새로 들어온 군병에게도 의례히 돈을 거두면, 이것으로 정채를 감당할 수 있다. 만약 드나드는 군병[出入之軍]이 많지 않다면 융통하는 길을 찾지 않을 수 없으니, 오직 수령이 임시변통 하는 여부에 달려 있다.

1. 우리나라의 경우 수령에게는 원래 친병(親兵)이 없으며, 오직 아전과 관노(官奴)로서 군대를 만들고 약간의 거주민(居住民)으로 대오(隊伍)를 편성하여 비상사태를 대비한다.37) 평상시에는 먼저 수성절목(守成節目)38)을 강정(講定)하고 성가퀴[城堞]를 나누어 지키도록 하되, 성첩(城堞)이 없는 고을에는 상사(上司)에 보고하여 재물을 거두어 설치하는 것이 좋다.39)

---

33) 영문(營門)에~마감할 때 : 국립본과 『선각록』의 원문은 "上營磨勘時"이다. 『거관요람』에는 "上營軍案磨勘時"라 했다.

34) 정채(情債) : 공물 등을 바칠 때 담당관이나 이서 등에게 인사치레로 주는 돈.

35) 이원익의 호가 오리(梧里)이고 또 영의정을 지냈으므로 이렇게 부른다.

36) 이 대목은 이 책 상권의 '부역의 근원을 찾아냄[原賦役]' 항목에 이원익의 편지글로 나온다. 그러나 『오리집』에는 이 내용이 없다.

37) 속오군(束伍軍)을 이른다.

38) 수성절목(守成節目) : 성을 지킴에 필요한 절목.

39) 똑 같은 내용이 홍양호가 지은 『목민대방』의 「병전지속(兵典之屬)」에 '수성호(修城壕)'란 제목으로 나온다.(『耳溪外集』 卷11, "凡城池之壞缺堙塞處, 隨力修治, 城內各里, 排定字標, 使之看護, 我國守宰, 元無親兵, 惟以吏奴及居民, 編成隊伍, 以備緩急矣. 平時, 宜先講定守城節目, 以備分堞把守, 而如無雉城瓮城處, 申報上司, 鳩材設置, 大凡石城, 不如甓城, 甓城, 不如土城, 隨其地宜而爲之") 『목민대방』이 편찬된 시기

182

1. 봉수(烽燧)가 설치되어 있는 고을에는 봉대(烽臺)와 기기(機器)를 일일이 정비하고, 혹 불시에 적간(摘奸)하여 수직을 빼먹는[闕直] 폐단이 생기지 않도록 해야 한다.

1. 강변의 산이 깊고 험한 곳[嶺隘][40)]에 위치한 고을은 반드시 수목을 많이 심고 도벌(盜伐)을 엄금함으로써 더 험준하게 하고 땔나무와 꼴을 기르도록 하는 것이 좋다.

1. 읍기(邑基)[41)]의 주산과 안산[主案][42)] 및 모든 수구(水口)에 자리 잡은 숲에는 수직(守直)을 정하여 연료용으로 벌채하지 못하게 금단한다.

　　는 홍양호가 평안도 관찰사로 재직하던 1791년이다. 이때 그의 나이는 67세였다.
40) 영애(嶺隘) : 험하고 비좁은 곳.
41) 읍기(邑基) : 관청이 위치한 읍내.
42) 주산과 안산[主案] : 풍수지리상의 주산과 안산.

❖ 문장(文狀) 28조 ❖

1. 수령이 된 자는 반드시 상사의 뜻을 공순하게 받드는 일에 주의를 기울여야 한다. 만약 쟁집(爭執)¹⁾하지 않을 수 없는 경우, 각자 가지고 있는 견해와 주장하는 바가 같지 않아서 여러 차례 문서가 오고 가는 지경에까지 이르게 되는데, 이 과정에서 사용하는 용어에 분노의 마음을 담기 쉬우니 이는 큰 잘못이다.

다만 사리에 합당하게 상세히 해석하고, 또 민막(民瘼)이 되어 뒤에 폐해를 일으킬 수 있는 사안을 명백히 정리하여 보고하되, 비록 4~5차례 이야기가 오고 가더라도 언어를 따뜻하고 공손하게 사용하여 조금도 강한 기세를 드러내지 않는다.

이는 아래에 있는 사람이 가져야 하는 공손한 도리를 지키는 태도일 뿐만 아니라, 저도 나에게 화낼 단서가 없게 되니, 이에 일이 순조롭게 풀리게 된다. 어찌 아름답지 않겠는가? 보고서의 용지 및 글자는 반드시 정성 들여 써야 하고, 착함(着啣)²⁾·수례(手例)³⁾·답인(踏印) 등도 또한 정성을 다하여 경근(敬謹)함을 보여야 한다.

1. 각 고을 간에 공문을 보내어 서로 다투는 경우[各邑移文相爭處]에도 또한 얼굴에 분노한 빛을 띠어서는 안 되며 다만 사리(事理)를 들어 의혹을 풀고 더불어 편지를 주고 받는다. 마침내 내 말을 듣지 아니하여 영문(營門)

---

1) 쟁집(爭執) : 다투어 자기의 의견을 고집하는 것.
2) 착함[着啣] : 문서 끝에 서명(署名)하는 것.
3) 수례(手例) : 자기 성명 또는 직함 아래에 도장 대신 자필로 쓰는 일정한 자형(字形). 수결(手決). 수압(手押).

에 보고할 지경에 이르게 되면, 그 보고서[報狀]에 모욕을 주는 표현이나 두터운 정을 훼손하는 말을 조금이라도 써서는 안 된다.

말이 바르고 사리에 맞으면 동료 사이에 두터운 평가를 받을 뿐만 아니라 상영(上營)에서도 나를 더 낫다고 여겨 결국 내 말을 듣게 될 터이니, 이 또한 괜찮은 일이 아니겠는가?

1. 각 면의 전령(傳令) 및 보장(報狀)[4] 제사(題辭)[5]는 반드시 엄중 명백함을 위주로 작성하며, 도로의 원근을 보아 그 오고 가는 일을 반드시 신속하게 하여 시각을 지체하지 못하게 한다. 중로(中路)에서 시각을 지체하게 되면 다른 속임수가 별도로 생길 뿐만 아니라, 관청의 명령이 이로 인해 위엄을 잃게 되니 각별히 신칙해야 한다.

각 면의 보장은 비록 민막(民瘼)과 관련되었다 하더라도 가볍게 제사를 내려서는 안 되며, 마땅한 것을 좇아 적절히 대처한 후, 사실을 직접 물어 처리해야 한다.

1. 혹자가 말하길, "도임한 지 수일 내에 각 면(面), 각 주막(酒幕), 각 사찰(寺刹), 각 포호(浦戶)[6]에 전령(傳令)하여 이르길 '관장이 새로 부임하여 백성들의 고통[民瘼]을 알지 못하니 고을에서 감당하기 힘든 민폐와, 향소(鄉所)와 작청(作廳)에서 벌이는 폐단, 여항(閭巷)의 곤란하고 화급한[困急] 한 상황을 조금도 숨기지 말고 낱낱이 이야기하라. 사찰의 경우에는, 승역

---

4) 보장(報狀) : 어떤 사실을 알리기 위하여 보고하는 공문.
5) 제사(題辭) : 백성이 올린 소장(訴狀)·청원서(請願書)·진정서(陳情書 – 所志·白活·單子·等狀·上書·原情 등)의 왼쪽 아래 여백에 관에서 써주는 판결문 또는 처결문.
6) 포호(浦戶) : 포구(浦口)를 관리하는 호(戶).

(僧役)을 편벽되게 무겁게 부과하는 것, 관납(官納)의 폐가 되는 것, 향소(鄕所)와 작청(作廳)에서의 징색(徵索),7) 호강(豪强)한 양반들의 침책(侵責, 침범하여 금품을 취하는 것) 등을 조금도 숨기지 말고 낱낱이 이야기하라. 주막(酒幕)과 주호(酒戶) 역시, 가장 크게 폐단이 되는 것을 낱낱이 이야기하면 관가에서 자세히 살펴 변통하겠다'고 하는 것이 좋다"고 하였다.8)

1. 위의 항목에 나오는 '전령'의 경우 비록 좋은 뜻을 담고 있지만, 풍속이 양순한 까닭에 관가(官家)를 어렵고 두렵게 여겨 평소 품은 생각을 다 털어놓지 못한다. 그러므로 이 전령을 적절히 좋은 방향으로 변통하는 것이 좋다. 하지만 만약 풍속이 매우 사나워[獰狺] 거리끼는 바[顧忌]가 없는 경우라면, 이를 틈타 혹 관가에 응당 바쳐야 할 물건이나 혹은 예로부터 유래하는 규칙 때문에 행할 수 없는 일들을 장황하게 늘어놓는다. (수령이 이를 들어) 고치고 바꾸지[改革] 못하면 도리어 원망하는 말이 생기고 도리어 비웃음을 사게 된다. 그 고을의 풍속을 살펴서 (이를) 행하도록 한다.

1. 전령이 백성에게는 유익하지만 소임(所任) 관속(官屬)에게 해가 되는

경우에는, 가끔 가다가 (관속이) 처음부터 반포하지 아니하는 폐단이 있고 또 중간에서 전령을 위조하는 폐단도 생긴다. 또 갑사(甲事)에 대한 전령을 을사(乙事)로 바꾸어 어리석은 백성[愚氓]을 호령하는 경우도 있으니, 이것은 글자를 알지 못하는 어리석은 백성이 다만 도장이 찍힌 문서만 보아도 겁을 내기 때문이다. 반드시 이와 같은 일들을 잘 살펴 엄중히 다스려야 한다.

1. 백성의 소장에 써주는 제사의 내용과 호소하는 백성의 의도가 상반된다면 이는 인정(人情)을 거스르는 일이라 할 수 있다. 반드시 "과연 소장의 사연대로라면 아무개[某人]의 소위(所爲)는 참으로 무상(無狀)하다 하겠으니, 엄중히 다스리기 위해 잡아 오도록 하라"고 엄하게 제사를 내려 고소자로 하여금 잡아오게 한다. 이것은 사람의 정을 따르는 일일 뿐만 아니다. 피소자(被訴者)가 과연 무상하다면 처음부터 소장을 접수시키지 않고 그들 스스로 사화(私和)⁹⁾하게 될 것이다.

올린 소장이 무고하는 내용일 경우에는 서로 쟁송하는 것을 지켜보고 있으면, 그 옳고 그름을 헤아릴 수 있는 단서가 조금이라도 나타날 것이다.

민소(民訴)가 풍속 혹은 윤기(倫紀)에 연관되거나 관장(官長)을 침범하는 경우 혹은 해서는 안되는 내용을 담고 있다면, 제사를 내리지 말고 소장을 올린 사람을 불러 사실을 세세히 캐물은 뒤 곧 바로 붙잡아 구금하고 그 경중을 따져 다스린다, 그렇게 하면 이후로는 그와 같은 소지(所志)는 사라질 것이다.

---

9) 사화(私和) : 국법(國法)에 저촉되는 사항을 사사로이 당사자끼리 화해하여 처리하는 것.

1. 서로 싸우고 서로 다투는 내용의 소장이라면 제사를 내리기를, "과연 호소하는 대로라면 극히 근거 없는 일이다. 조사를 위해서이니 잡아오도록 하라"고 하여 소장을 올린 사람에게 전한다.

만약 서로 격렬하게 싸워 사경(死境)을 헤매거나 위급한 지경에 이르렀다고 하면 제사하기를, "들으니 지극히 놀랍다. 아무개를 즉시 잡아 오도록 하라"고 써서 면임(面任)이나 이임(里任)에게 준다.

1. 부채를 받아 달라고 내는 소지이면 제사하기를, "사실을 조사하여 부채를 받을 것이니, 잡아오라"고 써서 소장을 제출한 자에게 준다.

추노징채(推奴徵債)[10]를 금지한 때이면, 제사하기를 "금령(禁令)이 있으므로 시행하는 것을 허락할 수 없으니, 가을걷이가 끝나기를 기다려 다시 제출하는 것이 마땅하다"고 한다.

1. 전답의 결수(結數)에 따라 역을 부과하였는데 '더 나왔다[加出]'는 내용의 소장이 제출되면 제사하기를, "들으니 지극히 놀랍다. 상세히 고찰하여 탈급(頉給)[11]하도록 하겠다"고 써서 도서원(都書員)에게 준다.

1. 동을 나누고[分洞] 이를 나누는[分里] 문제에 관한 소장이면 제사하기를, "갑자기 변통하기 어려운 일이니, 그만 번거롭게 하지 마라"고 한 뒤에 그 이로움과 해로움을 천천히 따져서 처리하는 것이 좋다. 동을

---

10) 추노칭채(推奴徵債) : 빚을 지고 도망한 노비를 찾아 빚을 갚게 하는 것.
11) 탈급(頉給) : 수령이 군역의 면제를 허락하는 것을 말한다. 탈면(頉免)을 허락(許諾)해 준다는 의미인데, 제사(題辭)에 '頉給'이라고 썼다. 탈(頉)이란 의무를 수행할 수 없는 상태, 예컨대 부모가 돌아가셨거나 당사자가 중병에 들거나 불구자가 되어 군역을 지지 못할 경우 등을 지칭한다.

합하는[合洞] 문제도 이와 같이 한다.

　1. 산송(山訟)[12]에 관한 소지이면 제사하기를, "쌍방이 다 같이 보는 곳에서 국내(局內)의 형국, 거리[步數]의 원근을 상세히 적간(摘奸)하여 그림[圖形]으로 그리고, 쌍방의 서명을 받아 첩보(牒報)하라"고 하고 면임(面任) 또는 향소(鄕所)에게 써서 준다.

　혹은 도형(圖形)으로 판결을 내리거나[立落] 혹은 친히 직접 적간(摘奸)하고 법전에 따라 처결하여 후환(後患)[13]이 없도록 하여야 한다. 대개 가동가서(可東可西)[14]의 땅에 이미 매장[入葬]하였으면, 파서 옮길 수 없다고 주의를 주고, 아직 매장하지 않았다면 장례를 허가할 수 없다고 주의를 준다.

　1. 군정의 사망[物故]에 관한 소지이면 제사하기를, "사망인지 아닌지의 진위(眞僞) 여부를 시체를 검안(檢案)하여 살피고 첩보하라"고 써서 면임에게 내어 준다.[15]

　1. 전답의 봇물[洑水] 분쟁과 관련한 소지이면 제사하기를, "피차의 곡직(曲直)을 각별히 상세하게 조사하여 첩보하도록 하라"고 써서 면임에게 내어 준다.[16]

---

12) 산송(山訟) : 묘지와 묘지 주변의 산림에 관한 소송사건.
13) 『거관요람』에는 후료(後鬧 : 뒷날 시끄럽게 하는 행위)라 되어 있다.
14) 가동가서(可東可西) : 이렇게도 할 만하고 저렇게도 할 만한 것.
15) 이 구절은 국립본에는 없으며 『선각록』과 『거관요람』에 나온다.
16) 이 구절은 국립본에는 없으며 『선각록』과 『거관요람』에 나온다.

1. 양반이 상한(常漢)에게 욕을 당했다는 내용의 소지이면 제사하기를, "상한이 양반을 능욕한 행위는 이에 해당하는 법률이 있다. 조사하여 엄중히 다스려야 하니 잡아오도록 하라"고 하여, 면임에게 잡아오도록 한다. 사실을 조사하여 잘못이 상한에게 있으면 경중을 따져 법에 따라 처벌한다.

잘못이 양반에게 있으면 상한에게 이르기를 "상한의 도리로서는 다만 사리(事理)를 들어 다툴 뿐이며 양반을 능욕할 수 없는 것인데, 어찌 죄가 없겠는가?" 하고는 가볍게 태벌(笞罰)[17]을 내려 분수(分數)를 명백히 세우고, 그런 뒤 경중에 따라 양반을 처벌하되[從輕重治兩班] 양반의 도리를 잃지 말도록 신신 당부하며 교유(敎諭)한다.

1. 고을 경내에 사는 양반 및 향곡에서 무단한 행동을 하는 무리[鄕曲武斷之輩]들이 계(契)를 만들고는, 자신들이 살고 있는 곳 근처의 산록(山麓)에 사람들이 농사를 짓지 못하게 해달라고[18] 관에 소장을 올리고는, 매양 풀 벨 시기가 되면 소민(小民)은 얼씬도 못하게 한다. 만약 이러한 사실로써 소장을 올리면 엄하게 제사하기를, "산림(山林)과 천택(川澤)은 백성과 더불어 공유한다[山林川澤, 與民共之]고 경전(經傳)에 실려 있으니, 절대 금단하지 말라"는 뜻으로 써서 준다.

1. 나이가 들었으므로 군역을 면제해달라고 요구하는 소지나 병이 들었으므로 군역을 면제해달라고 하는 소지이면 제사하기를, "직접 살필 터이니

---

17) 태벌(笞罰) : 태형의 형벌. 태형은 5형 중의 하나이며, 죄질에 따라 10대부터 20대, 30대, 40대, 50대까지 다섯 등급으로 구분하여 집행했다. 수령은 태50대까지 자단(自斷)할 수 있었다.
18) 농사를 짓지 못하게 : 국립본과『선각록』의 원문은 "禁農"이다.『거관요람』에는 "禁養"이라 했다.

뒷날 와서 기다려라. 운운" 하고, 당사자가 오면 군안(軍案)19)을 살펴 탈급(頉給)한다.20)

1. 45년간 실역을 치렀으므로 군역을 면제해 달라는 소지이면 제사하기를, "군안을 고찰한 뒤에 관장에게 보고하고 면제시켜 주도록 하라"고 써서 병방(兵房)에게 준다.

1. 네 부자가 같은 역을 치르게 되므로 그 아버지를 면제해 달라고 하는 소장이면 제사하기를, "군안을 고찰한 뒤에 관장에게 보고하고 면제시켜 주도록 하라"고 써서 병방에게 준다.

1. 입지(立旨)21)해 달라는 모든 소지는 제사를 가볍게 내려주어서는 안 된다. 혹 실화(失火)로 그 전답과 노비문서를 소실했다거나, 도둑을 만나 그 전답·노비문서와 가재도구를 잃어버린 자가 입지해달라고 소지를 올리면 제사하기를, "실화와 봉적(逢賊)한 사실이 진짜인지 아닌지, 전답이 있는 곳과 노비가 사실인지 아닌지의 여부를 상세히 조사하여 첩보하는 것이 마땅하다"고 하여 면임에게 써서 주고, 면임으로부터 그에 대한 보고를 받은 연후에 입지(立旨)를 발급하여 뒷날 간사한 폐단이 생기지 않도록 해야 한다.

---

19) 군안(軍案) : 군인의 거주지·성명·신분 등을 기록한 장부.
20) 이 구절은 『거관요람』에는 없다.
21) 입지(立旨) : 신청서 끝에 신청한 사실을 입증하는 뜻을 부기(附記)하는 관부의 증명.

1. 묵은 전지[陳荒處]나 산지(山地)를 점유하고 입지(立旨)해 달라고 하면 제사하기를, "과연 땅주인[土主]도 없고 과연 민총(民塚)도 없는지 이웃사람들에게 탐문하여 첩보하도록 하라"고 써서 면임에게 주고, 면임이 이를 보고한 뒤에 입지를 발급하여 뒷날의 폐단[後弊]이 생기지 않도록 해야 한다.

1. 이웃에 살던 어떤 사내가 어떤 물건을 가지고 도망쳤다고 소지를 올리는 자는 이 소지를 가지고 그 사내가 도망쳤다는 공문(公文)을 만들려 하는 경우가 간혹 있다. 제사하기를, "어떤 자[漢]가 어떤 물건을 가지고 도망한 것이 사실인지, 그가 어떠한 신역(身役)을 지고 있었는지 상세히 탐문하여 첩보하도록 하라"고 써서 면임에게 내어 주고, 과연 그가 신역을 지지 않았으면 입지를 발급하는 것이 좋다.

1. 백성들의 소장 중에 사안이 윤기(倫紀)·군정(軍政)·환정(還政)·관속(官屬)의 작폐 등에 관한 일 및 기타 다스려야 할 일[可治之事] 등과 관계된 것이라면 반드시 제사를 엄중히 내리고, 일일이 수통인(首通引)으로 하여금 공책(空冊) 한권에 기록해 두게 한다.

그리고 날짜를 헤아려 기한이 지나도록 변론하는 일이 없으면 그 면에 전령하여 이르기를, "백성 아무개가 어떤 일로 소송을 제기하였으나 이같이 오래 지나도록 흑백(黑白)을 변론하지 않으니 그 사이의 곡절을 상세히 탐지하여 보고하라"고 한다.

그리고 혹 해당 면의 존위(尊位)[22]로 하여금 다스리게 하거나 혹은 관정

---

22) 존위(尊位) : 면 또는 리 또는 동의 어른이 되는 사람을 높여서 이르는 말.

192

에 붙잡아 와서 다스리되 그 경중을 따져서 징려(懲勵)하면 간사한 무리들이 저절로 두려워하며 복종할 것이다. 망령되이 함부로 소장을 올리는 폐단은 이렇게 막을 수 있다.23)

1. 백성의 소장 가운데 관속(官屬)과 관계된 내용이 있으면 반드시 소장을 올린 사람의 눈앞에서 판결한다. 죄가 관속에게 있다면 소장을 올린 사람이 보는 곳에서 그에게 맹장(猛杖)을 쳐 다스리면, 백성은 즐거워 하고 아전들은 움츠려 들게 될 것이다.

1. 근래 승역(僧役)이 편중되어 그 고통이 오히려 양역(良役)보다 더 무겁다. 무릇 폐해가 되는 일은 더욱 주의를 기울여 제거한다.24) 삼남(三南)에서는 폐해가 더욱 심하다. 부처의 제향(祭享)을 올리기 위해 마련한 전답에 대해 혹 그 자손이 빈천(貧賤)하여 그 조상[祖先]이 바친 것을 찾고자 소장을 올리는 사례가 허다하다. 만약 혹 한번 들어준다면 그 같은 일이 꼬리를 물고 계속 일어나 막을 수 없게 될 것이며, 대부분의 사찰은 이로 인하여 잔패(殘敗)하게 될 것이다.

이 같은 소장에는 제사하기를, "조상의 뜻을 저버리지 않는 것도 또한 효도하는 일이니 이전과 같이 지급하고, 공양하는 밥[養飯] 등이 혹 예전과 같지 아니하거든 징계하여 다스릴 터이니 관에 고발하는 것이 마땅하다. 운운"이라고 하면 된다.

---

23) 『거관요람』에는 "그리고~폐단을 막을 수 있을 것이다"라는 구절이 빠져 있다.
24) 이 구절의 원문은 국립본의 경우, "凡於爲弊之事, 加意除之"로 되어 있다. 『거관요람』에는 "凡於爲弊之事 如意除之"라고 하였는데, 이는 국립본의 "加意除之"의 '加'를 '如'로 잘못 적은 것으로 보인다.

1. 백성들의 고통과 즐거움은 한만(閑漫)한 소장에 대한 판결을 내리고 못내리는 데에 달려 있는 것이 아니라, 오로지 신역(身役)·전결(田結)·호요역(戶徭役) 및 토호(土豪)·간리(奸吏)의 침학(侵虐)에 달려 있다. 관장이 된 자로서 진실로 군정·전결·호역·요역의 대절목(大節目)을 조리 있게 구별하여 각기 적절하게 처결함으로써, 위엄이 능히 토호들을 탄압(彈壓)하고 명확함이 능히 간리(奸吏)들을 촉파(燭破)[25]할 수 있다면, 백성들은 원망하지 않게 되고 소송을 일으킬 단서는 사라진다. 마땅히 대절목에 힘을 쓰고 사소한 곡절(曲折)에 정신력[心力]을 허비하지 않아야 한다.

대저 백성들이 관정(官廷)에 자주 나오는 것은 원망스러운 일이 조금이라도 있기 때문이다. 만약 신역 문제로 관청에 와서 호소하는 자가 있다면, 여기에서 나의 군정(軍政)이 제대로 시행되지 못함을 알 수 있다. 만약 호요역(戶徭役) 문제로 소송을 제기하는 자가 있다면 이것으로서 나의 사역이 고르지 않았음을 알 수 있다. 만약 간사한 아전들이 침탈한다고 와서 소장을 올리면, 여기서 내가 간리(奸吏)를 제압하지 못했음을 알 수 있다. 만약 토호(土豪)들의 침학 때문에 내왕하며 이를 거론한다면, 여기서 내가 그 토호들을 제압하지 못했음을 알 수 있다.

번거롭게 민소(民訴)가 일어나는 것은 모두 내가 정치를 제대로 못하기 때문이다. 앞서 말한 대절목을 잘 지켜 조금이라도 실수하는 바가 없으면, 백성은 자신의 생업에 편하게 힘쓸 것이요, 관가 또한 일이 없게 될 것이다.

1. 백성 중에는 (관명을) 거역(拒逆)한다는 내용으로 소장을 올리기도 하는데 이 경우에는 제사하기를, "그것이 사실이라면 엄중히 처벌할 터이

---

25) 촉파(燭破) : 촛불이 어둠을 밝히듯 부정을 파헤침.

194

니, 잡아오도록 하라"고 써서 면임에게 내려 준다.

　대개 환자(還上)와 군향(軍餉)을 상납하는 일 이외에 면주인(面主人)을 외면(外面)으로 자주 내려 보내서는 안 되며, 살옥(殺獄) 포도(捕盜) 등의 사건 이외에 관차(官差)²⁶⁾를 외면으로 내려 보내서도 안 된다.

　1. 내가 상사(上司)의 직무를 대행하게 되면, 또한 자중(自重)하여 거만해지지 않도록 한다. 진상(進上)·군기(軍器)·군향(軍餉)·환곡(還穀) 등의 경우, 그에 대한 관사(關詞)²⁷⁾를 지극히 엄절(嚴截)하게 처리해야 한다.

---

26) 관차(官差) : 관아에서 파견하던 군뢰(軍牢), 사령(使令) 따위의 아전.
27) 관사(關詞) : 관문(關文)의 내용. 관문(關文)은 조선시기 동등한 관서 상호간이나 상급관서에서 하급관서로 보내는 문서를 가리켰다. 관(關) 또는 관자(關子)라고도 한다.

❊ 면세(免稅) 6조 ❊

1. 외방 고을 가운데 각 궁방(宮房)과 각 능(陵)의 면세처(免稅處)[1]가 위치한 곳에서는 차인(差人)[2]들의 침어(侵漁)로 발생하는 폐단이 하나 둘이 아니다. 만약 관에서 엄하게 신칙하여 이들이 이익을 잃고 패하여 돌아가게 될 경우, 없는 말을 지어 내어 해당 궁방과 해당 능에 무고(誣告)하여 (관장이) 횡액을 입기에 이른다. 하는 대로 내버려둘 경우 그들이 저지른 폐단은 더욱 심해질 것이며 마침내 민전(民田)을 영원히 탈취하는 지경에 이르게 될 것이다. 그러니 이는 각별히 신경 써야 될 사안이다.

차인이 내려오면 곧바로 불러 따뜻한 얼굴로 맞이하고[賜顔] 다음과 같이 조용히 거듭해서 깨우쳐 준다.

지금 차인의 행차는 이익을 입기 위해 이루어졌으니[蒙利之行], 반드시 잘 해야 한다. 만약 백성들이 원망한다면, 관장이 된 사람으로서 그들의 말을 듣고 다스리지 않을 수 없다. 각별히 조심하여 원망하는 말이 나오지 않게 해야 한다.

이렇게 하면 차인들은 그 따뜻한 얼굴로 가르쳐 깨우쳐 준 것에 감동하고 민인들이 고소할까 두려워하여 난잡한 일을 벌이는 지경에 이르지 않을

---

1) 면세처(免稅處) : 조세가 면제되는 곳. 관둔전(官屯田)·마전(馬田)·원전(院田)·진부전(津夫田)·빙부전(氷夫田)·수릉군전(守陵軍田)·국행수륙전(國行水陸田) 및 제향공상제사채전(祭享供上諸司菜田)·내수사전(內需司田)·혜민서종약전(惠民署種藥田) 등이 대표적인 합법적 면세지였음.
2) 차인(差人) : ① 각 궁방(宮房)에서 파견하는 사람. ② 장사하는 일에 시중드는 고용인(雇傭人). 여기서는 ①의 의미로 쓰였다.

것이다.

또 간민배(奸民輩)들이 관장이 그들을 돌보아 주는 형세[顧見之勢]를 살피게 되면, 납부해야 할 곡식을 납부하지 않으려는 행패를 저지르지 않을 것이며, 이에 따라 때에 맞추어 곡식을 거둘 수 있게 된다. 이것이 바로 양쪽 모두 편해지는 길이다.

1. 각 능(陵)의 면세지는 향탄(香炭)[3]을 마련하기 위한 것이므로, 한결같이 실결(實結)로 거두어들인다.

각 궁(宮) 면세지에는 유토(有土)[4]와 무토(無土) 면세지[5]가 있다. 유토 면세지는 한결같이 동서남북(東西南北) 사표(四標)[6]를 기록하여 책으로 묶는다.

무토 면세지임에도 당초 잘못하여 (유토 면세지) 대장에 기록되어 있는 경우가 있다. (궁방에서는) 이 기록을 근거로 사표를 기록하여 책으로 묶고는 이것을 빙자하여 유토 면세지라고 하여 '매 부(卜) 당 2두씩 거두는 예'에 따라 간혹 수봉(收捧)하기도 한다. 세월이 오래 지나면 민인들 또한 그 진위를 알지 못한다. 반드시 잘 살펴 유토지(有土地)와 무토지(無土地)를 먼저 정한 뒤에야 가징(加徵)하는 폐단이 생기지 않을 것이다. 가징하는 폐단이 없어지면 (궁방이) 민전(民田)을 영구히 빼앗는 폐단 또한 사라질

---

3) 향탄(香炭) : 제사용의 향과 숯.
4) 유토(有土) : 유토 면세지를 말하는데, 궁방(宮房), 관아(官衙)에서 소유하여 경작하는 토지(土地)에 대해 조세(租稅)를 면제(免除)함을 의미함.
5) 무토(無土) 면세지 : 조선시기 여러 궁방의 경비 마련을 위하여 설치한 장토의 하나. 이 경우는 무토궁방전(無土宮房田)이라 하는데, 이것은 실제 전지의 소유권을 절급하여 주는 것이 아니라 민전 위에 설정된 수세권만을 지급하였음.
6) 사표(四標) : 양안 상에 토지 필지를 기록하며 그 위치를 파악할 수 있도록, 사방의 지형지물 혹은 토지가 어떠한지를 기록하는 것.

것이다.

1. 각 능과 각 궁에서 수세하는 일을 (대신하여) 혹 본 고을에서 거두어들이라는 관문(關文)[7]이 내려온다면 형세상 본 고을에서 거두어야 한다. 실결에 따라 관에서 거두어들이는 곳[8]은 자연 그 (거두어들이는) 수량이 늘거나 줄지 않을 것이다. 그러나 만약 경작한 것에 맞추어 수세해야 하는 곳[隨起收稅之處]이라면 풍흉(豊凶)에 따라 마땅히 더하기도 하고 덜기도 해야 하니, 이 같은 점을 각별히 유의한다.

거두어들인 뒤 해당 궁방에 보고하는데, 보고문의 내용은 다음과 같다.

금년의 농사일은 반드시 아무 해의 농사와 비교해야 한다. 그러므로 아무 해의 곡총(穀摠)과 비교한다. 운운.

이와 같이 해 놓으면 (나중에) 일을 제대로 수행하지 못했다는 추궁을 면할 수 있게 된다. 왜냐하면 차인배(差人輩)들은 반드시 수량을 줄여 상납(上納)하므로, 아무 해의 곡총(穀摠)이 결코 올해의 곡총과 같을 수 없기 때문이다.

---

7) 관문(關文) : 관문은 조선시기 동등한 관서 상호간이나 상급관서에서 하급관서로 보내는 문서를 가리켰다. 관(關) 또는 관자(關子)라고도 한다. 동격 이하의 관아 사이, 즉 동등한 관부 상호간과 상급 관아에서 그 하급 관아에 보내는 문서양식으로, 오늘날의 공문서와 비슷했다. 동격 관아 사이에서 수수되는 경우에는 평관(平關)이라 하고, 하급관아에서 상급관아로 올리는 문서는 관을 쓰지 않고 첩정(牒呈)을 썼다.

8) 실결에~들이는 곳 : 국립본과 『선각록』의 원문은 "從實結, 自官收捧處"이다. 『거관요람』에는 "從實結, 自前收捧處"라고 했다.

1. 거두어들인 곡물에 대해 만약 선복(船卜 : 배)으로 수송하라는 관문이 내려온다면 이 문제로 비록 서너 번 쟁집(爭執)하더라도 결코 이를 시행해서는 안 된다. 이것과 대동미(大同米)는 그 중요도가 매우 다르다. 사소하지만 어려운 점들이 생길 뿐만 아니라, 큰 바다에서 사고로 파선할 가능성도 충분히 고려해야 한다. 폐단이 되는 사항을 자세히 정리하여 순영에 논보(論報)하기를 "배로 실어 나르지 않기를 바란다"고 하면, 해당 궁방에서 사람을 보내어 곡식을 팔아 돈을 만든 뒤[作錢] 떠날 것이다.

1. 관에서 거두어들인 곡물을, 팔아 돈으로 만들라는 관문이 내려올 경우에는, 전례대로 순영에 보고하고 시장 가격에 따라 팔아서 돈을 만든 뒤, 운반비[駄家]를 빼고 보낸다. 그런 뒤 해당 궁방에 알리기를 "순영에 보고하여 시가로 계산했다"고 한다. 그럴 경우, 시가를 높이거나 낮추어 농간을 부렸다는 혐의도 생기지 않을 것이며, 궁방 또한 흠 잡을 단서를 찾지 못할 것이다.9)

1. 돈으로 거두어들이라는 관문이 내려올 경우, 시가에 맞추어 곡식을 팔아 돈으로 바꿈으로써 사람들의 의심을 사서는 안 되며[不可從市直以作錢, 致人疑心], 한결같이 법전에 따른다. 풍년과 흉년을 막론하고 대동전(大同錢) 조례에 근거하여 거두어들인 후, 운반비를 공제하고 보낸다. 궁방에 보고하는 글 또한 "법전에 … 운운"하여 작성하는 것이 좋다.

그렇게 할 경우, 백성들은 잃는 것이 없으며, 관장 또한 의심을 받지 않게 된다. 해당 궁방과 능에서 비록 '돈이 부족하다'고 생각하더라도 이미

---

9) 『거관요람』에는 국립본·『선각록』과는 달리 5조까지만 있는데, 이것은 5조와 6조의 내용을 합하여 1조로 만들었기 때문이다.

'법전에 따랐다'고 보고했기 때문에 흠 잡힐 단서가 없어진다. 이를 정식(定式)으로 삼으면, 뒷날 백성들에게 참으로 많은 혜택이 돌아갈 것이다.

✠ 양전(量田) 8조 ✠

1. 고어(古語)에 이른바 "차라리 백성에게 잃는다[寧失於民]"고 한 것은
바로 양전(量田)을 두고 한 말이다. 먼저 이것을 마음에 새긴 뒤에야 여러
백성들이 원망하는 일이 생기지 않게 되며, 자기 몸에 재앙이 미치지
않게 된다.

먼저 합당한 사람을 얻은 연후에 (양전을) 비로소 시작한다. 합당한
사람이란 산법(算法)에 통달할 뿐만 아니라, 사람됨이 정직(正直)·염결(廉
潔)하며 나(곧 관장 : 역자 주)에게 지성을 다하는 자를 말한다. 정직한
뒤에야 사사롭게 안면에 구애받는 일이 없을 것이고, 염결한 뒤에야 몰래
뇌물을 받는 폐단이 없어질 것이며, 나를 위하여 지성을 다한 뒤에야
내 마음을 이어받아 가는 곳마다 지극히 공정하게 일을 처리할 것이다.

1. 전답을 측량할 때, 방형(方形)·직형(直形)·규형(圭形)·제형(梯形) 등의
형상1)을 대두(大頭)·소두(小頭)를 절반으로 잘라서 계산하는 법 등은 모두
영주법(影籌法)2)에 들어 있다. 척장(尺丈)을 계산할 때 수를 분명히 읽어
잘못 계산하는 폐단이 없도록 한다. 이 변(邊)에서 시작하여 저 변에서
끝날 때, 자세히 살펴 과·불급의 폐단이 없도록 한 뒤 계산법에 따라 곱하면

---

1) 방형(方形)·직형(直形)·규형(圭形)·제형(梯形) 등의 형상 : 토지의 모양을 보이는
   표현인데, 양안(量案)에 기록하는 핵심 요소 중의 하나였다.
2) 영주법(影籌法) : 일종의 연립 방정식 풀이법이다. 『담헌외집(湛軒外集)』권4, 주해
   수용내편상(籌解需用內編 上)에 소개되어 있는 승법(乘法)에 따르면, 상격(相格)·
   중격(中格)·하격(下格) 혹은 천격(天格)·인격(人格)·지격(地格)의 삼격(三格), 실수
   (實數)·법수(法數)·득수(得數)의 삼수(三數) 등의 개념으로 구성되어 있다.

된다.

1. 길이 100척과 넓이 100척을 곱한 1만척이 곧 1등전의 1결이다. 2등전은 15부를 감하여 85부로 하는데, 이를 '팔오(八五)'라 일컫는다. 매 등마다 15부를 감한다. 3등은 70부가 되는데 이를 '단칠(單七)'이라 하고, 4등은 '오오(五五)', 5등은 '단사(單四)', 6등은 '이오(二五)'라 한다.

자로 재어 척수(尺數)를 얻은 뒤, 2등 '팔오(八五)', 3등 '단칠(單七)', 4등 '오오(五五)', 5등 '단사(單四)', 6등 '이오(二五)'를 법식으로 삼아 등수에 따라 곱하고 자세히 살펴, 팔오등제법(八五等第法)에 속지 않도록 한다.

1. 삼남 지방은 3등 이상의 전토가 많다. 양서(兩西) 지방은 6등 이상의 전토가 없으나, 간혹 6등전 중에서도 또 (그 면적이) 40%가 줄어 겨우 60%만 남은 곳도 있다. 경기도의 경우는 5·6등을 넘는 전토가 없다. 이것은 모두 각 도의 토품(土品)³⁾을 따른 결과이다. 오늘날 새로 양전[改量]할 때 마땅히 옛 사람의 뜻을 마음에 새겨, 이 규정에서 벗어나지 않도록 한다.

1. 원장부전(元帳簿田)은 한결같이 본래의 등급에 따라 세금을 거두는 것[執卜]이 좋다. 가경전(加耕田)⁴⁾과 신기전(新起田)으로 장부에 기록되지

---

3) 토품(土品) : 토지의 비옥도에 따른 품질.
4) 가경전(加耕田) : 토지대장에 기재되어 있는 원전 이후, 원전의 인접지(隣接地)를 새로 개간(開墾)하여 경작하고 있으나 아직 토지대장에 등록되지 아니한 전지(田地)를 의미한다. 전지(田地)의 측량(測量)이 완료되면 토지대장(土地臺帳)을 수정하여 호조(戶曹)에 두고 이를 원장부(元帳簿)라 하며, 이 원장에 등록된 토지를 원전(元田)이라고 했다.

202

않은 토지5)는 사방으로 접하고 있는 토지 가운데 등급이 가장 낮은 전답의 등급에 맞추어 세금을 거둔다. 예전에 대전(垈田)의 옥토(沃土)였던 곳이 현재 들판의 척박한 농토[薄土]로 변했다면 혹 등급을 한 단계 낮추거나 혹은 주변 토지의 등급에 맞추어 세금을 거둔다. 예전에 들판의 박토였던 곳을 현재 대전의 옥토로 경작하고 있다면 본래의 등급에 따라 세금을 거두며, 등급을 올려 세금을 거두어서는 안 된다. 수년이 흐른 뒤 촌락이 모두 옮겨가 이곳이 다시 척박한 농토가 될지 어찌 알겠는가? "차라리 백성에게 잃는다"라는 것은 바로 이를 두고 하는 말이다.

이르는 곳마다 이와 같이 낮은 등급에 기준해서 세금을 거둔다면 겉으로 보기에 원결(元結)의 총수보다 부족할 듯싶지만, 실은 그렇지 않다. 낮은 등급에 기준해서 세금을 거두는 곳이 늘지 않더라도, 가경전과 새로이 경작한 곳[加耕新起處]은 반드시 늘어날(증가할) 터이니, 원결의 수가 감축될 리는 만무하다. 또 계산하는 것을 자세히 살펴 속지 않는다면 줄어들 리 없다. 또 은결(隱結)이 없는 곳이 없으니, 은결을 적발하여 원결에 합해서 계산한다면 부족할지 어떨지 걱정할 필요가 어디 있겠는가?

1. 묘입전(墓入田)6)·성천(成川)7)·복사(覆沙)8) 등 영원히 전형(田形)이 사라져 버렸기 때문에 '진탈(陳頉)9)'로 처리해야 할 사안, 그리고 산허리[山腰]

---

5) 신기전(新起田)으로 장부에 기록되지 않은 토지 : 국립본·『선각록』에는 '新起田不入田', 『거관요람』에는 '新起不入田'으로 표기되어 있다.
6) 묘입전(墓入田) : 묘소로 사용한 농지.
7) 성천(成川) : 홍수 물에 휩쓸려 논밭의 형체가 무너져 개천으로 변한 곳.
8) 복사(覆沙) : 홍수 등으로 전답이 모래가 덮인 곳.
9) 진탈(陳頉) : 토지를 경작하지 못하였거나 또는 경작하였어도 수재(水災) 한재(旱災) 충재(虫災)등의 사유로 면세로 잡히는 경우.

이상에 있는 토지를 화전(火田)으로 귀속시키거나 산허리 이하에 있는
토지를 원전(元田)¹⁰⁾에 속하게 하는 사안 등 양전사목(量田事目)에 규정하
고 있는 요소들은 사목에 따라 처리한다. 만약 사목에 없는 일이라면,
반드시 순영(巡營)으로 나아가 의논한 뒤 순영에서 보내온 공문에 따라
처리한다.

1. 도안(都案)을 바꿀 경우, 여기에 소요되는 종이, 붓과 먹의 수가 적지
않으므로 형편 상 그 비용을 민간에서 거두게 되는데, 그 들어가는 양을
자세히 헤아려 남징(濫徵)하지 않도록 해야 한다. 비용을 거두어 지필(紙筆)
등을 사게 될 때, 정신을 집중하여 절약할 수 있도록 일을 살핀다. 만약
(작업이) 지연되어 일하는 날이 늘어나고 물력(物力)이 부족해질 경우,
관에서 적절히 변통하여 처리하고 민간에서 재차 거두어서는 안 된다.

1. 각 면으로 드나들 때 거느리는 사람의 수를 줄여 관속배들이 양전을
빙자하여 폐해를 일으키는 일을 엄하게 신칙하고 통렬하게 금지하도록
해야 한다.

---

10) 원전(元田) : 전지(田地)의 측량(測量)이 완료되면 토지대장(土地臺帳)을 수정하여
    호조(戶曹)에 두고 이를 원장부(元帳簿)라 했는데, 이 원장부에 등록된 토지를
    원전(元田)이라고 했다.

204

✠ 시노(寺奴) 2조 ✠

1. 시노(寺奴)[1]의 폐단은 사실 일개 수령이 이정(釐正)할 수 있는 사안이 아니다.[2] 그 노안(奴案)을 살펴면 나이가 100세가 넘었지만 명단에서 빼지 않은 자가 부지기수이며, 이름을 아기[阿只]라고 한 동명인 또한 부지기수이다. 그러므로 호적을 가지고 그 허실을 조사하는 것은 불가능하다. 그 가운데 이름을 뺀 자는 피하고 숨기를 귀신이 숨듯 하니, 어찌 적발할 수 있겠는가? 다만 도안(都案)에 기록된 총수(總數)에 의거하여 우두머리 되는 사람[頭目人]에게 공전(貢錢)[3]을 책임지고 납부하도록 할 뿐이다.

우두머리 되는 사람은 해마다 공전을 거두므로 누가 누구의 아들이고 누구의 손자이며 어느 지방으로 도망가 숨어 있는지 빠짐없이 알고 있다. 그를 매질하고 가두는 등 엄형을 가하여 다스리면 스스로 알아서 몰래 거두어 바칠 터이니, 공전을 바침에 기한을 어기는 폐단도 사라질 것이다.

1. 우두머리 되는 사람이 연로하여 사망하게 되면, 곧 그 아들·손자·형제·조카 중에서 한 사람을 뽑아 대정(代定)한다. 그렇게 하면, 누가 시노(寺奴)인지 (쉽게) 알 수 있으므로 공전을 거두는 일이 어렵지 않을 것이다.

---

1) 시노(寺奴) : 봉상시(奉常寺)·종부시(宗簿寺)·내자시(內資寺)·내섬시(內贍寺)·사도시(司導寺)·예빈시(禮賓寺)·사섬시(司贍寺) 등 중앙의 각 시(寺)에 딸린 노비. 시노비(寺奴婢). 내노비(內奴婢)·관노비(官奴婢) 및 역노비(驛奴婢)등과 함께 공천(公賤)이라 했다.
2) 시노(寺奴)의 폐단은~아니다 : 조선에서는 1755년(영조 31)에 「을해감자시사목(乙亥減尺時事目)」을 반포하여 시노비에 대한 처우를 개선했고, 1801년(순조 원년)에 이들을 폐지하는 조치를 내렸다.
3) 공전(貢錢) : 신공으로 바치는 돈.

❈ 치도(治盜) 3조 ❈

1. 도적을 다스리는 방법은 엄격함을 위주로 해야 한다. (그러나) 적도(賊徒)들에게 엄격해야 할 뿐만 아니라, 반드시 포교(捕校)와 포졸(捕卒)에게 엄격함을 먼저 보여야 한다. 그들 가운데 혹 기포(譏捕)하러 나갔다가 붙잡아 오지 못했거나, 장물(臟物)이 없는데도 잘못 붙잡아오거나, 양민(良民)을 침탈했거나, 공사를 빙자하여 사사로운 일을 영위한 자가 있으면 엄히 곤장을 쳐서 쫓아낸다.

또한 민간에 폐해를 끼치거나 혹 술에 취해 난동을 부린 자는 중벌로 징계하고, 장기와 바둑, 노름, 창기(娼妓)와 만나 노는 일 등은 엄격하게 금지하여 그들이 전적으로 기찰(譏察)하는 일에만 뜻을 두도록 해야 한다.

(이들이) 만약 도적을 잘 잡으면 도적 수의 많고 적음에 따라 상을 후하게 내린다. 이와 같이 위엄과 은혜를 아울러 시행한다면[恩威竝行], 이들은 사지(死地)도 피하지 않을 것이며 (진범이 아닌) 의심 가는 사람[疑似之人]을 잡아와 책임을 면하려는 짓도 하지 않게 된다.

1. 적도를 심문할 때, 장물(臟物)이 분명하여 의심할 바 없이 도적인 자라면 먼저 특별히 사면하겠다는 뜻을 바로 알리고 다양한 방법으로 종용하고 권유하여, 같이 도적질한 무리들을 모두 실토하도록 해야 한다.[1]

장물이 분명하지 않은 자에 대해서는 혹 포교와 포졸의 협박이 있었는지 혹 피해를 입은 사람이 그를 무고(誣告)한 것인지를 염두에 두고, 처음에는 엄격하게 위엄을 보이고 뒤에는 따뜻한 말을 건네며, 반복하여 캐묻는다.

1) 이 구절은 『선각록』과 『거관요람』에 실려 있으며, 국립본에는 없다.

206

비록 의심할만한 단서가 있다하더라도, 도적을 만난 곳을 추심(推尋)하여 그 잃은 물건과 도적을 만난 날짜를 서로 견주어 보아서 의심할만한 혐의가 없는 사실을 확인한 연후에 법에 따라 처리한다.

만약 이를 소홀히 하여 허(虛)와 실(實)이 서로 뒤섞여 버리면, 이는 바로 사람의 명예와 생명에 영향을 미치게 되므로 충분히 신중하게 살펴야 그대에게 화가 닥치지 않을 것이다.

1. 근래에 인심이 맑지 못하여 행동거지가 수상한 사람들이 마을에 출몰하고 심지어 거짓 기찰(譏察), 거짓 어사(御使)도 종종 나타나는데, 진위(眞僞)를 가리기가 이보다 어려운 것이 없다. 그래서 함부로 손댈 수 없는 사람이 매우 많다. 영리한 포교와 포졸[校卒]을 보내어 여러 날 그들의 뒤를 밟게 하여 사악한 일을 하는 단서를 포착한 연후에 비로소 붙잡는다. 작당한 여러 사람도 하나도 남김없이 완전히 잡은 뒤 엄하게 가두고 순영(巡營)에 보고하며, 순영의 조치에 따라 이들을 처리한다.

✖ 호적(戶籍) 2조 ✖

1. 3년에 한 번씩 작성하는 호적의 사목(事目)[1]은 지극히 엄중하다. 그런데 그것을 예사롭게 여기고 그냥 문구(文具)처럼 보아 깊이 살피지 않기 때문에, 그 문란함이 이보다 더 심한 경우는 없다. 매우 한심스럽다. 한결같이 사목(事目)에 따라 엄중히 신칙한다.

호적에서 호구를 누락하는 것과 역명(役名)을 사실대로 기록하지 않는 점에 대해서는 형률로 처벌을 받거니와, 이 두 사안에 대해 감색배(監色輩)에게 속임을 당하지 않는다면 다른 여러 조목에서도 어려움이 없을 것이다. 환호(還戶)를 실정(實丁)대로 배정하고, 군정(軍丁)에 대한 걱정거리가 사라지며, 호역(戶役)에 여유가 생기는 일은 오로지 여기에 달려 있다.

혹 가구(家口)를 적간(摘奸)하여, 아들·사위·동생·조카 등이 각기 따로 거주할 경우 이들을 솔호(率戶)[2]로 호적에 올리지 못하게 하면 간사한 자를 찾아낼 수 있지만, 그렇다고 모두 믿을 수 있는 것은 아니다. 혹 송사(訟事)로 인해서, 혹은 정소(呈訴)로 인해서 호적을 살펴볼 경우, 간사한 자들을 찾아낼 수 있지만, 이렇게 해도 다 알아낼 수는 없다.

부임한 처음에 각 면에 전령(傳令)을 내려, "호패(號牌)[3]가 없는 무리들은

---

1) 3년에 한 번씩 작성하는 호적의 사목(事目) : 『대전편통(大典編通)』권2, 호전(戶典), 「호적(戶籍)」 참조.
2) 솔호(率戶) : 출역(出役)하는 군사(軍士)를 정군(正軍)이라 하고, 그 정군이 거느린 보인(保人)을 솔호(率戶)라 일컬음. 호수는 솔호의 대칭.
3) 호패(號牌) : 조선시기에, 신분을 증명하기 위하여 16세 이상의 남자가 가지고 다녔던 패. 직사각형으로 앞면에는 성명, 나이, 태어난 해의 간지를 새기고 뒷면에는 해당 관아의 낙인을 찍었다. 이품 이상과 삼사(三司)의 벼슬아치는 관아에서 제작한 것을 지급받았으며, 그외는 성명·출생 신분·직역·거주지 따위를 단자(單

도적과 다름이 없으므로 몇 월 몇 일 안으로 나와서 호패를 만들고 낙인을 받으라"는 뜻을 밝혀 지휘하고, 호패에 낙인을 찍어 발급할 때 통인(通引)으로 하여금 일일이 그가 거주하고 있는 곳과 성명을 기록해서 책상 위에 둔다.4)

소지(所志)를 내러 오는 사람에게는 반드시 호패를 바치게 하고 또한 통인으로 하여금 일일이 이름을 기록하여 책상 위에 두게 한다. 혹 역민(役民)이 왔을 때에도 호패를 바치게 하고 통인으로 하여금 일일이 이름을 적어 책상 위에 두게 한다. 민인을 보면 반드시 호패를 살피고 호패를 살피면 반드시 이름을 기록하여 이를 모아 둔다. 호적을 작성할 때 이것과 원적(原籍)을 서로 비교해보면 호적에서 누락된 자가 분명 많이 있을 것이다.

(호적에서) 누락된 자는 대부분 가난하지 않으니, 이들은 한편으론 호환(戶還)5)을 피하려 하고 한편으로는 군정(軍丁)을 피하고자 하며, 또 한편으

子)로 만들어 관아에 제출하면 관아 단자와 대조하여 낙인을 받은 뒤에 지급받았다.
4) 호적과 관련하여 호패를 거론한 것은 『속대전(續大典)』에서 「호전(戶典)」의 '호적' 조에 "남성으로서 16세 이상은 호패를 찬다"는 규정을 둔 것과 관계가 있다.
5) 호환(戶還) : 호(戶)를 단위로 환곡을 나누어 주는 것. 호구(戶口) 총수로 나누어 주는 것을 통환(統還)이라 하고, 전결(田結)을 기준으로 배당하는 것을 결환(結還)이라 한다. 대개 매 결에 4, 5두, 많은 경우는 7, 8두였다. 『승정원일기(承政院日記)』 고종(高宗) 19년 임오(1882, 광서 8) 8월 30일(계미)조에 의하면, "환곡이란 본래는 불의의 사태에 대비하기 위해 모아 두는 것이고, 그 모조(耗條)는 지방(支放)의 비용에 공급하는 것으로, 민호(民戶)마다 각기 7두(斗) 5도(刀) 7합(合)을 정식으로 한 것이 몇 백년이 되었습니다. 그런데 근래 들어 호환(戶還)을 혁파하고 가을에 쌀을 거두어들일 때에는 두(斗)와 곡(穀)을 정확히 재어 그에 준해 받아들이면서, 봄에 쌀을 방출할 때에는 두나 곡은 계산하지도 않고 단지 원래 총 수량이 몇 섬인가만 계산합니다. 거기에는 축난 것이 대부분으로 온전한 섬이 없으며, 심지어 빌려가지도 않았는데 납입해야 하는 지경에까지 이르기도 하니, 어찌 통탄스럽지 않겠습니까. 민결(民結)마다 환곡을 분배하되 본전은 결주(結主)에게

로는 호역(戶役)을 피하려 하는 자들이다. 누락된 자들이 많을 경우, 환과고
독(鰥寡孤獨)의 네 곤궁한 자들 중에서 지극히 가난하여 의지할 곳이 없는
무리들을 먼저 가려 뽑아두었다가, 누락자들을 장부에서 빼낸 뒤, 그 자리를
이들로 채워 넣는다. 이것이 곧 실질적인 정사[實政]이니, 환정(還政)과
군정(軍政) 그리고 백성을 많이 사역시킬 일이 생길 때 크게 도움이 될
것이다.

또 호적을 작성할 때, 호수를 늘리기 위해서 실제의 수효는 부족하지만
'이상(已上)'6)의 수를 늘리는 경우가 간혹 있으니, 눈앞에서 일일이 헤아려
서로 비교해보는 것이 좋다.

1. 역명(役名)을 사실대로 기록하지 않거나 혹 유학(幼學)이라 가칭하기도
하고 혹 공신의 후예라고도 하며 혹 선파(璿派)7)라고 일컫는 자들은, 군정을
면제받으려고 하거나, 공사천(公私賤)의 이름을 피하려고 하거나, 호적에서
몸을 빼려고 하는 사람들이다.

선파와 공신일 경우에는 해당 관부(官府)에서 만든 단자(單子)가 있으니
그렇게 칭하는 자들로 하여금 이를 바치게 하여 호적과 견주어 보면 (사실
여부를) 자세히 알 수 있을 것이다. 유학(幼學)8)이라 일컫는 자는 한 고을에
서 다 아는 반호(班戶) 외에는 의심이 가는 존재이니, 일일이 초출(抄出)하여

돌려주고 해마다 모조를 취하여 지방의 비용으로 삼는다면 간사한 아전이 농간을
부리는 폐단과 호향이 포흠을 범하는 습속이 자연 종식될 것입니다"고 하였다.
6) 이상(已上) : 합산(合算) 총계(總計)의 의미.
7) 선파(璿派) : 전주 이씨 가운데 조선(朝鮮) 왕실(王室)에서 갈리어 나온 파. 그
족보(族譜)를 선원계보(璿源系譜) 또는 선보(璿譜)라고 함.
8) 유학(幼學) : 사족(士族)으로서 아직 벼슬하지 않는 사람의 호칭이다. 조선후기에
는 상민 가운데 멋대로 유학을 칭하면서[冒稱幼學] 군역을 면하려는 자가 많이
나타났다.

3식년(三式年) 호적(戶籍)을 그들로 하여금 바치도록 하면, 반드시 어긋나는 자들이 있을 것이다.

또 (유학이라 칭하는 자들은) 그들의 부조(父祖)·형제(兄弟)·숙질(叔姪) 중에 군역을 지고 있거나 혹 공·사노(公·私奴)인 사람을 찾아, 일일이 수정하여 기록해 둔다. 그렇게 하면 군정(軍政)이나 혹은 백성을 사역할 때 큰 보탬이 될 것이다.

만약 30년 된 호적으로 거슬러 올라가 살피면 역명(役名)이 서로 어긋나는 경우가 10에 5, 6은 되는데, 이는 조정의 명령이 없다면 결코 내 스스로 어떻게 할 수 있는 일이 아니다. 비록 순영(巡營)에서 처리하라고 관문(關文)을 내려도 경솔히 받들어 행할 수 없으니, 한결같이 이전 식년(式年)의 역명(役名)에 따라 기록한다. 이번 식년에 잘못 기록하는 점이 하나도 없다면, 내가 있는 동안 시행하는 정치는 완벽해지고 또 원망하는 단서를 만들지 않게 된다.

✠ 총론(總論) 25조 ✠

1. 수령으로 임명받은 날[除拜之日],¹⁾ 지난 날 자신의 이력 및 해당
년월을 일일이 생각해 내어 기억하며, 수령으로 갈 곳의 전임관이 체직된
이유, 그 고을의 올해 농사의 풍흉 정도, 그곳까지의 거리 및 고을 가까운
곳에 있는 바다 혹은 협곡 등을 사람들에게 물어 익힌다. 만약 그곳에
유배객과 죄수가 있다면 그들의 죄목이 무엇인지 자세히 물어 알아둔다.
수령칠사(守令七事)²⁾는 세세히 연구하여 충분히 익힌다. 그런 뒤에야 임금
을 만난 자리에서 주대(奏對)³⁾할 때 실수하지 않는다.⁴⁾

1. 두루 인사를 다니는 일[歷辭]⁵⁾은 반드시 숙사(肅謝)⁶⁾하는 날부터
시작하되, 으레 하직 인사를 드리는 곳 외에, 가서 인사를 드려야 할 곳을

---

1) 제배(除拜) : 이조(吏曹)나 병조(兵曹)에서 예비 관리의 명단에서 삼망(三望)을 갖춰
  임금에게 올려 결재를 받아 관직을 임명하는 것.
2) 수령칠사(守令七事) : 수령 정치에서 구현해야할 일곱 사항으로, 농상성(農桑盛),
  호구증(戶口增), 학교흥(學校興), 군정수(軍政修), 부역균(賦役均), 사송간(詞訟簡),
  간활식(奸猾息)을 말한다. 각 항의 의미에 대해서는 이 책 「첨록」의 '수령칠사문
  답' 참조.
3) 주대(奏對) : 임금에게 주달(奏達)하고 또 임금의 질문에 답하는 것.
4) 『정요』에서는 이 문단을 '선각'의 '제배일(除拜日)' 항목으로 삼았다.
5) 두루 인사를 다니는 일[歷辭] : 수령에 임명되었을 때 부임하기 전에 여러 사람을
  차례로 방문하고 고별 인사를 하는 것.
6) 숙사(肅謝) : 숙배(肅拜)와 사은(謝恩). 숙배(肅拜)란 ① 왕에게 공손히 절하는 예(禮).
  전정(殿庭)에서 사배(四拜)함. ② 서울을 떠나 임지(任地)로 향발하는 관원이 임금
  에게 작별을 아뢰는 일. 하직(下直). ③ 한문투의 편지 끝에 공경하여 말을 끊고
  인사를 드린다는 뜻으로 쓰는 말로 쓰이며, 숙배하직(肅拜下直)은 서울을 떠나
  임지(任地)로 향하는 관원이 임금에게 숙배(肅拜)를 드리고 하직(下直)을 아뢰는
  것을 말한다.

일일이 별도로 종이에 기록해 두었다가 지나는 길에 방문한다. 진신(縉紳)[7] 가운데 누군가 혹 칭념(稱念)[8]하거나 구청(求請)[9]할 경우, 매우 어려워 불가능하거나 할 수 없는 일 외에는 일일이 허락하고 임지(任地)에 도착하는 즉시 반드시 모두 시행한다.

사람을 천거하며 데려가라고[率去] 하는 청탁은 결코 가볍게 받아들여서는 안 된다. 다른 사람의 부탁으로 데려가는 사람은 그 스스로 반드시 바라는 바가 있을 터인데,[10] 그가 만족해 할지 어떨지 장담할 수 없다. 만약 뜻이 맞지 않는 일이 생길 경우, 내보내거나 데리고 있는 것이 난처해지며 또 이 때문에 그를 천거한 사람과 틈이 벌어질 수가 있으니, 도리어 허락하지 않은 것만 못하다.

친구 사이에 아직 위문(慰問)하지 못한 일이 있으면 또 모두 위문한다. 만약 빨리 서둘러 내려가라는 명령이 있으면 편지로 위문한다. 아직 서경(署經)[11]이 끝나지 않았다면 서경 전에 우선 위문한다.

만약 구청하는 물건이 있다면 줄 수 있을지 없을지를 헤아려 허락하며,

---

7) 진신(縉紳) : 관직에 있는 사대부의 총칭.

8) 칭념(稱念) : 어떤 사항에 대해 잊지 말고 염두에 두어 달라고 부탁함.

9) 구청(求請) : 사물(事物)을 남에게 요구(要求)하여 청함. 특히 사신 가는 이가 그 비용을 사적으로 열읍(列邑)에 요구하는 것을 일컬음.

10) 국립본·『선각록』에는 "因人請去之人, 必有所望, 而使之稱意, 未可必矣"로, 『거관요람』에는 "因人請去之人, 皆有所望, 而使之稱意, 未可必"로 표기되어 있다. 전자를 따라 번역했다.

11) 서경(署經) : 심사(審査)를 거쳐 동의(同意)한다는 뜻. 당하관(堂下官)을 처음 임명하라는 명령이 내리면 이조(吏曹)에서 그 사람의 성명(姓名)·내외사조(內外四祖) 및 처사조(妻四祖)를 기록하여 사헌부(司憲府)·사간원(司諫院)에 대하여 그 가부(可否)에 관한 의견을 요구하고 사헌부(司憲府)·사간원(司諫院)은 수직자(受職者) 사조(四祖) 및 본인의 신상(身上)에 하자유무(瑕疵有無)를 조사하여 문제없음이 판명된 때에는 양사(兩司)의 관원이 서명(署名)하여 동의(同意)를 표하고 이조(吏曹)는 이로써 사령서(辭令書)를 발부(發付)함.

이미 허락한 물건은 일일이 기록해두었다가 임지에 도착한 뒤 빠른 시간 안에 모두 시행하여 믿을 수 없는 사람이라는 비난을 면하도록 한다.12)

1. 임명받은[除拜] 초기에 저인(邸人)13)을 시켜 전례에 따라 본 고을과 미리 사통(私通)하게 한다. 인부와 말을 보내는 일일 경우에는 그 형세를 살피고 늦게 혹은 빨리 갈지를 헤아려 그렇게 한다. 관사의 수리와 관련해서 다만 더러운 것만 청소하고 (나머지는) 분부를 기다려 거행하도록 한다.

외촌(外村)에 거주하는 장교가 인사드리는 일은 면제해 주고 다만 읍내에 살고 있는 사람만 그렇게 하라는 뜻을 분부하는 것이 좋다.

그 외 여러 잡다하게 해야 할 일은 부득이한 것을 빼고는 모두 거행하지 않는다. 그렇게 하면 처음 정치를 시작하며 제거하는 폐단이 적지 않을 뿐만 아니라, 그 사이 함부로 낭비하는 단서 또한 사라질 것이다.

관속(官屬)들이 거행하는 것은 예에 따라 행하게 하고, 신구 수령을 영송(迎送)할 때 백성에게 폐를 끼치는 일은 일절 금지하라고 분부한다.14)

1. 사조(辭朝)15)할 때 궁궐 내 각 청(廳)16)에 바치는 예목(禮木)17)[闕內所用

---

12) 『정요』에서는 이 문단을 '선각'의 '역사역(歷辭役)' 항목으로 삼았다.
13) 저인(邸人) : 서울에 주재하면서 지방관청의 서울에 대한 일을 대행하거나, 감영에 거주하며 각 고을의 감영에 관한 일을 대행하는 향리(鄕吏)를 말한다. 이들은 주로 그 지방의 공물(貢物)·입역(立役) 등의 일을 대행했는데, 서울에 거주하면 경저리(京邸吏)·경주인(京主人), 감영에 거주하면 영저인(營邸人)·영주인(營主人) 이라고도 했다.
14) 『정요』에서는 이 문단을 '선각'의 '제배초(除拜初)' 항목으로 삼았다.
15) 사조(辭朝) : 관직에 새로 임명된 관원이 부임하기에 앞서 임금에게 하직함.
16) 궁궐 내 각 청(廳) : 궁궐 내에 있는 여러 관청. 궐내각사(闕內 各司)라고도 하며, 승정원, 홍문관 등을 들 수 있음.
17) 예목(禮木) : 예를 표하기 위하여 바치는 포목(布木).

214

各廳禮木]은 이미 관례로 자연스럽게 해오던 일이었다. 하인배들이 체자(帖子)[18]를 바칠 때, 그가 하는 말을 언짢게 듣거나 대답하는 것이 공손하지 않다고 분노하고, 심지어는 목소리 높여 크게 꾸짖는 사람도 간혹 있다. 이는 아름다운 일이 아니다. 웃으며 대답하고, 그 고을의 경제력이 큰지 작은지를 헤아리고 또 그들이 얼마나 애를 많이 썼는지를 살핀 뒤, 일일이 체급[帖給][19]하며, 한 사람이라도 빠트리지 않도록 하여 하인배들의 원망을 받지 않도록 해야 한다.[20]

1. 임지로 길을 떠나는 날도 고을에 부임하는 처음과 다르지 않다. 처음 관속(官屬)들과 일을 처리할 때[周旋], 동작 하나하나 말 한 마디 한 마디 경솔히 해서는 안 되며, 반드시 아래 관속들에게 엄격함을 보여야 한다. 아래 관속들이 행로(行路)에서 두려워하며 복종해야, 그 고을의 여러 사람들이 이 소문을 듣고 두려워할 것이며, 수령의 엄한 위엄 또한 저절로 확립될 것이다.

하지만 행로에서 곤장을 자주 치게 되면 앞으로 나가는 일이 방해받을 뿐만 아니라, 학정(虐政)에 가까워 도리어 그들에게 원망하는 마음을 불러 일으키고, 그들은 또 두려워하며 복종하지도 않을 것이다. 그들이 지은 죄가 작다면 반드시 엄하고도 준열하게 분부를 내리고, 그들의 죄가 크다면 또한 모두 잘못을 기록[付過]해 두었다가 임지에 도착한 후 그 기록을

---

18) 체자(帖子) : 체문(帖文). 체자에는 ① 상급 관아에서 하급 관아에 보내는 공문. ② 관아에서 발급하는 임명장·증명서·영수증. ③ 수령이 관하(管下)의 면임(面任)·훈장(訓長)·향교 유생 등에게 유시(諭示)하는 글 등을 말한다.
19) 체급(帖給) : 관아에서 역인(役人) 또는 상인(商人)에게 금품을 내어줄 때 서면(書面)으로 기록하고 내어주는 것.
20) 『정요』에서는 이 문단을 '선각'의 '역사역(歷辭役)' 항목으로 삼았다.

살펴, 만약 뒷날 폐단을 일으킬 가능성이 있거나 고의로 저지른 사안이라면, 그 죄의 경중을 따져 처리하고, 나머지는 모두 없던 일로 한다. 그렇게 해야 죄에 벌을 주는 것이 중용을 얻게 되고 사람들은 충심으로 복종하게 된다.

매일 출발할 때, 앞으로 만나게 될 점(店)의 거리가 어떻게 되는지를 묻고, 몇 시에 출발할 것이라는 뜻을 전날 저녁에 미리 분부해 둔다. 그리고 그 시간을 넘기지 않고 제 시간에 말[馬]에 올라, 내린 명령은 반드시 지킨다는 점을 보이는 것이 좋다.

아래 관속들의 요깃거리와 말의 먹이 등은 반드시 미리 준비하여 기다리도록[等待] 신칙해야 한다. 아침 및 저녁 식사의 반찬거리와 잠잘 곳의 포진(鋪陳)21)은 정결하게 하고 (방 안) 온도를 적당히 하도록 일러두어 한시도 방심하지 못하게 해야 한다.

내려오는 도중[中路]에 문안사령(問安使令)이 나타나면[現身] 그때 그가 길을 떠난 날짜22) 및 문안단자(問安單子), 문안물종(問安物種) 등을 챙겨 하나라도 지체되고 미진한 곳이 있다면 반드시 엄하게 분부를 내려 혼내고 잘못을 기록하며, 행중(行中)의 모든 일을 조금이라도 어기지 못하게 하면, 아래 관속들이 스스로를 단속하고 위령(威令)은 저절로 확립된다.

길을 떠나기 전, 이방(吏房)에게 분부하여 각 방(房)의 예식(禮式)을 일일이 거두어 중로(中路)에 와서 바치게 하고, 이를 두세 번 자세히 살피면, 임지 고을의 전반적인 일을 예상할 수 있다.

---

21) 포진(鋪陳) : 바닥에 깔아 놓는 방석, 요, 돗자리 따위를 통틀어 이르는 말. 혹은 잔치 따위를 할 때에 앉을 자리를 마련하여 까는 일을 이름.
22) 길을 떠난 날짜 : 국립본에는 "程道日字", 『선각록』에는 "起程日字", 『거관요람』에는 "發程日字"로 되어 있다.

216

1. 부임하는 날, 반드시 오전에 부신(符信)을 인수·인계해야,23) 시간에 쫓기는 폐단이 없어진다. 구관(舊官)과 상대할 때에는 비록 평소 잘 아는 사이라 할지라도 '자네'라고 하며 웃으며 친밀하게 대해서는 안 되며 반드시 서로 공경하기를 담담하게 한다.24) 공손하게 경대하면 그 또한 나에게 부당한 일25)을 부탁하지 않으며, 웃으며 친밀하게 대하면 긴요하지 않은 말들을 많이 하게 된다. 긴요하지 않거나 부당한 일을 하고자 하면 어려움이 있을 것이고 하려 하지 않는다면 노여움을 살 것이니, 애초부터 입 밖에 내지 못하게 하는 것이 낫다.

또 아래 관속들이 신관과 구관이 서로 친한 사실을 보고 사람을 마음대로 할 수 있다는 것을 알게 되면, 구관이 맡아야 할 일을 신관에게 배속시키고, 신관이 쓸 수 있는 물품을 구관에게 돌아가게 하는 등 간간이 농간을 부리려 할 것이다. 이를 듣고 따르면 의(義)가 없어지게 되고 그들과 더불어 하나하나 따지게 되면 시끄러워지니, 애초부터 나에게 보고하지 못하게 하는 편이 낫다.

구관이 아래 관속배들에게 거행하라고 시키는 모든 일은 신관이 위엄 있게 호령하는 편이 더 나으니, 반드시 엄하고 분명하게 신칙하여 소홀함이 조금도 없게 하면, 이는 신·구관의 사이를 더욱 두텁게 할 뿐만 아니라, 풍속을 바르게 하고 위엄 있는 호령을 세우는 한 방법이 되기도 한다.

1. 부임한 초두에, 아전·향임(鄕任)26)과 민인(民人)들이 나의 초정(初政)

23) 부신(符信)을 인수·인계 : 신관과 구관 사이에 구(龜)를 교환한다.
24) 국립본·『선각록』에는 "必與相敬淡然也", 『거관요람』에는 "必與相敬談話"라 표기하였다.
25) 국립본에는 "不當之時"라 되어 있고, 『선각록』·『거관요람』에는 "不當之事"라 되어 있다. 문맥상 후자를 따라 해석한다.

과 제사(題辭)를 보고는 앞으로 정치를 잘 할지 못할지[來頭之善否]를 점칠 터이니, 어찌 유의하지 않겠는가? 전관(前官)이 잘 다스린 인물이라는 평가를 받았다면, 무엇이든 그가 약속한 것을 그대로 따르겠다는 마음을 가지고 예전대로 거행하여 인심을 안정시킨다. 만약 전관이 잘 다스리지 못한 인물이라는 평가를 받았다면, 그와는 반대되는 명령을 내려 형세를 살피는 것이 좋다. 부임 초두에 소장을 올리는 자가 있다면 이것은 시험해 보겠다는 의도가 없지 않다.

윤기(倫紀)와 관련된 사건27)이나 전답·재산·산송(山訟)28)에 대한 소지(所志)라면 반드시 다음과 같이 제사를 내린다.

　　과연 네가 올린 소장의 내용대로라면 아무개의 행위는 절대 있을 수
　　없는 일이거니와, 한쪽 편의 이야기만을 다 믿을 수 없으므로, 아울러
　　추변(推卞)을 기다리는 것이 마땅하다. 운운.

이와 같이 하면, 소장을 올린 사람은 나의 속뜻이 어떠한지 모르게 되고, 나는 간사한 계책에 빠지지 않게 된다.

백성이 관가의 아전[官吏]을 원수처럼 여기는 것은 어느 곳이든 다 마찬가지이다. 백성이 보는 곳에서는 관가의 아전과 더불어 말을 주고

---

26) 향임(鄕任) : 조선시기 지방 자치 기구의 하나인 유향소(留鄕所)의 직임. 일반적으
　　로 좌수(座首)나 별감(別監)을 가리키며, 이들은 향리의 악폐를 방지하고 수령의
　　사무를 보좌하는 역할을 담당하였다. 초기에는 좌수를 유향품관(留鄕品官) 중에
　　서 천거하여 경재소(京在所)에서 임명하였으나, 이후 향안(鄕案) 입록자 곧 향원(鄕
　　員)들의 모임인 향회(鄕會)의 추천으로 수령이 좌수를 임명하고, 좌수가 별감
　　등을 추천하여 수령이 임명하였다.
27) 윤기(倫紀)와 관련된 사건 : 부자·노주(奴主)의 강상의 윤리에 관련된 사건.
28) 산송(山訟) : 묘지와 묘지 주변의 산림에 관한 소송사건.

218

받아[酬酌] 그들의 의심을 불러 일으켜서는 안 된다. 그들이 지은 죄와 그들이 하는 말에 호령을 준엄하게 하여 아전의 말을 믿지 않는 모습을 보여주면, 백성들은 그것이 어떤 일인지도 모르면서 '명관(名官)'이라 하고는 이를 외곽의 촌락[外村]에 전파할 것이다. 처음에 명관이라는 이름을 얻으면 명령을 행해도 그들은 원망하지 않는다.

업무를 볼 때[坐起時]에는 반드시 엄숙하게 정제하며, 아객(衙客)29)이나 잡인(雜人)과 같이 앉아서는 안 된다. 또 그들이 눈앞에서 시끄럽게 떠들지 못하게 한다.

1. 부임한 초기, 관아 내의 상하(上下) 내외(內外) 요미(料米) 및 찬물(饌物), 그리고 서울에 있는 여러 곳에 낼 요전(料錢)은 해당 고을의 관황(官貺)30)이 많고 적은지에 따라 식례(式例)31)를 내는데, 넉넉하게 하는 것이 좋다.

태수(太守)32)의 밥상[食床]을 내아(內衙)33)에 차려 관청을 한번 비우게

---

29) 아객(衙客) : 지방 관아의 수령을 찾아와 묵고 있는 손.
30) 관황(官貺) : 관리(官吏)에게 주는 녹봉. 관록(官祿)이라고도 하였으며, 품계에 따라 18등급으로 나누어 쌀·콩·베·돈 등으로 주었다. 초기에는 실직(實職)에 따라 사맹삭(四孟朔 : 음력 1월·4월·7월·10월)에 주었으나 경종(景宗) 때부터 매월 삭(朔)에 앞당겨 주었다.
31) 식례(式例) : 이전부터 있었던 일정한 전례(前例). 또는 법식과 예규를 말하나, 여기서는 지방의 재정 운영과 관련된 규정을 말함. 『목민고』에는 '정식례(定式例)' 항목을 설정하여 수령이 부임 직후 먼저 해야 할 일의 하나가 '식례'라 했다. 다음과 같다.
"부임 후 모든 일에 즉시 식례(式例)를 정한다. 관장의 아침저녁 식사와 관아에 딸린 아속들의 식사, 제사의 식례, 사객의 식례를 이에 따라 거행하게 한다면 관용(官用)에 절도가 있을 것이다.(到任後, 每事卽定式例. 官之朝夕飯供及衙率飯供, 祭祀式例, 使客式例, 使依此擧行, 官用有節度矣)"
32) 태수(太守) : 군현의 수령.
33) 내아(內衙) : 수령의 살림이 이루어지는 사적인 공간.

되면, 불시에 방문하는 손님을 접대하기 어렵다.

아객(衙客)의 밥상을 관청에 차리면 들어가는 비용이 적지 않다. 그 고을의 형세, 읍이 중요한 길목[孔途]에 자리 잡았는지 아니면 한갓진 곳에 자리 잡았는지를 살펴 형편에 맞추어 상을 차린다.

이웃 고을의 수령 및 경성(京城)의 과객(過客)과 상영(上營)의 비장(裨將)34)을 접대할 때에는 (관속을) 각별히 신칙하여 앉을 자리와 밥상을 깨끗하게 하고 잘 대접하여 비방하는 말이 떠돌지 않게 해야 한다.

원래 정해진 재아인(在衙人)을 제외하고, 태(駄)를 달라는[乞駄] 과객(過客)이 있으면 고을의 능력을 헤아리고 그와의 교분을 고려하여 곧장 보내주되 오래 머무르지 않게 하여 인정 없다는 책망을 모면하고 뜻밖의 근심거리가 생기지 않도록 해야 한다.

1. 감영에 명을 받으러 가는 행차[延命之行]35)는 부득이한 사유가 없다면 부임한 뒤 미루지 말고 빨리 시행해야 한다. 길을 떠나기 전 이방에게 분부하여 전결(田結) 총수(總數), 호구(戶口)의 총수, 환자(還上)의 도수(都數), 대동저치미(大同儲置米)36)의 도수(都數), 진곡(賑穀)의 도수(都數), 기민

---

34) 비장(裨將) : 감사(監司)·유수(留守)·병사(兵使)·수사(水使)·견외사신(遣外使臣) 등이 데리고 다니던 막료(幕僚). 그 장관(長官)이 임의로 임명하였다. 조선후기에는 의주·동래·강계·제주의 수령 및 방어사를 겸한 모든 수령들이 비장을 거느리는 것을 관례화하였다. 감사나 절도사 등은 수령에 대하여 연명(延命 : 새로 부임한 감사 등을 맞이하는 인사)의 예(禮)를 비장으로 하여금 대신하게 한다든가, 민정에 대한 염탐을 비장을 시켜서 하기도 하였다. 막비(幕裨)·막객(幕客)·막빈(幕賓)·막중(幕中)·좌막(佐幕)이라고도 불렸다.

35) 연명지행(延命之行) : 수령이 감사를 처음 찾아보는 의식. 연명[延命]이라고도 하는데, 감사나 수령이 부임할 때에 궐패(闕牌) 앞에서 왕명을 전포(傳布)하는 의식도 연명이라 한다.

36) 대동저치(大同儲置) : 대동법에 따라 지방에 보관하여 지방의 재정으로 활용하는

220

(饑民)의 수를 작은 종이에 옮겨 적게 하고 그 내용을 늘 익혀 상사(上司)의 물음에 편하게 답할 수 있도록 한다. 다만, 감사(監司)를 만났을 때 이 내용을 먼저 말할 필요는 없다. 부임한 지 얼마 지나지 않았으므로 사정을 자세히 알지 못할 터인데, 경솔하게 말했다가는 꼬투리 잡힐 염려가 있게 된다. 뿐만 아니라 감사가 아전배가 알려준 것만을 들어 익혔다는 사실을 알게 되면, 심한 모욕을 받게 된다.

(자기 고을이 가지고 있는) 폐막(弊瘼) 등의 일에 이르면 부임한 뒤 귀를 기울여도 자세히 알지 못할 것이니, 비록 사소한 폐단이라 할지라도 자세히 모르는 일을 어찌 갑자기 대답할 수 있겠는가? 설령 대답을 하더라도, 순사(巡使)37)는 나의 깊이를 헤아리지 못하고 다만 동작이 어떠한지를 볼 뿐이다. 영문(營門)을 출입할 때, 걸음걸이를 바르고 곧게 하고, 언어를 정중하게 사용하며, 오만하다는 혐의를 받을지언정 정신없이 촐싹거리고 다녀 경솔하다고 지적을 받아서는 안 된다. 모대(帽帶)38)와 장복(章服)39) 등을 누추하게 갖추어 스스로 업신여김을 받지 말라.40)

1. 비장청(裨將廳)41)은 연명(延命)을 마친 뒤 관례에 따라 방문하는데, 반드시 먼저 병방(兵房) 비장방(裨將房)에 가서 일일이 만나기를 청하여 얼굴을 대면하여 인사를 한다. 영주인(營主人)42)의 집으로 돌아온 뒤 호방

곡식.
37) 순사(巡使) : 관찰사를 달리 부르는 말.
38) 모대(帽帶) : 사모와 각띠. 사모 쓰고 각띠를 참.
39) 장복(章服) : ① 관대(冠帶). 벼슬아치의 공복(公服). ② 장표(章標). 오위(五衛)의 장졸(將卒)이 그 소속의 부대를 나타내던 복장의 표시.
40) 『정요』에서는 이 문단을 '선각'의 '연명행(延命行)' 항목으로 삼았다.
41) 비장청(裨將廳) : 감영의 비장들이 사무(事務)를 보는 장소.
42) 영주인(營主人) : 각 감영(監營)에 딸려 감영과 각 고을의 연락을 취하던 이속(吏屬)

과 권세 있는[執權] 비장에게 전갈하여 급하게 오도록 하고 잘 대접한다. 고을로 돌아온 뒤 즉시 편지로 안부를 묻되, 편지와 함께 선물을 보낸다. 이와 같이 친절하게 하면 영문에 주선할 일이 생길 경우 믿고 의지할 데가 적지 않을 것이다.

권세 있는 비장은 영주인(營主人)에게 물어보면 알 수 있다. 편지와 함께 물건을 선물로 주는데, 물건은 많은 종류를 갖출 필요가 없다. 고을의 특산품이나 혹은 종이와 같은 물품 등 1·2종만으로 문안하면 된다. 또한 수령이 중군(中軍)의 영장(營將)과 친숙해지면 그에게서 많은 일을 도움받을 수 있고, 또 일이 생기면 그와 의논도 할 수 있을 것이다.

1. 영문 관속[營屬]의 체자기(帖子記)[43]는 관례대로 글로 작성하여 바치게 하는데, 그 많고 적음은 오직 고을 경제력의 대소에 달려 있다. 너무 많이 지급한다면 어리석은 사람에 가깝고, 너무 적게 지급한다면 세상 물정 모르는 사람에 가깝게 되니, 가장 많이 준 것과 가장 적게 준 전례를 영주인에게 물어 적당하게 지급한다. 영주인은 영속(營屬)과 가까우므로, 원망 듣는 것을 싫어하여 매번 가장 많이 주었던 전례를 보고하므로, 반드시 조용한 곳에서 먼저 물어보는 것이 좋다.

순사(巡使)에게 수청 드는 기생의 체자(帖子)가 너무 많으면 아첨하는 혐의가 있고 또 기롱당하는 모욕을 받게 되므로 반드시 가장 적게 주었던 전례를 따른다. 영주인 또한 영속이므로 체자를 지급해야 하는데, 그의 자식과 조카의 이름으로 체자기를 작성하여 영주인의 어머니나 아내에게

___
이다. 다른 말로 영저리(營邸吏)로 부르기도 했다.
43) 체자기(帖子記) : 체자를 기록한 책. 체자는 '체지(帖紙)'라고도 하는데 돈을 주고 받은 표를 말한다.

전해주면 (비록) 지급 액수가 적어도 크게 감복할 것이다.

영문(營門)에서 들을 수 있는 일은 영주인으로 하여금 세세히 적어서 보고하게 하고, 비장청의 서찰 또한 영주인으로 하여금 가져가게 하는 것이 좋다. 감영이 있는 곳에서 오래 머물러서도 안 되고 영기(營妓)를 가까이 하여 잠자리를 같이 해서도 안 되며 영속(營屬)들을 박대해서도 안 된다. 영주인이 본읍(本邑)으로 내려오면 반드시 잘 대접하며 역가(役價)는 원하는 대로 지급해도 무방하다.

1. 명분(名分)을 바로 잡는 일[正名分]은 수령이 제일 먼저 해야 할 정사(政事)이다. 부모에게 불효하는 일, 형제들과 사이좋게 지내지 못하는 일, 시부모에게 순종하지 않는 일, 나이 어린 사람이 나이 많은 사람을 업신여기는 일, 천한 자가 귀한 신분을 업신여기는 일, 일반 백성[常百姓]이 사대부를 능욕하는 일, 아전과 민인이 이전의 수령을 헐뜯는 일 등은 그 일이 비록 사소하다 할지라도 엄하게 다스리고 무겁게 벌을 주어 명분을 세워야 한다.

산에 올라 욕설을 내지르거나,[44] 관정(官庭)에서 발악하는 일들은 모두 명분이 문란한데서 기인하니, 비록 일상적인 대화를 나누는 사이에 조금이라도 윗사람을 범하는 말이 있으면, 매우 단단히 징벌하여 그러한 풍조가 점점 확산되는 것을 막는다.

---

44) 산에 올라 욕설을 내지르거나 : 이를 산호(山呼)라고 한다. 민원이 있는데도 관장을 만나지 못하는 등의 사정으로 이를 해결하지 못한 백성들이 민원을 호소하거나 여론을 환기시키고자 할 때 이런 방식을 썼다. 16세기 초반, 영남도사로 근무했던 황사우가 1519년에 작성한『재영남일기(在嶺南日記)』에서도 산호에 관한 기록이 나오는 것으로 보아, 산호는 백성들이 선호한 오랜 내력의 소통의 한 방법이었다고 할 수 있다.

재임(齋任)⁴⁵⁾과 향소(鄕所)⁴⁶⁾가 관아에 출입할 때에는 문 밖에서 명령을 기다리게 하고, 관속은 반드시 부복(俯伏)하게 하여 명분을 세우겠다는 뜻을 엄하게 신칙해야 한다.

1. 아전과 민인에 대해, 그들의 인심이 무상하다고 배척하여 말하는 자가 세상에는 많이 있으나 이는 큰 잘못이다. 인심이 순하고 악한 것은 그 책임이 수령에게 있으니, '인심(人心)' 두 글자가 어찌 태수(太守)의 입에서 나올 수 있는가? 의리로써 일을 처리하고, 의리로써 일에 대해 말하며, 그들의 인심이 불량한 것을 보면 매우 엄하게 다스리고 간곡하게 타일러 가르치면, 인심은 저절로 순해지고 맑아질 것이다.

1. 범죄자를 다스릴 때는 장(杖)·태(笞)·곤(棍)⁴⁷⁾을 사용하는데, 형벌을 내릴 때는 반드시 법전(法典)에 의거하여 사용해야 하며, 자기의 분노 때문에 형을 무겁게 내리거나 때리는 (장·태·곤) 매의 수를 더 해서는 안 된다. 옛 사람들이 궁지에 몰린 도적은 압박하지 말라고 경계했으니, 비록 큰 죄를 범했다 할지라도 그 살 길을 살피고 궁지로 몰 필요는 없다. 크고 작은 죄를 지은 사람은 그 경중을 따져 곧 다스리되 이미 다스린

---

45) 재임(齋任) : 조선시기 성균관·향교 등에 거재(居齋)하는 유생 가운데 유생들의 의견 등을 대표하거나 거재할 때의 여러 일들을 처리하기 위해 뽑힌 임원(任員). 장의(掌議)와 색장(色掌)·조사(曹司)·당장(堂長) 등이 있다.
46) 향소(鄕所) : 좌수(座首), 별감(別監)과 같은 향임(鄕任)을 달리 이렇게 불렀음.
47) 장(杖)·태(笞)·곤(棍) : 장은 대형장(大荊杖)으로 때리는 것으로, 죄에 따라 60, 70, 80, 90, 100대씩 때렸다. 태는 경범자를 소형장(小荊杖)으로 때리는 것으로, 10, 20, 30, 40, 50대씩 때렸다. 곤(棍)은 장형(杖刑)보다 중한 형벌을 가할 때 사용했으며, 군문(軍門)에서 처벌할 때 많이 쓰였다. 곤에는 중곤(重棍)·대곤(大棍)·중곤(中棍)·소곤(小棍)·치도곤(治盜棍) 등 여러 종류가 있었다.

224

뒤에는 이전과 같이 사역을 시켜 소외받는 느낌을 받지 않게 하면, 당사자는 그 죄를 다스림에 두려워하며 승복하고 원망하는 마음을 품지 않을 것이다.

만약 죄를 지은 지 오랜 시일이 흘렀는데도 곧 바로 징치(懲治)하지 않는다면, (백성들 사이에서) 의구(疑懼)하는 마음이 점점 심하게 번지고 간혹 간특한 계책이 만들어져, 작게는 요사스런 말이 아중(衙中)으로 유입되고 크게는 기괴한 변고가 뜻하지 않게 계속 생길 것이니, 조심해야 하지 않겠는가?

1. 일의 대소를 막론하고 이를 처결할 때에는 먼저 국법(國法)을 생각하고 그 다음에 사후의 폐단을 염려하며, 일이 작다고 하여 쉽게 생각하지 말고 일이 커 행하기 어렵다고 생각해서 (국법을) 어기지 말라. 한결같이 국법을 따라 조금이라도 어기지 않으면 처음에는 요란하고 어지럽지만 끝에는 뜬소문이 가라앉고 일이 바르게 될 것이다. 사소한 폐단을 제거하고 미세한 은혜를 베풀며 눈앞에 생기는 칭찬만 도모할 뿐 법을 어긴다는 사실을 깨닫지 못하는 자들이 세상에는 많이 있다.

혹 공해(公廨)48)를 보수한다고 핑계 대거나 군기(軍器)를 따로 마련한다는 것을 빙자하여 써서는 안 될 비용을 남용하는 자, 수입이 많지 않은데도 지출부[下記]를 허위로 작성하여 후인의 이목(耳目)을 가리려 하는 자가 세상에 많이 있다. 처음에는 비록 잘한다는 칭찬을 받겠지만 뒷날의 근심은 어찌할 것인가?

1. 재물을 탐하고 여색을 탐하는 것[貪財貪色]은 평범한 사람의 상정(常

---

48) 공해(公廨) : 관아의 건물. 협의로는 공무를 집행하는 청사만을, 광의로는 청사와 부속 건물은 물론 관에서 건설한 창고, 누정 등도 포함하여 지칭함.

情)이고, 소임(所任)을 얻고자 도모하는 것은 관속들의 본정(本情)이다.[謀得 所任, 官屬之本情也] 송사가 벌어졌을 때, 이 3가지 일이 얽혀 있으면, 비록 사소한 사안을 가지고 다투거나 질투하지만 반드시 피 묻은 칼을 마음[血刃之心]에 품게 되니, 이는 다른 일과는 판이하게 다르다. 이 같은 사정을 알고 주의를 더 기울여 처리해야 한다.

1. 기생배가 아중(衙中)과 친근하게 지내는 것은 본시 아름다운 일이 아니다. 추악한 말과 폄하하는 말들이 여기서 나오니 이 점을 항상 염두에 두어야 한다. 그들의 본 남편[本夫]이 누구인지, 그 본 남편이 사나운지 어떤지를 모르므로 뜻밖의 변고가 간혹 많이 생기니, 어찌 조심하지 않을 수 있겠는가?

1. 유리(由吏)⁴⁹⁾가 비록 믿을만한 사람일지라도, 처음에는 때때로 죄와 허물을 찾아내어 다스리면 다른 아전들이 두려워하고 그 또한 감히 느슨한 마음을 갖지 못할 것이다. 유채(由債)⁵⁰⁾는 미리 지급하여 그가 사사롭게 사용할 수 없게 하며, (내 임기를) 마치고 돌아갈 때가 되면 후하게 지불하여 그가 해유(解由)⁵¹⁾를 지체하는 폐단이 없게 하는 것이 좋다.

---

49) 유리(由吏) : 해유(解由)에 관한 일을 맡아보는 아전.
50) 유채(由債) : 해유를 받는데 드는 정채(情債). 해유채(解由債)라고도 함.
51) 해유(解由) : 관원의 교체시 전임자와 후임자 사이에 인수·인계하는 법률적 절차. 후임자에게 그 사무와 소관 물건을 인계하고 재직 중의 회계(會計)와 물품 관리에 대한 책임을 면하는 제도이다. 재정·현물·군기(軍器)에 관계되는 것이므로 호조·병조의 소관이었으며, 해유를 받지 못하면 전직(轉職)·승진·녹봉에 제약을 받았다. 특히 전곡(錢穀)의 출납을 맡아보던 관청의 관원이나 지방관의 해유는 더욱 엄격하였다.[『비변사등록(備邊司謄錄)』숙종 28년 9월 17일 「해유규식증손별단 (解由規式增損別單)」 참조]

226

1. 세상의 수령들이 그 꾀에 빠지는 것을 두려워하여 간사한 아전을 임용하기 싫어하는데 이는 사람 쓰는 방법[用人之道]을 모르는 사람이나 하는 행동이다. 사람을 쓸 때는 각기 그에 알맞게 일을 시키는데[用人各有其處], '간사한 아전'으로 지목되는 사람52)은 모두 일에 밝은 자[解事者]이다. 이들은 수령의 신임을 얻으려 힘쓰는데, 수령이 자신들의 잘못을 보고 (수령이) 용납 못할까 두려워하여 처음 어떤 일을 맡으면 정성을 다하여 그 일을 처리한다. 또 상영(上營)에 주선하는 일, 이웃 고을에 변통(變通)해야 할 일, 고을의 간사한 일을 찾아내는 일 등의 경우 '간사한 아전'에게 맡기어 부리면 능히 잘 완수하니 어찌 그를 쓰지 않겠는가?

그의 간사한 정서를 알면 적절하게 대응하며[權變] 그를 제어하는데, 그가 한번 실수하게 되면 책임을 물어 엄히 추궁한다. 믿는 듯 의심하는 듯, 나의 생각이 어디에 있는지를 그가 헤아리지 못하게 한다면, 감히 (은혜를) 간사함으로 갚지 못하고 시종 여일하게 나를 위하여 충성을 다하게 된다. 어찌 그를 쓰지 않을 것인가? 다만, 전곡(錢穀)과 관련된 업무는 오랫동안 맡겨서는 안 된다. 대체로 용인하는 방법은 능력과 선악을 먼저 살피고, 그에 합당한 점에 맞추어 활용하면 된다.

1. 이웃 고을을 함께 관장할 경우[隣邑兼官時], 환자(還上)를 마감하게 되면 반드시 문제가 생기므로 무슨 수를 쓰든지 맡지 않는 것이 좋다.[某條圖免] 부득이하여 맡게 되면 엄격함을 위주로 일을 처리해야 한다. 환자의 정해진 상환일 및 모든 정령(政令)에 대해 조금이라도 어기는 일이 있으면 좌수(座首)53) 이하 관련자 모두에게 엄한 형을 가하고 곤장을 쳐서, 기한을

---

52) 국립본에는 "奸吏指公之人", 『선각록』과 『거관요람』에는 "奸吏指名之人"으로 되어 있다. 후자를 따른다.

어기는 폐단이 생기지 않도록 한다. 차임(差任)하는 일 등은 일절 간섭하지 않으며, 창기(娼妓) 또한 가까이 하여 잠자리를 갖지 않는 편이 좋다.

1. 외방 고을에서 외관(外官) 사이의 예식(禮式)에 관한 일[體禮間事]로 인해 시비가 자주 발생하는데, 심지어 하예(下隷)들을 잡아 가두는 등 갈등이 얽히고설켜 마침내 관직의 거취가 문제 되는 지경에 이르기도 한다. 이것은 모두 피차 자신이 중요하다 여기고 피차 이기려 하는데서 나온다. 이는 큰 잘못이다. 상관(上官)과 하관(下官)으로 지위가 현격히 차이 날 경우에는 이 같은 일이 생기지 않겠지만, 각각 믿는 바가 있고 전례(前例)가 혼란스러울 경우에는, 다만 아래 아전들이 이야기하는 것만 듣고 한 순간 눈을 치켜떠서 이 같은 폐단에 이르게 된다.

내가 스스로 귀중하다고 여기지 아니하고 내가 이기려고 하지 않는다면 서로 갈등하는 지경에 이르지 않을 것이다. 혹 부득이한 처지를 당하여[或當不得已之處] 저쪽에서 망령되이 스스로를 귀중하다고 여겨 이기려 한다면, 나는 다른 사람을 시켜 공손하고 부드럽게 말하며, 그가 끝내 의혹을 풀지 않는다면 그가 하고자 하는 대로 따른다. 잘못이 그에게 있으니 나와 무슨 상관이 있겠는가?

1. 세상에 스스로 능리(能吏)라고 말하는 자는 각종 봉상(捧上)할 물품에 대해 자기 등내(等內)⁵⁴)에 남김없이 봉용(捧用)하고, 교체되어 돌아갈 때가

---

53) 좌수(座首) : 조선시기 때 지방의 주, 부, 군, 현에 두었던 향청(鄕廳)의 우두머리. 아관(亞官). 수향(首鄕)이라고도 한다. 향청은 그 군현내의 유향품관이나 나이가 많고 덕망이 있는 선비를 선임하여 수령의 자문에 응하고 풍속을 단속하며 향리(鄕吏)를 규찰하도록 했다.
54) 등내(等內) : 관원(官員)의 재임 기간(在任其間) 혹은 그 벼슬을 살고 있는 동안을

되면 혹 면제하거나 혹 줄여 주어, 한편으로는 명예스러운 이름을 구하고 한편으로는 탐오(貪汚)하다는 비난을 막으려 한다. 이 때문에 관황(官貺)이 매우 부실해지는데, 이처럼 뒷날의 관용(官用)을 생각하지 않는 것은 매우 잘못된 일이다.

혹 명색(名色)이 바르지 못한 점이 있거나 혹 백성에게 폐단이 되는 일이 있다면, 좋은 방향으로 변통하여 그 대신할 것을 채우고 관용에 해를 주지 않게 된 연후에 비로소 면제하거나 덜어주어야 한다. 대정(代定) 하는 좋은 방책을 찾아내지 않고 가벼이 먼저 면제하고 줄여주면 그로 인한 폐단은 오히려 더 심해질 것이다. 그러므로 부득이하게 잘못된 전례를 그대로 따를 수밖에 없다는 앞 사람의 소견도 또한 여기서 말미암은 것이다.

1. 대체로 수령이 된 사람은 '심(心)' 자(字) 하나로써 모든 일을 처리해야 하니, 성심으로 구하면 얻지 못하는 것이 없다. 허물을 무심히 지나쳐 보면 잃지 않는 바가 없을 것이니, 일이 작다고 해서 마음으로 쉽게 여기거나 일이 크다고 해서 마음에 겁을 먹어서는 안 된다. 일이 느슨하다고 해서 마음이 태만해져서는 안 되고 일이 급하다고 해서 마음이 바빠져서는 안 된다. 일이 어렵다고 해서 괴로운 마음을 먹어서는 안 되며 일이 쉽다고 소홀한 마음을 가져서도 안 된다. 일이 이미 끝났다고 해서 마음속에서 그 일을 잊어 먹어서도 안 되고 친절한 사람의 말이라고 하여 마음을 비우고 다 믿어서도 안 된다.

다른 사람의 이야기를 증오하며 의심해서도 안 되며 지나는 사람이

말한다. 등(等)은 관원(官員)의 녹봉(祿俸), 조세의 납입(納入) 시기 등을 시기적(時 期的)으로 나눈 단위(單位)를 말한다. 춘등(春等)·하등(夏等)·추등(秋等)·동등(冬 等) 등 사례가 있다.

전한 것이라 해서 무심코 들어 넘겨서도 안 된다. 이것이 옳은지 아니면 저것이 옳은지 시비를 판단하기 어려운 일을 당하면 자기의 마음을 미루어, 하나는 옳다고 하고 하나는 그르다고 하여 용서하고 풀어주면 지극한 정을 얻을 수 있고 시비(是非) 곡직(曲直) 또한 판가름할 수 있다. 일이 생기면 생각하고, 사람을 만나면 마음에 새기며, 밤에 잠잘 때나 또한 화장실에서 한가한 시간을 보낼 때도 생각한다. 한 순간도 마음을 놓지 않고 부지런히 하며 한 순간이라도 생각하여 늘 염두에 두면 얻지 못할 것이 없다.

1. 오래도록 판결하지 못하는 의옥(疑獄)[55]에 대해서는 마음을 차분히 가라앉히고 전후의 문서를 두루 열람하면 마음에 떠오르는 생각이 있을 것이다. (소송 관련 기록을) 5~6차례 열람하여 수미(首尾)를 환하게 익힌 연후, 지극히 공정한 마음으로 양척(兩隻)[56]의 이름을 다른 종이에 쓴다.

조목조목 다시 살핀 뒤, 피척(彼隻)[57]의 사리가 합당한 것은 피척의 이름 아래에 쓰고, 차척(此隻)[58]의 사리가 합당한 것은 차척의 이름 아래 기록한다. 이치가 합당하지 않은 것도 이와 같이 각각 나누어 기록한 뒤, 사리에 맞고 맞지 않는 수의 다소를 헤아리고 그 맞고 맞지 않은 근거가 어느 정도인지 살핀다. 또 증인과 참고인 등 여러 사람의 초사(招辭)[59]를 자세히 고찰하여, 사리(事理)를 참조하여 사세(事勢)를 헤아린다.

염탐(廉探)을 할 때에는 반드시 심복인을 시켜 성심으로 그 일을 하게

---

55) 의옥(疑獄) : 어떤 판결을 내려야 옳을지 판단하기 힘든 옥사(獄事).
56) 양척(兩隻) : 원고(原告)와 피고(被告). 쌍방(雙方).
57) 피척(彼隻) : 피고.
58) 차척(此隻) : 원고.
59) 초사(招辭) : 관장의 심문에 답하여 진술하는 말.

하면, 참된 사정을 얻어 의심스러운 사안을 제대로 판결할 수 있을 것이다.

1. 수령이 된 자가 '오고 오상(五考五上)', '십고 십상(十考十上)'의 결과를
얻었다고[60] 해서 최고로 잘 다스린 사람은 아니다. 임기가 끝나 교체되어
관문을 나설 때 (스스로) 부끄러운 마음이 조금도 일어나지 않고, 이서와
백성들[吏民]에게서 그가 떠나는 것을 참으로 애석하며 작별 인사를
받는 수령을 잘 다스린 사람이라 할 것이다.

돈과 곡식에 대해 유리(由吏)가 다시 거둔다는 보고가 없고, 향교와
향소에 대해 상사(上司)로부터 직임을 팔아먹었다[賣任]는 책망을 받지
않는 수령을 잘 다스린 사람이라 할 것이다.

거행했던 일이 백성에게 실질적인 혜택을 주고, 제거한 폐단이 실제
효과가 있어 영구히 준행하게 되고 시간이 지날수록 칭찬을 더 받는 사람,
(바로) 이 사람이 참으로 가장 잘 다스린 사람이다.

---

60) '오고 오상(五考五上)', '십고 십상(十考十上)' : 정기적으로 이루어지는 경관(京官)
혹은 외관의 업무 평가에서 최고 평점을 받는 것을 말한다. 『경국대전(經國大典)』
「이전(吏典)」'포폄(褒貶)' 항에는 다음과 같이 규정되어 있다. "京官則其司堂上官·
提調及屬曹堂上官, 外官則觀察使, 每六月十五日·十二月十五日, 等第啓聞. 十考者十
上, 則賞加一階."

첨록(添錄)[*]

각종 정례(定例)
수령칠사(守令七事) 문답(問答)
칠사제요(七事提要)
칠사(七事)의 강령(綱領) 대지(大志)
물목명(物目名)
영진류(營鎭類)
절하류(節下類)
아문류(衙門類)
모관류(某官類)

* 국립본에는 「첨록(添錄)」이란 제목을 붙이지 않은 채로 「각종 정례」, 「칠사문답」 등을 수록했다.
반면, 『선각록(先覺錄)』에는 이 제목이 있다. 『거관요람』에는 「첨록」 이하가 실리지 않았다.

✖ 각종 정례(定例) ✖

○ 쌀[大米] 1말은 원미(元味)[1]로는 9되가 되고, 가루를 내면 1말 8되가 된다.

○ 찹쌀[粘米] 1말로 건반(乾飯)[2]을 지으면 1말 1되가 되고, 율무[薏苡]를 만들면 1말 5되가 된다.

○ 쌀[大米] 1말은 가루를 내면 1말 8되가 된다. 면(糆)을 만들 경우, 참기름[眞油] 2홉을 섞으면 혹 1되가 면 한 그릇이 되기도 하고, 혹 7홉이 면 한 그릇이 되기도 하며, 혹 5홉이 면 한 그릇이 되기도 한다.

○ 녹두(綠豆) 1말은 녹말가루[菉末][3] 3되가 되고, 비누로 만들면 1말 2되가 된다.

○ 참밀[眞麥] 1말은 가루로 만들면 5되가 되며, 밀기울[其花]은 1말이 된다.

○ 콩 1말로 메주를 쑤면[薰造] 1말이 된다. 장을 담글 경우, 콩 1섬에 물 2섬, 소금 14되를 섞어 2섬을 만들어 봉상한다. 고을마다 규정이 다르므로 여기서는 대략 말했다.

○ 참깨[眞荏] 1말은 기름 3되가 되며, 법임(法荏)[4] 1되는 기름 2되가 된다.

---

1) 원미(元味) : 쌀을 굵게 갈아 쑨 죽. 여름에 꿀과 소주를 타서 차게 먹는다.
2) 건반(乾飯) : 마른 밥.
3) 녹두가루[菉末] : 녹두의 가루, 곡물의 전분을 녹말이라고 하는데, 이는 전분 중에서 대표적인 것이 녹두라는 사실에서 비롯되었다고 한다.
4) 법임(法荏) : 들깨.

○ 과자 만드는 법 : 밀가루[眞末] 1되, 꿀[淸] 3되, 참기름 3되, 소주 1잔(혹 청주 한잔).

대약과(大藥果) : 밀가루 1되로 20립(立)을 만들며, 4면의 높이는 2촌 7푼이다.

중약과(中藥果) : 밀가루 1되로 45립을 만들며, 4면의 크기는 2촌 4푼, 높이는 4푼이다.

소약과(小藥果) : 밀가루 1되로 60립을 만들며, 4면의 크기는 2촌 2푼, 높이는 3푼이다.

소소약과(小小藥果) : 밀가루 1되로 140립을 만들며, 4면의 크기는 1촌 3분, 높이는 3푼이다.

중계(中桂)5) : 80립이다.

○ 산자(饊子)6)·요화(蓼花) 만드는 법 : 밀가루 1되, 건반(乾飯) 3되, 참기름 3되, (흰)설탕 2근이면 다음과 같다.

중산자(中饊子) : 5백립

소산자 : 2천립

요화(蓼花) : 3천병(柄)

○ 대민어(大民魚) : 8조(條)가 1미(尾)가 된다. 1조는 6절(折)로 만들므로, 절로 계산하면 48절이 1미가 된다.

○ 중민어(中民魚) : 7조가 1미가 된다. 1조는 5절로 만들므로, 절로 계산하면 35절이 1미가 된다.

---

5) 중계(中桂) : 중배기를 이르며 유밀과의 한가지다. 밀가루에 기름, 꿀을 넣어 반죽해서 조그마한 구형으로 썰어서 기름에 지진다. 중배기는 기름에서 꺼내어 조청에 담그지 않으며 제상에만 쓴다.

6) 산자(散子) : 유밀과의 하나. 찹쌀가루를 반죽하여 얇고 반듯하게 조각을 만들어 말린 뒤에 기름에 지져 꿀을 바르고 튀긴 밥풀을 앞뒤로 붙인다.

○ 소민어(小民魚) : 6조가 1미가 된다. 1조는 5절로 만들므로, 절로 계산하면 30절이 1미가 된다.

○ 큰 조기[大石魚] : 3절이 1개(介)가 된다. 중 조기[中石魚]는 2절이 1개가 된다. 작은 조기[小石魚]는 1절 반이 1개가 된다. 아주 작은 조기[小小石魚]는 1절이 1개가 된다.

○ 대침진어(大沈眞魚) : 12절이 1미(尾)가 되고, 중어(中魚)는 11절, 소어(小魚)는 10절이 1미가 된다.

○ 살아있는 닭[生鷄]은 5각(脚)이 1수(首)이고, 말린 닭[乾鷄]은 4각이 1수이다. 살아있는 꿩[生雉], 말린 꿩[乾雉]도 마찬가지다.

○ 화전(花煎)[7] 1그릇은 찹쌀[粘米] 6홉, 참기름 1홉 5석(夕)이다.

○ 화병(花餠) 1그릇은 찹쌀[粘米] 7홉, 참기름 1홉, 꿀 5석이다.

○ 창면(暢糆)[8] 1그릇은 녹말(綠末) 2홉, 오미자 2홉, 꿀 8석이다.

○ 미식(味食) 1그릇은 미숫가루 1홉, 꿀 6석이다.

○ 율무 1그릇은 율무가루 2홉, 꿀 6석이다.

○ 녹두죽 1그릇은 녹두 3홉, 심미(心米) 1홉, 꿀 6석이다.

○ 정단(正丹)[9] 1그릇은 점미(粘米) 6홉, 콩 2홉, 꿀 6석이다.

○ 절육(折肉) 1그릇은 명태 1속(束), 문어 1조(條), 대구 반미(半尾), 전복 1개, 말린 꿩고기[乾雉] 1각(脚)이다.

○ 미반(米飯) 1그릇은 백미(白米) 2홉, 꿀 6석이다.

---

7) 화전(花煎) : 찹쌀가루를 익반죽하여 동그랗게 빚고 대추, 두견화, 장미화, 국화잎 등을 위에 놓아가며 지져내어 식기 전에 설탕을 뿌리거나 꿀에 재워 지진 떡.
8) 창면(昌糆) : 녹말을 익혀 채를 쳐서 꿀을 탄 오미자 국물에 말아 먹는 음식이다.
9) 정단(正丹) : 경단(瓊團). 찹쌀가루를 익반죽하여 동글게 빚어 끓는 물에서 삶아 찬물에 담갔다가 재빨리 건져 물기를 뺀 다음 고물을 묻힌 떡.

○ 아객(衙客) 한 사람의 상차림

　　식미(食米) 7홉, 붉은 콩 1홉, 국 1그릇, 자반[佐飯][10) 1접시[민어(民魚)
혹은 석어(石魚)], 구이[炙] 1접시[꿩이나 닭 2(脚). 혹은 소고기 2(兩)],
복지(卜只) 1접시[닭 반각(反脚), 혹은 소고기 1냥 반], 간장 8석(石)[3
석에는 종자가 들어가고, 5석에는 각종 찬물(饌物)이 들어감]

○ 각 방의 삭등유(朔燈油) : 봄·가을에는 하루 5석, 매달 1되 5홉이며,
여름에는 매달 9홉, 겨울에는 매달 2되 1홉이다.

○ 남초(南草)는 분량과 비용[錢]을 적당히 한다.

○ 의복의 척수(尺數)

　　단령(團領)[11) : 50척.

　　도복(道服) : 40척.

　　철릭[天翼][12) : 40척.

　　창의(氅衣)[13) : 30척[당목(唐木)은 12척].

　　주의(周衣) : 30척(작은 것은 10척).

　　갑의(甲衣) : 내외 36척(작은 것은 9척).

　　저고리 : 내외 22척(여자의 경우 내외 10척).

　　적삼(赤衫) : 11척(여자의 경우 5척).

　　여자 장의(長衣)[14) : 내외 40척.

---

10) 자반의 한자식 표현이 '佐飯'이다.

11) 단령(團領) : 옷깃을 둥글게 만든 관원의 공복(公服). 신라 이래의 관복(官服)으로
조선에서는 공복(公服)·상복(喪服)·시복(時服)에 착용하여 관복 중 가장 중요한
자리를 차지하게 되었다.

12) 천익(天翼) : 철릭의 취음(取音). 무관(武官)의 공복(公服)의 한 가지. 직령(直領)으로
서 허리에 주름이 잡히고 큰 소매가 달렸다. 당상관은 남(藍)색, 당하관은 홍(紅)색
을 입었다. 첩리(帖裡)라고도 표기한다.

13) 창의(氅衣) : 벼슬아치가 평시에 입던 웃옷. 소매가 넓고 뒷솔기가 갈라졌다.

여자 치마 : 20척.

갑고(甲袴) : 내외 24척(여자의 경우 내외 30척).

단고(短袴) : 12척(여자의 경우 18척).

버선[襪] : 내외 4척.

누에[蠶繭] : 무게 9냥, 출사(出絲) 1냥.

○ 여름철 농사짓는 노비의 옷감.

삼베[布] 적삼 : 11척[비(婢)의 경우 5척].

삼베 단고(短袴) : 10척[비(婢)의 경우 15척].

삼베 창의 : 18척.

삼베 치마 : 18척[홑속곳 17척(여자8척 5촌), 요대(腰帶) 7척(여자 3척
5촌)].

○ 이불[衾] 22척. 단령(團領) 4척. 요[褥] 12척, 내(內) 9척. 베개 3척,
외(外) 3척.

○ 종이[紙品]

계목지(啓目紙),15) 초주지(草注紙)16)이니, 1권의 무게 11냥(兩) 이상.

차초주지(次草注紙), 1권의 무게 9냥 이상.

공사지(公事紙),17) 1권의 무게 6냥 이상.

관교지(官敎紙),18) 1권의 무게 4근(斤) 이상.

---

14) 장의(長衣) : 여자들이 나들이할 때에 얼굴을 가리기 위하여, 머리에서부터 내리
써, 온 몸을 가리는 옷. 초록색 바탕에 흰 끝동을 달았으며, 두루마기와 비슷하다.
좀 낮은 계급에서 쓰는데, 젊으면 청·녹·황색을, 늙으면 흰색을 많이 사용했다.

15) 계목지(啓目紙) : 계목(啓目 : 계본에 덧붙이는 목록)을 쓰는 종이. 1권 당 무게가
11냥(兩) 이상이라야 했다.

16) 초주지(草注紙) : 닥나무 껍질로 만든 종이. 종이가 두껍고 하얗다.

17) 공사지(公事紙) : 선혜청(宣惠廳)에서 쓰는 종이.

18) 관교지(官敎紙) : 각 관청의 사령(辭令) 용지로 쓰는 종이.

상품도련지(搗鍊紙),[19] 1권의 무게 6냥 이상.

도련저주지(搗鍊楮注紙),[20] 1권의 무게 2근 이상.

대호지(大好紙),[21] 곧 면지(綿紙)이니, 길이 2척 4촌 5푼, 넓이 1척 7촌 5푼, 1권의 무게 3근 14냥.

소호지(小好紙),[22] 길이 2척 2촌, 넓이 1척 5촌 5푼, 1권의 무게 2근 5냥.

각종 정례(定例)는 고을마다 각기 다르고 또 고을마다 이미 시행되던 전례가 있으므로 전례에 따라 일률적으로 시행하는 것도 매우 무방하다. 그러나 정례를 완전히 모른다면 물정(物情)에 어두워 과·불급(過·不及)의 폐단을 살필 수 없게 된다. 그러므로 부득불 그 대략(大略)만 언급했으니, 전례와 서로 비교하여 적당히 처리하도록 한다.[23]

19) 도련지(搗鍊紙) : 다듬어 반드럽게 만든 종이. 귀중한 문서를 기록 할 때에 쓴다. '搗鍊紙'라고도 표기한다.
20) 도련저주지(搗鍊楮注紙) : 다듬어 반드럽게 만든 저주지(楮注紙). 저주지는 저(楮)로 만들어 품질이 썩 좋은 종이를 말하는데, 저(楮)는 종이 재료가 되는 닥나무이고, 주지(注紙)는 승정원(承政院)의 주서(注書)나 승지(承旨)들이 필기할 때에 사용하는 종이를 가리킨다.
21) 대호지(大好紙) : 품질이 비교적 좋고, 넓고 긴 조선 종이. 응제시(應製試)의 시권(試券) 등으로 쓰였다.
22) 소호지(小好紙) : 응제(應製) 시험의 시권(試券)에 쓰이는 규격이 약간 작은 종이.
23) 각종 정례(定例)에 관한 내용은 서문에서 언급되어 있지 않다.

▨ 수령칠사(守令七事) 문답(問答) ▨

문 : '농상성(農桑盛)'은 무슨 의미인가?

답 : 입는 것과 먹는 것[衣食]은 생민의 근본이니, 농사를 부지런히 짓고 누에를 부지런히 치게 하여 해마다 풍년이 들도록 하는 것은 수령의 책임이다.

문 : 농사를 부지런히 짓고 누에를 부지런히 치게 하는 정사는 어떻게 해야 하는가? 홍수나 가뭄 같은 재해가 자주 생기는데 어찌 해마다 풍년이 가능한가?

답 : 백성들의 요역(徭役)을 줄여 농사짓는 때를 빼앗지 않으며, 백성의 빈궁함을 살펴 때맞추어 종자를 지급한다. 혹 몸소 들판을 살피고 제언(堤堰)을 수리한다. 물줄기가 있으면 그곳에 우물을 파게 하여 가뭄을 구한다. 개울을 넓혀 물이 넘쳐흐르지 않도록 하고 방죽을 견고하게 하여 둑이 터지지 않게 하여 홍수의 근심을 막게 되면, 비록 큰 가뭄이 들고 홍수가 나는 재해를 만나더라도 심한 흉년은 들지 않을 것이다. 산과 들의 농사 지을 수 없는 빈 땅에 백성들이 부지런히 뽕나무를 심도록 한다면 4~5년이 안되어 그 효과가 막대해지고 농상(農桑)은 절로 풍성해질 것이다.

문 : '호구증(戶口增)'은 무슨 의미인가?

답 : 민호(民戶)와 인구를 해마다 모으고 그 호수(戶數)를 늘리는 것은 수령의 책임이다.

문 : 해마다 민호와 인구를 모으는 정사는 어떻게 해야 하는가?

답 : 징렴(徵斂)하지 않고, 침해하거나 뒤흔들지 않으며, 백성들이 아전

을 만날 일이 없고 산에 도적이 없으면 풍속이 순후해진다. 이러한 소문은 한번 나면 물이 아래로 흐르는 듯 자연스럽게 번질 것이다.

문 : 밭을 가진 사람은 전세(田稅)를 내고, 몸이 있는 사람은 신역(身役)을 부담해야 한다. 공해(公廨)[1]를 보수하고 도로를 고치는 일은 모두 백성들이 마땅해 행해야 할 일들이다. 중간에서 그 어찌 수렴(收斂)하지 않겠으며, 그 어찌 침요(侵撓)하는 단서가 없겠는가? 간민(奸民)을 붙잡기 위해서는 관차(官差)[2]가 반드시 나가야 하고, 흉년이 들면 도적이 반드시 늘어나게 되니, 어찌 그대의 말처럼 할 수 있겠는가?

답 : 전세를 규정보다 더 거두지 않고, 신역은 중첩하여 거두지 않으며, 공해의 보수는 재력(財力)을 모아 편리한대로 시행하고, 도로의 정비는 전부(田夫)들로 하여금 농한기에 하게 한다. 이와 같이 하면 백성들을 침요하지 않게 되고 수렴하지 않게 된다. 관장으로서는 번다하고 가혹한 명령을 내리지 않고, 백성들은 횡액(橫厄)을 당하지 않게 된다. 관장이 충분히 검속하여 아전들이 함부로 다니지 않게 하면, 나의 사랑하는 양민들은 각각 그 생업을 안정시킬 수 있게 되고, 비록 농사 작황이 좋지 않더라도 도적은 결코 생기지 않게 된다. 이와 같이 풍속이 순후해지면 백성들이 시장에 몰리듯 돌아오고 호구는 절로 늘어날 것이다.

문 : '학교흥(學校興)'은 무슨 의미인가?

답 : 성균관·학당·향교는 많은 선비들이 거처하는 곳이다. 선비는 곧 국가의 근본이니, 유업(儒業)을 흥성하게 하는 것은 수령의 책무이다.

---

1) 공해(公廨) : 관아(官衙)의 건물(建物). 협의(狹義)로는 공무를 집행하는 청사(廳舍) 만을, 광의(廣義)로는 청사 이외의 부속건물은 물론 관에서 건설한 창고·누정(樓亭) 등을 지칭한다.

2) 관차(官差) : 관아에서 파견하던 군뢰(軍牢), 사령(使令) 따위의 아전.

문 : 유업을 흥성하게 하는 정치는 어떻게 해야 하는가? 선비는 어째서 국가의 근본인가?

답 : 재물과 곡식을 넉넉히 하여 선비를 기르는 밑천으로 삼으며, 재주를 시험하여 포창하고 뛰어난 경우에는 상을 준다.[以施拔例之賞] 이에 선비들은 마음이 크게 움직여 학업이 날로 진전되니 보국안민(輔國安民)하는 사람들이 모두 여기서 나오게 된다. 예의(禮義)·염치(廉恥)의 도(道) 또한 만들어지게 되니, 이것이 이른바 (선비는) 국가의 근본이라는 것이다. 그들을 사랑하고 예로 대우하며 열심히 공부하도록 하면, 학교는 저절로 흥성해진다.

문 : '군정수(軍政修)'는 무엇을 말하는가?

답 : 군정(軍政)은 국가에 예기치 못한 근심을 대비하기 위한 것이다. 황구첨정(黃口僉丁), 백골징포(白骨徵布), 일신양역(一身兩役) 등을 온전하게 고쳐서 정비하는 것은 수령의 책무이다.

문 : 군액(軍額)은 많은데 민호(民戶)가 본시 적다면 황구첨정, 백골징포, 일신양역의 폐단을 장차 어떻게 고칠 수 있겠는가?

답 : 한정(閑丁)들이 군역을 피하여 숨는 현상은 모든 고을마다 다 있고, 간사한 아전들이 농간을 부리는 폐단 역시 (곳곳이) 다 그러하다. 이 두 경우에 속임을 당하지 않는다면 민호(民戶)가 비록 적고 군액은 많더라도 부족해질 리가 만무하다. 이미 부족해질 단서가 없다면 황구첨정, 백골징포, 일신양역의 폐단은 저절로 바로잡힌다.

문 : 군역을 피하여 숨는 곳이란 무엇을 가리키는가? 농간을 부리는 폐단은 어떻게 금지할 것인가?

답 : 향교에 원납교생(願納校生)과 탁신가노(托身假奴)가 있고, 향청의

이교배(吏校輩) 가운데 모입군(募入軍)이란 명색(名色)이 있으며, 민간에는 낙호(落戶)와 누구(漏口), 그리고 역을 면제받는 점리(店里) 등이 있는데, 이것은 모두 군역을 피하여 숨는 곳이다. 형편에 맞추어 조사하면 궐액(闕額)을 대정(代定)할 수 있다. 대정자를 봉파(捧疤)³⁾할 때에는 군안(軍案)을 직접 살펴 일일이 기록하고 아전이 손대지 못하게 하면 농간을 부리는 폐단을 막을 수 있다. 이렇게 되면 군정은 저절로 바로 잡힌다.

문 : '부역균(賦役均)'은 무엇을 말하는가?

답 : 전부(田賦)와 호역(戶役)을 공평 균일하게 하는 것은 수령의 책무이다.

문 : 공평 균일하게 하는 정치는 어떻게 해야 하는가?

답 : 원장부(元帳簿)에 부가하는 전부(田賦)에 대해 간사한 아전들이 파속(把束)⁴⁾을 덧붙여 기록하는 폐단을 없애고, 이미 고정되어 상례가 된 호역(戶役)을 면임(面任)이 사사로이 빼거나 보존하는 행동을 못하게 하며, 혹 재해가 든 해에 분표(分俵)⁵⁾할 때 서원배(書員輩)들이 농간을 부리지 못하게 하여 백성들에게 실질적인 혜택이 돌아가도록 하고, 혹 관아의 건물을 새로 짓거나 보수할 때 소임배(所任輩)들이 일을 적거나 많게 배분하지 못하게 하여 균평하게 사역한다면, 부역은 절로 고르게 된다.

---

3) 봉파(捧疤) : 얼굴 생김새와 그 특징을 적은 서류를 만듦.
4) 파속(把束) : 본래 '파속'은 수확물을 헤아리는 단위로 쓰여, 벼 한줌을 1파(把), 10파를 1속(束), 10속을 1부(負), 10부를 1결(結)이라 했다. 이것이 면적을 재는 단위로도 쓰였다.
5) 분표(分俵) : 재해의 정도에 따라 얼마만큼 세금을 면제해 줄 것인가를 정하는 것.

242

문 : '사송간(詞訟簡)'은 무엇을 말하는가?

답 : '사(詞)'란 문사를 말하고, '송(訟)'은 소송(訴訟)하는 것을 말한다. 문부(文簿)를 간략히 하고 소송을 줄이는 것은 수령의 책무이다.

문 : 문부와 쟁송을 간략하게 하는 정치는 어떻게 해야 하는가?

답 : 관에서 번쇄한 정령(政令)을 내지 않는다면 면(面)에서는 의사(疑似) 문첩(文牒)이 사라지며, 관에서 엄격하고 분명하게 판결을 한다면 백성들은 요행을 바라는 소송을 내지 않는다. 청송(聽訟)이 흐르는 물 같아 관문(官門)에서 지체하지 않고 처결이 명백하며 시시비비가 뚜렷이 판명된다면, 문제가 있는 사람은 애초부터 소송하지 않게 되고 죄 있는 백성은 저절로 물러나 복종할 것이다. 그렇게 되면 사송은 자연스럽게 줄어든다.

문 : '간활식(奸猾息)'은 무엇을 말하는가?

답 : 간사한 향소(鄕所)와 교활한 향리(鄕吏)가 관장을 다치게 하고 백성들에게 해악을 끼치는 폐습을 엄하게 제어하여 멈추게 하는 것은 수령의 책무이다.

문 : 그러한 폐습을 멈추게 하는 정치는 어떻게 해야 하는가?

답 : 자기를 규율하고 법을 지키며, 처결이 엄정하고, 문서가 상세하고도 분명하며, 부정한 일을 귀신처럼 적발한다면, 간사한 향소가 간악한 계책을 세우지 못할 뿐만 아니라, 교활한 아전들도 술수를 부리지 못할 것이다.

문 : 자기를 규율하고 법을 지키며, 처결이 엄정하고, 문서가 상세하고도 분명하며, 귀신처럼 적발하는 방도를 이야기해줄 수 있는가?

답 : 태수(太守)는 한 고을의 아전과 백성들이 우러러 보는 존재이다. 말하고 행동하는 것 하나하나 위엄 있게 하고 의식과 호령을 모두 법도에 맞게 한다. 폐단이 있으면 개혁(改革)하며 일이 있으면 시행하는데, 국법(國

法)을 온전히 지키고 일 처리를 공평무사하게 한다. 결송(決訟)⁶)을 지체하지 아니하며, 엄격하고 분명하며 정직하게 한다. 문첩의 꼼꼼함과 엉성함, 곡부(穀簿)의 거래를 상세히 살펴 명백히 한다면, 중간에서 간사한 짓을 저지르더라도 사실들이 환하게 밝아져 그것을 감추기 어려우니, 그렇게 되면 한결같이 귀신과 같다고 일컬을 것이며, 향리(鄕吏)와 향소(鄕所)의 간사함과 교활함은 저절로 멈추어질 것이다.

6) 결송(決訟) : 송사에 대해 판결을 내림.

✖ 칠사제요(七事提要) ✖

1. 농상성(農桑盛)

농사란 곡식을 생산하는 일이니 농사에 힘쓰는 것은 백성의 식량을 생산하기 위함이다. 뽕은 누에를 기르는 것이니 부지런히 뽕을 기르는 일은 백성의 입을 거리를 마련하기 위함이다.

모두들 그 입으로 먹고 그 몸으로 입으니, 굶주림과 추위를 조금이라도 피한다면 그 누가 본업인 경작하고 길쌈하는 일[耕織]에 온 마음을 다하고 힘을 기울이려 하지 않겠는가? 하지만 애달픈 저 민생들은 생리(生理 : 삶을 꾸림)에 어려움이 많은데, 여기에 더해 공사(公私)의 일로 방해받고 또 기구(器具)가 충분하지 않아 마침내 천시(天時)를 잃는다. 인력을 다하지 않으면 지리(地利)를 얻을 수 없으니, 이는 누구의 책임인가?

농사의 요체는 6가지이다.[1] 하나는 균전(均田)이니, 그 토지를 고르게 하고 농사지을 힘과 해야 할 일을 서로 어울리게 하여 (농민들이) 나태하지 않도록 해야 한다. 두 번째는 수시(授時)이니, 농민들에게 절후(節侯)를 내려주어, 때 맞춰 논 갈고 씨 뿌릴 수 있도록 하여 때를 놓치지 않게 해야 한다. 세 번째는 택종(擇種)이니, 단단하고 알찬 종자를 고르고 토지의 성질에 적합한지의 여부를 알아내어 종자가 썩지 않도록 한다. 네 번째는 농기구 손질[飭器]이니, 농민들이 한가한 시간에 호미와 쟁기를 손질하며 부지런히 생활하도록 하여 농기구가 고장 나거나 녹슬지 않도록 한다.[2]

---

1) 2종의 『순리보감』·『백리장정』에는 5가지, 국립본·『선각록』에는 6가지라고 했다. 국립본을 따라 번역했다.
2) 국립본·『선각록』 두 책 모두 다섯 번째 내용이 빠져 있다. 『순리보감』·『백리장정』

여섯 번째는 환난을 구휼하는 것이니, 재해를 구휼하고 이웃을 구조하여 진황(陳荒)이 생기지 않게 한다. 뽕나무를 심는 일의 요체는 오로지 사람들로 하여금 적합하지 않은 토지에 뽕나무를 심지 않도록 하는데 있다. 공력을 들이는 것이 부지런한지 아니면 게으른지를 살피고 삼과 모시, 면화 또한 그 사이에 심어 서로 때를 맞추어 이익을 끌어내도록 한다.

2. 호구증(戶口增)

'호(戶)'는 가(家)의 수를 가지고 헤아리고 '구(口)'는 사람의 수를 가지고 계산하는데, 그 호구를 호적에 기록하는 것은 마을[坊里]의 가(家)와 사람의 수를 통합하기 위해서이다.

저 고달프게[蒼蒼然] 살아가는 자들은 경작하려 하지만 정해진 들판이 없고, 터 잡고 살려 하지만 정해진 땅이 없다. 산업이 풍요로운가 그렇지 않은가에 따라서 나아가거나 떠나며, 생리(生理)의 고락(苦樂)을 분간하여 오고 가니, 그것은 햇볕 속에 (하늘을) 나는 새들이 기후 따라 남북으로 오가고, 물 속의 물고기들이 때에 따라 깊은 곳과 얕은 곳을 오가는 행동과 똑 같은 이치이다. 위엄으로 제압하고 힘으로 끌어 억지로 한 곳에 거처하도록 할 수 없는 자들이 백성[民]이다.

그러므로 그들을 다스리는 요체는 다섯 가지이다. 첫째, 실혜(實惠)이다. 모든 베풂에 명예를 구하지 말고 반드시 실질적인 덕(德)이 아래로 내려가도록 해야 한다. 둘째, 관대한 정사[寬政]이다. 모든 일에 지나치게 위력으로 다그치지 말고 반드시 관대한 마음을 같이 베풀 수 있도록 힘쓴다. 셋째, 질고(疾苦)이다. 백성들에게 폐해를 끼치는 모든 일에 대해 인순고식(因循姑

에는 환난을 구휼하는 것을 다섯 번째 조항으로 기재했다.

246

息)하지 말고 폐해를 끼치는 점은 반드시 먼저 제거하도록 한다. 넷째, 진대(賑貸)이다. 흉년이 들면, 스스로 법령을 엄하게 하여 백성을 억누르지 말고 굶주리는 가호를 널리 가려 뽑아 진구(賑救)하도록 한다. 다섯째, 와서 쉴 수 있도록 힘쓴다.[勞來] 모든 유민(流民)에 대해 예사롭게 보지 말고 반드시 새로운 백성들을 안집(安集)시키도록 한다.

3. 학교흥(學校興)

'학(學)'은 배우는 것을 의미하고 '교(校)'는 가르치는 것을 의미하니, 학교를 세운 이유는 여기에서 배우고 여기에서 가르쳐 이 백성들이 모두 성인의 길로 나아가도록 하기 위해서이다.

이른바 배운다는 것은 무엇을 말하는가? 인의예지(仁義禮智)의 성(性)을 회복하도록 배운다. 이른바 가르친다는 것은 무엇인가? 군신(君臣)·부자(父子)·형제(兄弟)·부부(夫婦)·붕우(朋友)의 윤리를 다하도록 가르친다. 이것은 삼대(三代) 사회에서 배우고 가르치던 내용이다.

그 요체는 다섯 가지이다. 첫째, 성인의 사당[聖廟]을 존숭한다. 예의를 다하여 숭봉(崇奉)하고, 제명(齊明)3)을 지극히 하여 향사(享祀)하며, 성실하고 근면하게 사당을 보수하여, (백성들이) 보고 느끼는 것에서 교화가 일어나도록 한다. 둘째, 사림(士林)을 공경한다. 그들이 체모를 보존할 수 있도록 접대하고, 온순하고 공손하게 말을 하도록 하며, 그들을 순수하고 근후하게 이끌도록 육예(六藝)4)를 행하여 손양(遜讓)하는 기풍을 갖도록

---

3) 제명(齊明) : 부정(不淨)을 금기(禁忌)하여 심신을 깨끗하게 하는 것.
4) 육예(六藝) : 여섯 가지 교육 과목, 곧 예(禮)·악(樂)·사(射)·어(御)·서(書)·수(數)를 말한다.

한다. 셋째, 권장(勸奬)을 높임이다. (배우는 학생들이) 뜻과 의지를 포기하지 않도록 주의를 기울이며, 강송(講誦)하여 그들이 근면한지 태만한지를 고과하며, 사장을 잘 짓는지 그렇지 못하는지를 시험하여 격려하는 효험이 생기도록 한다. 넷째, 노는 것을 경계한다. 주색에 빠지지 못하게 금지시키고, 장기와 바둑을 외잡(猥雜)하게 두지 않도록 절제하며, 재화와 보물을 탐내지 않도록 배척하여, 그들이 삼가서 스스로를 경계하는[謹飭] 법을 갖게 한다. 다섯째, 이단(異端)을 배척함이다. 천리(天理)의 공평(公平)함을 밝히고 인심의 의혹됨[訝惑]을 해소하며 사사롭고 삿된 요언(妖言)을 배척하여 올바름으로 돌아오는 길을 갖게 한다.

4. 군정수(軍政修)

군정은 나라를 유지하는 큰일이니 하루라도 잊어서는 안 된다. 모든 일은 군대의 기율[師律]과 연관되는데, 군적(軍籍)의 허실(虛實), 군기(軍器)의 날카로움과 무딤, 군량(軍糧)의 저치(貯峙)와 같은 사항은 모두 군정에 해당된다.

이미 치국평천하[治平]를 이루어 세상이 평안하기에,5) 밖으로는 적이 침범한다고 연기를 피워 올리는 경고(警告)가 없고 안으로는 북을 치는[桴鼓] 근심이 없으므로, 사람들은 편안함에 젖어 쉽게 즐기려 한다. 거처가 편안한데도 위태로움을 생각하는 것은 먼 훗날을 염려하는 길이며, 준비하여 환란을 없게 하는 것은 미리 대책을 세우는 방책이다.

그 요체는 네 가지이다. 첫째, 보장(保障)이다. 성실함과 믿음을 미루어

---

5) 병자호란 이후 100년 넘도록 조선을 둘러싼 동아시아 지역에 전쟁이 일어나지 않고 평화가 유지되는 사실을 두고 하는 표현이다.

인화(人和)를 달성하고 그 관방(關防)을 장엄하게 하여 지형의 이로움을 충분히 활용하면 능히 형세를 공고히 할 수 있다. 둘째, 훈련(訓練)이다. 호령을 분명히 하여 눈과 귀에 익숙해지도록 하고, 그 대오를 정비하여 전진(戰陣)을 익히면 능히 바르고 고르게[齊正] 할 수 있다. 셋째, 수괄(收括)이다. 마음대로 투탁(投託)한 장정을 반드시 먼저 두루 찾고 사망자와 노약자는 때맞추어 다른 사람으로 보충하면 능히 정예병을 유지할 수 있다. 넷째, 점열(點閱)이다. 깃발과 북, 무기류 등이 온전한지 망가졌는지 상세히 살피고 필요한 경비와 식량을 수에 맞추어 넉넉하게 준비하면 능히 채우고 쌓을 수 있다.

5. 부역균(賦役均)

민전(民田)에서 세를 걷는 것을 '부(賦)'라 하고 백성의 노동력을 활용, 일을 시키는 것을 '역(役)'이라 하니, 백성이 해마다 경상적으로 내는 세공[惟正之供][6]이 '부역'이다.

하(夏) 나라의 공법(貢法), 은(殷) 나라의 조법(助法), 주(周) 나라의 철법(撤法)[7]은 서로 그 내용은 달랐지만, 1년에 백성의 힘을 이용하는 시간은

---

6) 백성이 해마다 경상적으로 내는 세공[惟正之供] : 이 표현은 『서경』, 「무일(無逸)」 편에 나온다. "문왕(文王)이 감히 유람과 사냥을 편안히 여기지 아니하여 여러 나라의 정부(正賦)로 바치는 것만을 받으시니, 문왕(文王)이 천명(天命)을 받은 것이 중년의 나이였는데 향국(享國)이 50년이었습니다.(文王不敢盤于遊田, 以庶邦惟正之供, 文王受命惟中身, 厥享國五十年)"

7) 하(夏) 나라의 공법(貢法), 은(殷) 나라의 조법(助法), 주(周) 나라의 철법(撤法) : 중국 삼대의 토지제도와 조세제도를 이른다. 『맹자』, 「등문공(滕文公)」편에 이에 대한 언급이 보인다. "하후씨(夏后氏)는 50묘(畝)에 공법(貢法)을 썼고, 은(殷) 나라 사람은 70묘(畝)에 조법(助法)을 썼고, 주(周) 나라 사람은 100묘(畝)에 철법(徹法)을 썼으니, 그 실제는 모두 10분의 1이다. 철(徹)은 통한다는 뜻이요, 조(助)는 빌린다

이들 법 모두 3일에 불과했다. 그런데도 오히려 상제(常制) 상수(常輸)가 공평하지 못할까 근심하여 토균(土均)8)이란 관직을 세워, 토지에 관한 정사를 관장하게 하고 지사(地事)를 고르게 하며 지공(地貢)을 고르게 하였다. 염법(斂法)은 토지의 비옥도를 가지고 경중을 따지고, 노동력을 부리는 정책[力政]은 그 해의 풍흉을 따져 시행하니, 이 때문에 부역이 균등했다.

그 요체는 세 가지이다. 첫째, 재해의 정사이다. 도둑질과 농간을 적발하고 분표(分俵)를 핵실(覈實)하여 백지(白地) 징수(徵收)가 생기지 않게 한다. 둘째, 군보(軍保)이다. 도망자와 사망자를 대정(代定)하고 노약자의 역을 면제하여 인족(隣族)을 침해하는 일이 없도록 한다. 셋째, 공역(工役)이다. 반드시 농한기에 시행하고 급하지 않은 일은 멈추어 역이 중첩되어 생기는 원망이 생기지 않도록 해야 한다.

6. 사송간(詞訟簡)

문서를 갖추어 소송하는 것을 '사(詞)'라 하고 말로써 다투어 변론하는 것을 '송(訟)'이라 하니, '사송(詞訟)'이란 백성들이 그 실정을 다 드러내어 관가에서 청리(聽理)9)하는 근거이다.

말이 바르며 정의로움이 뛰어난 경우, 말은 졸렬해도 일이 올바른 경우, 말은 그럴듯해도 실정(實情)이 거짓인 경우, 위세에 눌려 판단이 왜곡된

는 뜻이다.(夏后氏五十而貢, 殷人七十而助, 周人百畝而徹, 其實皆什一也. 徹者, 徹也, 助者, 藉也.)"

8) 토균(土均): 『주례(周禮)』, 「지관(地官)」편에 규정된 관직. "토지를 균평히 하는 정사를 관장하는데, 지수(地守)를 고르게 하고 지사(地事)를 고르게 하며 지공(地貢)을 고르게 한다.(掌平土地之政, 以均地守, 以均地事, 以均地貢)"

9) 청리(聽理): 송사(訟事)를 듣고 심리함.

경우, 힘써 강변하지만 의심스러운 경우, 흔적은 사실이지만 말로 왜곡한 경우, 음모를 숨기고 속이려고 하는 경우 등 송사를 추진하는 사람과 송사의 내용은 천태만상이다. (원고와 피고가) 이기고 지는 것은 나의 판단에서 나오고, 입락(立落)10)은 나의 결정에서 나온다.

그 요체는 네 가지이다. 첫째, 마음을 맑게 함이다. 이는 이익으로 호리는 유혹을 능히 제거하며 정신을 보존하고 지려(智慮)를 기른다. 둘째, 현명하게 청리함[明聽]이다. 사사로운 부탁을 거절하고 사리(事理)를 깊이 살펴 공정함을 따른다. 셋째, 문장(文狀)11)이다. 논열(論列)하는 것을 절박하게 사실 그대로 살피고 정절(情節)을 잘 파악하여 시비를 정한다. 넷째, 부결(剖決)12)이다. 규칙에 따라 움직이며 미루어 늦추지[稽滯] 말고 과단성 있게 해야 한다.

7. 간활식(奸猾息)

'간(奸)'은 간사함을 이르니, '간'은 곧 교묘함이다. 그러므로 큰 간사함은 충성을 다하는 것과 겉으로 비슷하다. '활(猾)'은 능히 교활한 것을 이르는데, '활'은 곧 외람됨[濫]이다. 그러므로 크게 교활한 자는 협객(俠客)과 비슷하다. 이들은 모두 정치를 좀먹고 교화를 방해하는 자들이다.

홀로 고립(孤立)하여 고을을 다스리는 정사를 행할 수는 없다. 그러므로 보좌관[佐貳]를 두고 이예(吏隸)를 두는데, 이들은 모두 평범하고 비천하며 미미한 무리들이다.

---

10) 입락(立落) : 승소와 패소를 말한다.
11) 문장(文狀) : 여기서 말하는 문장의 사례에 대해서는 '추록'의 '문장 28'조 참고.
12) 부결(剖決) : 시비(是非)와 선악(善惡)을 가리어 결정(決定)하는 것을 말한다. 판결과 같은 말이다.

　이들은 (상사를) 받들고[承奉] (수하를) 부리는[使役] 일에 노련하다. 말은 반드시 듣기 좋은 것만 말하고 싫어할 것은 숨기니, 들어와서는 관장의 아낌을 받는다. 행동은 반드시 형세에 의탁하여 위엄을 빌리니, 나아가서는 백성들에게 마음대로 행패를 부린다. 편녕(便佞 : 치우치며 아첨함)되게 성장하고 외람됨에 익숙해 있으므로, 천성이 충실하고 근실한 자들을 제외하면 간활하지 않는 자가 거의 없다. 더군다나 이곳에 뿌리를 내려 토착하고 이곳에서 경력을 쌓아, 몰래 살핌[窺看]에 정신을 쏟고 시험하는 것을 재주[伎倆]로 삼았다.

　관장은 나그네와 같다. 구관과 신관을 영접하고 전송함에 걸리는 시간이 길면 6년 짧으면 3년이며, 혹은 1, 2년 만에 관장이 떠나기도 한다. 그러므로 이들 무리들은 대부분 영원히 지속하는 마음을 가지지 않고, 한 때의 계책만 꾸민다. 사사로운 이익을 얻기 위해 머리를 마구 굴리고 조롱하고 거스르며 허물은 관장에게 돌리고 피해는 백성에게 입히니 그 어찌 통탄스럽지 않은가?

　그 요체는 셋이다. 하나는 율기(律己)이다. 청렴하고 올바르게 자신을 지키고 근면 절약하는 것을 규범으로 삼아 반드시 무거운 위엄을 응축해야 한다. 둘째, 체통(體統)이다. 구차하게 얼굴을 내보이지 말며, 공적인 사안이 아니면 말하지 않음으로써, 반드시 등위(等威)를 엄하게 한다. 셋째, 추심(推心)이다. 인정을 세세하게 살피고 사리를 충분히 헤아려 그들이 흔쾌히 복종할 수 있게 한다.

칠사(七事)의 강령(綱領) 대지(大志)

농상성(農桑盛)

백성의 요역(徭役)을 줄이고
농사철을 빼앗지 않으며
권농하도록 힘써 권하면
농상은 저절로 풍성해진다.

호구증(戶口增)

백성들의 가호(家戶)와 인구를
거두거나 빼앗지 않으면
풍속이 돈후해지고
호구는 절로 늘어난다.

학교흥(學校興)

성균관과 학당과 향교에서
힘써 유업(儒業)을 이루고
재주를 시험하여 시상하면
학교는 절로 일어난다.

군정수(軍政修)

황구(黃口)와 백골(白骨)
한 몸에 두 역.
탈난 곳을 잘 가려내고 대정(代定)을 잘하면
군정은 절로 닦인다.

부역균(賦役均)

농토에는 부세를 더하지 않고
가호에는 역을 중첩하여 부과하지 않으며
아전들이 농간을 부리지 않으면
부역은 절로 균평(均平)해진다.

사송간(詞訟簡)

문부(文簿)가 상세하고 정밀하며
처결이 명백하고
청송(聽訟)이 물과 같이 유연하면
사송(詞訟)은 절로 간략해진다

간활식(奸猾息)

간사한 향소(鄉所)를 엄하게 제어하고
교활한 아전을 통렬히 다스리며

자신을 규율하고 법을 지키면
간활(奸猾)은 절로 사라진다.

관장을 맡은 사람이 칠사(七事)를 모두 행한다면, 수령의 길과 치민(治民)의 방법은 여기에 더 이상 보탤 것이 없다. 이것이 바로 조정에서 수령칠사를 훈계하는 까닭이다. 다만, 세 글자로 된 강령¹⁾이라고 해서 범범하게 듣고 보아 넘겨 그 실현할 수 있는 방도를 알지 못하면, 그 어찌 조정에서 훈계하는 의미를 체현했다고 할 수 있겠는가? 그러므로 어떤 사람[或者]이 가상으로 질문하는 형식을 빌려[假設或者之問] 그 내용을 두루 갖추어 설명했다. 또 누군가가 쓴 '칠사제요'란 글을 얻었는데 쓸만하기에 취해 실었다. 또 7대 강령의 대지(大志)를 풀어 이 책의 말미에 이어 썼으니, 마음 속 깊이 담아 두고 세세히 궁구할 수 있을 것이다.²⁾

백성을 다스리는 요체는 '권선징악(勸善懲惡)', '입경진기(立經陳紀)', '정기솔물(正己率物)',³⁾ '이용후생(利用厚生)' 등 몇 조목에 불과하다. 선배들은 이들 사항을 모두 미루어 넓혀 치세를 이루었으며 나아가 풍속을 변화시키고 집집마다 부족함이 없게 했으니, 순리(循吏)·양리(良吏)니 종핵

---

1) 세 글자로 된 강령 : '수령칠사'가 모두 세 글자로 제시되어 있으므로 이렇게 표현했다.
2) 서문에서는 '수령칠사'에 관한 이 세 글의 내용이 언급되어 있지 않다. 그러므로 '선각'과 '120조'를 쓴 사람과 이 '수령칠사'를 쓴 사람이 동일한지 어떤지는 분명하지 않다. 하지만 내용으로 본다면 추록을 작성한 뒤, '각종 정례'와 함께 이 세 글을 첨록하고 그 사정을 이와 같이 밝혔다고 할 수 있다. 이 책이 한 사람의 노력으로 일관되게 정리, 편찬된 사실을 이 글에서도 알 수 있다.
3) 정기솔물(正己率物) : 자신을 바르게 하고 타인을 이끈다는 의미. 수기치인(修己治人)과 같은 맥락의 성어이다.

(綜核)4)이니 하는 것은 모두 그 속에 있다. 뒷사람에게 가칙(柯則)5)이 되는 것은 옛 규범에만 편벽되이 의지해서 가능한 것이 아니다. 정치가 참으로 잘 이루어진다면 오늘 하는 일이 곧 내일의 법정(法程 : 모범)이 된다. 다른 사람이 행했던 아름다운 정치는 듣는 대로 기록하고 몸소 실행하여 얻은 것은 이 책의 끝에 기재하여 마무리했다. 이것은 첫째, 뜻을 계속 이어가겠다는 의미[繼志之意]이고 둘째, 집안에 전하는 교훈으로 삼고자 하는 것이다.6)

---

4) 종핵(綜覈) : 일의 본말을 종합하여 밝히는 것을 말함.

5) 가칙(柯則) : 표준·전범 또는 귀감. 『시경』, 「빈풍(豳風)」의 '도끼자루를 베고 도끼 자루를 벰이여, 그 법이 멀리 있지 않도다(伐柯伐柯, 其則不遠)'에서 온 말이다.

6) 백성을 다스리는~살고자 하는 것이다 : 이 대목은 『순리보감』, 『백리장정』, 『선각록』, 『수치정요』에는 실려 있지 않다. 이곳에서 말하는 "둘째, 집안에 전하는 교훈으로 삼고자 하는 것이다"는 『선각』의 서문 말미에 "나의 자손들은 항상 깊이 새겨 집안의 법도로 삼기를!"이라고 한 내용과 서로 통한다. 그렇다면 서문을 쓴 사람과 추록을 쓴 사람은 동일인이라고도 볼 수 있다. 한편, 이 문단 아래에는 '양생법'에 관한 내용이 적혀 있다. 그러나 양생법에 관한 내용은 본문과 필체가 다르고 목민과도 별 관계가 없다. 뒤에 누군가 덧붙여 쓴 것으로 보인다.

256

❌ 물목명(物目名) ❌ 1)

서책(書冊)은 권(卷), 질(秩), 갑(匣)이다.

벼루[硯]는 면(面), 갑(匣)이다.

묵은 홀(笏), 정(丁), 장(張), 동(同, 10丁)이다.

붓[筆]은 병(柄), 지(枝), 단(丹, 10枝)이다.

종이[紙]는 장(張), 권(卷), 속(束, 모두 10丈), 괴(塊, 100束)이다.

간지(簡紙)2)는 장(張), 폭(幅), 폭(輻, 10幅)이다.

목화는 칭(稱), 근량(斤兩), 척(隻), 태(駄, 200斤)이다.

목주(木紬)는 필(疋, 40尺3)), 척(尺), 촌(寸), 분(分), 동(同, 50疋), 태(駄, 100疋)이다.

솥[釜鼎]은 좌(坐)이다.

칼[釰]은 구(口)이다.

작은 칼[小刀]은 병(柄)이다.

거울[鏡]은 면(面)이다.

동전[錢]은 문(文), 푼(分), 전(戔, 10分), 냥(兩), 민(緡, 10戔), 관(貫, 10兩), 척(隻, 100兩), 태(駄, 200兩)이다.

은금(銀金)은 리(里), 푼(分), 전(戔), 냥(兩)이다.

---

1) 여러 물품을 헤아리는데 쓰이는 단위가 적혀 있다. 국립본『선각』에는 '물목명'이란 제목이 나오나 실제 본문에는 빠져 있다.『선각록』과『순리보감』(한古朝31-55)을 참고하여 복원했다. 이들 두 책에는 각기 '물목명', '물명'이란 제목 아래 해당 내용을 실었다. 두 책에는 또 영진류(營鎭類) 등 여러 내용이 똑 같이 실려 있다.
2) 간지(簡紙) : 두껍고 질기며 품질이 좋은 편지지.
3) 필(疋) :『선각록』에는 척(尺),『순리보감』에는 필(疋)이라고 표기되어 있다.

약재는 푼(分), 전(戔), 냥(兩), 근(斤, 16兩)이다.

쌀[米]은 리(里), 석(夕), 홉(合), 도(刀), 두(斗), 곡(斛, 10斗), 석(石, 혹 15斗 혹 20斗), 종(鍾)이다.

술[酒]은 잔(盞), 두(斗), 병(甁), 호(壺). 소주(燒酒)는 선(鐥, 10盞)이다.

떡[餠]은 기(器), 좌(坐)이다.

과실은 홉(合), 승(升), 두(斗), 석(石), 개(箇)이다.

곶감[乾柹]은 관(串, 10개), 첩(貼, 10串)이다.

짐승[獸]은 두(頭), 척(隻), 필(疋)이다.

가금[禽]은 수(首)이다.

매[鷹鶻]는 핵(翮), 연(連), 영(領)이다.

어물(魚物)은 미(尾). 건석어(乾石魚)는 속(束)이다.

전복은 관(串), 첩(貼, 10串)이다.

홍합·해삼은 개(箇), 승(升), 두(斗)이다.

피물(皮物)은 장(張), 영(領)이다.

채찍[鞭]은 조(條)이다.

대소(大小) 새끼줄[索]은 파(把), 거리(巨里)이다.

의복은 건(件), 습(襲), 영(領)이다.

신발[鞋]은 부(部, 혹 켤레[巨里]라고 하는데 兩隻이다), 대(對, 兩隻), 죽(竹, 10隻)이다.

갓[冠]은 정(頂)이다.

차는 양(輛)이다.

비녀[釵]는 고(股)이다.

기구(器具)는 부(部)이다.

부채[扇]는 파(把), 병(柄)이다.

둔석(芚席)은 장(張), 폭(幅), 건(件, 234丈枡)이다.

누룩[麴]은 원(圓), 동(同, 10圓)이다.

대소(大小) 과명지(科名紙)는 일(日), 도(度)이다.

입모(笠帽)는 사(事). 양태[凉臺]⁴⁾는 입(立), 죽(竹, 10立)이다.

발[簾]은 부(枡)이다.

화로(火爐)는 좌(坐)이다.

---

4) 양태(凉臺) : 갓양태(갓모자의 밑 둘레 밖으로 둥글넓적하게 된 부분).

※ 영진류(營鎭類) ※

영영(嶺營)<경상(慶尙)>

원영(原營)·동영(東營)<강원(江原)>

함영(咸營)<함경(咸鏡)>

숭영(菘營)<송도(松都)>

심영(沁營)<강화(江華)>

남성(南城)<광주(廣州)>

화성(華城)·수성(隋城)<수원(水原)>

통영(統營)<통제사(統制使)[1]>

북영(北營)<북병영(北兵營)[2]>

청영(靑營)<남병영(南兵營)[3]>

안영(安營)·유영(柳營)<평안(平安) 병영>

강영(岡營)<황해(黃海) 병영[4]>

청영(淸營)<충청(忠淸) 병영>

---

1) 통제사(統制使) : 임진왜란 중에 신설된 종2품 서반 관직. 경상·전라·충청도 등 삼도의 수군을 지휘, 통솔한 삼남 지방의 수군 총사령관이다. 경상도 통영에 머물렀다.

2) 북병영(北兵營) : 함경도 경성(鏡城)에 설치되었던 병마절도사의 진영(陣營). 정식 명칭은 함경도북도병마절도사영(咸鏡道北道兵馬節度使營)이었다.

3) 남병영(南兵營) : 함경도 북청(北靑)에 설치되었던 병마절도사영(兵馬節度使營). 함경도는 지역이 넓고 험하며 여진족과의 충돌이 잦아 3개소의 병영을 두었다. 한 곳은 감영에서 겸하고 또 한 곳(북병영)은 경성(鏡城)에 두었다. 남병영의 관할구역은 갑산·안변·삼수·혜산·낭성포(浪城浦)·도안포(道安浦)·영흥·북청·단천·장진·원주(原州) 등이었고 그 이북은 북병영에 속하였다.

4) 황해(黃海) 병영 : 황해도 황주(黃州).

강영(康營)<전라(全羅) 병영5)>

촉영(矗營)<경상 우병영(右兵營)6)>

울영(蔚營)<경상 좌병영(左兵營)7)>

동영(桐營)<경기 수영[京水營]>

소영(蘇營)<충청 수영(水營)8)>

매영(梅營)<전라 좌수영(左水營)9)>

연영(蓮營)<전라 우수영(右水營)10)>

소영(蘇營)<황해 수영>

내영(萊營)<경상 좌수영>

만영(灣營)<의주(義州)>

내영(萊營)<동래(東萊)>

강영(江營)<강계(江界)>

모방영(某防營)<방어사(防禦使)에게 사용>

모도중영(某道中營)<중군(中軍)>

진영(鎭營)<영장(營將)>

모진(某鎭)<첨사(僉使)·만호(萬戶)>

모우(某郵)<찰방(察訪)>

모목(某牧)<감목관(監牧官)>

모막(某幕)<보장(補將)>

---

5) 전라(全羅) 병영 : 전라도 강진.

6) 경상 우병영(右兵營) : 경상도 진주.

7) 경상 좌병영(左兵營) : 경상도 울산.

8) 충청 수영(水營) : 충청도 소성(蘇城).

9) 전라 좌수영(左水營) : 전라도 여수.

10) 전라 우수영(右水營) : 전라도 해남.

✠ 절하류(節下類) ✠

절하(節下)<감사(監司), 유수(留守), 통제사(統制使), 방어사(防禦使)에게 사용>

곤하(梱下)·곤하(閫下)<병사(兵使), 수사(水使)에게 사용>

월하(鉞下)<병사·수사 및 방어사에게 사용>

합하(閤下)·각하(閣下)<내외(內外) 존관(尊官)에게 사용>

휘하(麾下)<대장(大將) 및 군관(軍官) 아문(衙門)에 사용>

✖ 아문류(衙門類) ✖

천관(天官)<이조(吏曹)>

탁지(度支)·지부(地部)<모두 호조(戶曹)>

춘관(春官)<예조(禮曹)>

기성(騎省)<병조(兵曹)>

추조(秋曹)<형조(刑曹)>

수부(水部)<공조(工曹)>

경조(京兆)<한성부(漢城府)>

금오(金吾)<의금부(義禁府)>

주사(籌司)<비변사(備邊司)>

혜국(惠局)<선혜청(宣惠廳)>

내각(內閣)<규장각(奎章閣)>

상대(霜臺)<사헌부(司憲府)>

백부(栢府)·미원(薇垣)<모두 사간원(司諫院)>

후원(喉院)·은대(銀臺)<모두 승정원(承政院)>

옥서(玉署)·영각(瀛閣)<모두 옥당(玉堂)>

춘방(春坊)<시강원(侍講院)>

계방(桂坊)<익위사(翊衛司)1)>

괴원(槐院)<승문원(承文院)2)>

---

1) 익위사(翊衛司) : 세자익위사(世子翊衛司). 태종 18년(1418)에 설치된 관청으로 세자(世子)의 시위(侍衛)를 맡았다.
2) 승문원(承文院) : 사대교린(事大交隣)에 관한 문서를 관장하기 위해 설치했던 관서. 아울러 이문(吏文)의 교육도 담당하였다.

국자(國子)<성균관(成均館)>

운각(芸閣)<교서관(校書館)>

내국(內局)·약원(藥院)<모두 내의원(內醫院)>

주원(廚院)<사옹원(司饔院)>

홍려(鴻臚)<통례원(通禮院)>

태복(太僕)<사복시(司僕寺)3)>

무고(武庫)<군기시(軍器寺)>

운관(雲觀)<관상감(觀象監)>

태상(太常)<봉상시(奉常寺)4)>

이원(梨園)<장악원(掌樂院)>

태창(太倉)<광흥창(廣興倉)5)>

풍저(豊儲)<장흥고(長興庫)6)>

---

3) 사복시(司僕寺) : 여마(輿馬)·구목(廐牧) 및 목장에 관한 일을 관장하기 위해 설치했
   던 관서.
4) 봉상시(奉常寺) : 국가의 제사 및 시호를 의논하여 정하는 일을 관장하기 위해
   설치했던 관서.
5) 광흥창(廣興倉) : 백관의 녹봉을 관장하기 위하여 설치했던 관서 및 그 관할
   하의 창고.
6) 장흥고(長興庫) : 돗자리(席子)·유둔(油芚) 등을 관장하던 관서.

✠ 모관류(某官類) ✠

수규(首揆)·영각(領閣)<모두 영상(領相)>

좌규(左揆)·좌각(左閣)<모두 좌상(左相)>

우규(右揆)·우각(右閣)·단규(端揆)<모두 우상(右相)>

대총(大冢)·재전(宰銓)<모두 이조판서>

아전(亞銓)<이조참판(吏曹參判)>

삼전(三銓)<이조참의(吏曹參議)>

대사농(大司農)·판탁지(判度支)·탁지장(度支長)<모두 호조판서>

대사도(大司徒)·대종백<모두 예조판서>

대사마(大司馬)·기판(騎判)<모두 병조판서>

대사구(大司寇)·추판(秋判)<모두 형조판서>

대사공(大司空)<공조판서>

판금오(判金吾)·집금오(執金吾)<모두 판의금(判義禁)>

헌장(憲長)<대사헌>

간장(諫長)<대사간>

국자장(國子長)·반장(泮長)<모두 대사성>

지신사(知申事)·도령공(都令公)<모두 도승지>

좌령공(左令公)·우령공(右令公)·좌부령공(左副令公)·우부령공(右副令公)·동부령공(同副令公)<모두 승지>

이상(貳相)<찬성(贊成)[1]>

---

1) 찬성(贊成) : 의정부의 차관인 종1품 관직. 좌·우 찬성이 있었다. 이상(貳相) 또는 이재(二宰)라고도 했다.

삼재(三宰)·사재(四宰)<모두 참찬(參贊)[2]>

원융(元戎)<훈련대장(訓鍊大將)[3]>

내한(內翰)<한림(翰林)>

모도(某道) 자사(刺使)·안사(按使)·순사(巡使)[4]<호남자사(湖南刺使)·기보안사(畿輔按使)[5]·호서순사(湖西巡使)는 그 예다. 새로 제수 받은 경우 '신(新)'자를 더하고, 이미 교체된 경우에는 '구(舊)'자를 더하는데, 또한 신사(新使)·구사(舊使)라고도 칭한다. 절도사 이하는 모두 이를 따른다.>

모백(某伯)<관서백(關西伯)[6]·해백(海伯)[7]은 그 예다.>

순상(巡相)·유상(留相)·유무(留務)·모류(某留)[8]<송류(松留)·심류(沁留)는 그 예다.>

절도사(節度使)·병상(兵相)·모수(某守)[9]<해수(海守)·연수(蓮守)는 그 예다. 전라좌수영을 해영(海營), 전라우수영을 연영(蓮營)이라 했다.>

태수(太守)·목백(牧伯)·부백(府伯)·명부(明府)·감무(監務)·통판(通判)·사

---

2) 참찬(參贊) : 의정부의 정2품 관직. 좌·우 참찬이 있었다.

3) 훈련대장(訓鍊大將) : 훈련도감(訓鍊都監)의 주장(主將)으로 종2품. 훈장(訓將)이라고도 했다.

4) 자사(刺使)·안사(按使)·순사(巡使) : 관찰사의 별칭이다.

5) 기보(畿輔) : 경기도를 가리킨다.

6) 관서백(關西伯) : 평안도 관찰사(平安道觀察使). 백은 방백(方伯)과 통한다.

7) 해백(海伯) : 황해도 관찰사.

8) 순상(巡相)·유상(留相)·유무(留務)·모류(某留) : 유수(留守)의 별칭. 유수는 조선초기에 개성에만 설치했으며 이때 관품은 종2품이었다. 조선후기에는 수원, 광주, 강화 3곳이 더 늘어나 모두 4유수제로 운영했다. 수원과 광주 유수는 정2품, 강화유수는 개성유수와 마찬가지로 종2품이었다.

9) 절도사(節度使)·병상(兵相)·모수(某守) : 병마절도사와 수군절도사의 별칭. 외관직(外官職)으로 관품은 병마절도사는 종2품(從二品), 수군절도사는 정3품이었다. 병마·수군절도사가 1인만 있는 경우 관찰사(觀察使 : 종2품)가 겸임하였으며, 2~3명인 경우라 하더라도 1자리는 관찰사가 맡았다.

군(使君)·모목(某牧)¹⁰⁾<광목(光牧)·능목(綾牧)은 그 예다.>

　　모수(某守)·모쉬(某倅)·모재(某宰)·모령(某令)<현령(縣令)>

　　모판(某判)<수판(水判)은 그 예다.>

　　모윤(某尹)<기윤(箕尹)¹¹⁾과 같은 경우. 혹 소윤(小尹)·아윤(亞尹)이라고도 칭한다.¹²⁾ ○외관(外官)으로 임명된 수령은 스스로 적수(謫守)·적쉬(謫倅)·누수(累倅)라 한다.>

　　모독우(某督郵)·모승(某丞)<찰방(察訪)>¹³⁾

---

10) 모목(某牧) : 목사. 정3품의 외관직.
11) 기윤(箕尹) : 평양 부윤(府尹). 종2품으로, 평안도 관찰사를 겸하였다.
12) 소윤(小尹)·아윤(亞尹) : 종2품의 한성부 좌윤(左尹)·우윤(右尹)이나 각 지방의 부윤(府尹).
13) 찰방(察訪) : 각 도의 역참(驛站)을 관리하던 종6품의 외관직.

참고문헌

1. 공구서(工具書)

『고법전용어집(古法典用語集)』, 법제처, 1979.

『국어대사전』, 민중서림, 1982.

『사원(辭源)』, 商務印書館, 1950.

『유교대사전(儒敎大辭典)』, 유교사전편찬위원회, 1990.

『중국역대인명대사전(中國歷代人名大辭典)』, 上海古蹟出版社, 1999.

『중국유학백과전서(中國儒學百科全書)』, 中國大百科全書出版社, 1997.

『중문대사전(中文大辭典)』, 中華學術院, 1973.

『한국고전용어사전』, 세종대왕기념사업회, 2001.

『한국민족문화대백과사전』, 한국정신문화연구원, 1991.

『한국인명대사전(韓國人名大事典)』, 신구문화사, 1967.

『한국한자어사전(韓國漢字語辭典)』, 단국대 동양학연구소, 2002.

『한화대사전(漢和大辭典)』, 至誠堂, 1913.

2. 법전류(法典類)

『각사수교(各司受敎)』, 청년사, 2002.

『경국대전(經國大典)』, 한국정신문화연구원, 1985.

『경제육전(經濟六典)』, 신서원, 1993.

『대명률직해(大明律直解)』, 서울대 규장각, 2001.

『대전속록(大典續錄)』, 법제처, 1975.

『대전회통(大典會通)』, 고려대 민족문화연구소, 1982.

『수교집록(受敎輯錄)』, 청년사, 2001.

『신보수교집록(新補受敎輯錄)』, 청년사, 2000.

『심리록(審理錄)』, 민족문화추진회, 1998~2007.

『양전편고(兩銓便攷)』, 법제처, 1978.

『육전조례(六典條例)』, 법제처, 1964, 1967.

『전록통고(典錄通考)』, 법제처, 1969, 1974.

3. 번역서(飜譯書)

『거관대요(居官大要)』, 법제처, 1983.

『경세유표(經世遺表)』, 민족문화추진회, 1977.

『만기요람(萬機要覽)』, 민족문화추진회, 1971.

『목민심서(牧民心書)』, 민족문화추진회, 1969.

『목민심서(牧民心書)』, 현암사, 1974.

『목민심서(牧民心書)』, 창작과비평사, 1981.

『반계수록(磻溪隨錄)』, 여강출판사, 1991.

『성호사설(星湖僿說)』, 민족문화추진회, 1977.

『신증동국여지승람(新增東國輿地勝覽)』, 민족문화추진회, 1970.

『연려실기술(燃藜室記述)』, 민족문화추진회, 1967.

『오주연문장전산고(五洲衍文長箋散稿)』, 민족문화추진회, 1979.

『우서(迂書)』, 민족문화추진회, 1982.

『인정(人政)』, 민족문화추진회, 1979.

『임관정요(臨官政要)』, 을유문화사, 1974.

『임관정요(臨官政要)』, 경남대학교 출판부, 2003.

『청장관전서(靑莊館全書)』, 민족문화추진회, 1980.

『춘관지(春官志)』, 법제처, 1976.

『추관지(秋官志)』, 법제처, 1975.

『흠흠신서(欽欽新書)』, 법제처, 1985.

찾아보기

270

274

근대 한국학 총서를 내면서

새 천년이 시작된 지도 벌써 몇 해가 지났다. 식민지와 분단국가로 지낸 20세기 한국 역사의 와중에서 근대 민족국가 수립과 민족문화 정립에 애써 온 우리 한국학계는 세계사 속의 근대 한국을 학술적으로 미처 정립하지 못한 채, 세계화와 지방화라는 또 다른 과제를 안게 되었다. 국가보다 개인, 지방, 동아시아가 새로운 한국학의 주요 연구대상이 된 작금의 현실에서 우리가 겪어온 근대성을 다시 한 번 정리하고 21세기에 맞는 새로운 모습으로 탈바꿈시키는 것은 어느 과제보다 앞서 우리 학계가 정리해야 할 숙제이다. 20세기 초 전근대 한국학을 재구성하지 못한 채 맞은 지난 세기 조선학·한국학이 겪은 어려움을 상기해 보면, 새로운 세기를 맞아 한국 역사의 근대성을 정리하는 일의 시급성은 아무리 강조해도 지나치지 않다.

우리 '근대한국학연구소'는 오랜 전통이 있는 연세대학교 조선학·한국학 연구 전통을 원주에서 창조적으로 계승하고자 하는 목표에서 설립되었다.

1928년 위당·동암·용재가 조선 유학과 마르크스주의, 그리고 서학이라는 상이한 학문적 기반에도 불구하고 조선학·한국학 정립을 목표로 힘을 합친 전통은 매우 중요한 경험이었다. 이에 외솔과 한결이 힘을 더함으로써 그 내포가 풍부해졌음은 두말할 나위가 없다. 연세대학교 원주캠퍼스에서 20년의 역사를 지닌 '매지학술연구소'를 모체로 삼아, 여러 학자들이 힘을 합쳐 근대한국학연구소를 탄생시킨 것은 이러한 선배학자들의 노력을 교훈으로 삼은 것이다.

이에 우리 연구소는 한국의 근대성을 밝히는 것을 주 과제로 삼고자 한다. 문학 부문에서는 개항을 전후로 한 근대 계몽기 문학의 특성을 밝히는 데 주력할 것이다. 역사부분에서는 새로운 사회경제사를 재확립하고 지역학 활성화를 위한 원주학 연구에 경진할 것이다. 철학 부문에서는 근대 학문의 체계화를 이끌고 사회과학 분야에서는 학제간 연구를 활성화시키며 근대성 연구에 역량을 축적해 온 국내외 학자들과 학술교류를 추진할 것이다. 이러한 연구들은 일방성보다는 상호 이해와 소통을 중시하는 통합적인 결과물의 산출로 이어질 것이다.

근대한국학총서는 이런 연구 결과물을 집약적으로 정리하기 위해 마련하였다. 여러 한국학 연구 분야 가운데 우리 연구소가 맡아야 할 특성화된 분야의 기초 자료를 수집·출판하고 연구 성과를 기획·발간할 수 있다면, 우리 시대 연구자들뿐만 아니라 학문 후속세대들에게도 편리함과 유용함을 줄 수 있을 것이다. 새롭게 시작한 근대 한국학 총서가 맡은 바 역할을 충분히 할 수 있도록 주변의 관심과 협조를 기대하는 바이다.

연세대학교 원주캠퍼스 근대한국학연구소

역주 **정 호 훈**
연세대학교 사학과 졸업
연세대학교 대학원 문학석사
연세대학교 대학원 문학박사
현 서울대학교 규장각한국학연구원 HK교수

주요 논저
『조선후기 정치사상 연구』(2004), 『경민편 – 교화와 형벌의 이중주로 보는 조선 사회』(2012), 『朱書百選』(공역, 2000), 『朱子封事』(공역, 2011), 「16·7세기 《소학집주》의 성립과 간행」, 「15~6세기 牧民書의 전개와 牧民學」 (2010), 「《奎章總目》과 18세기 후반 조선의 外來知識 集成」(2012), 「18세기 君主學 학습서의 편찬과 《羹墻錄》」 (2013) 등

연세근대한국학총서 66 (H-015)
선 각

정 호 훈 역주

2013년 5월 15일 초판 1쇄 발행

펴 낸 이 · 오일주
펴 낸 곳 · 도서출판 혜안
등록번호 · 제22-471호
등록일자 · 1993년 7월 30일

주   소 · ㉾ 121-836 서울시 마포구 서교동 326-26번지 102호
전   화 · 3141-3711~2 / 팩시밀리 · 3141-3710
E - M a i l · hyeanpub@hanmail.net

ISBN 978-89-8494-447-3   93910

값 25,000 원